モンロー・ドクトリンの半球分割

【トランスナショナル時代の地政学】

下河辺美知子──◉編著

The Monroe Doctrine Reimagined:
Toward a Poetics of Transnationalism

彩流社

モンロー・ドクトリンの半球分割

トランスナショナル時代の地政学

目次

【凡例】

一．引用文献のページ数は（　　　）に算用数字で示した。

一．註や引用文献は各章の末尾に示した。

序にかえて

モンロー・ドクトリンの半球分割

地球《グローブ》についてのメンタル・マップ

下河辺美知子

はじめに　地球《グローブ》の手ざわり

自分をとりまく環境と自分との空間的位置関係を把握するために、人類はさまざまな地図を作り続けてきた。しかし、三次元空間を地図という二次元空間の中に表象するとき、そこには必ず何らかのひずみが起こり、現実の形状についての不正確さが発生する。たとえば、太平洋を中心としたメルカトル図法[1]の世界地図を学生に渡し、成田空港からJFK空港への航路を描かせてみる。ほぼすべての学生が、日本から太平洋を真横に突っ切り、北アメリカ大陸の大平原を横断してニューヨークへという直線を描くであろう。紙の上の二次元空間では、それが最短距離なのだ。しかし、飛行機でニューヨークへ飛んだことのある者は、その航路が、千島列島を北上してアラスカを横切り、カナダ上空を南下して北からニューヨークへアクセスすることを知っている。球面上で一番短い距離を飛ぶときは、弧の形の航路をとるのである。

人が空間を把握するとき、視界でとらえ、足で歩ける範囲であれば、それを縮小して紙の上に再現することは可能であろう。その規模であれば、自分をとりまく空間をかなり正確に二次元空間に置き替えることができる。しかし、そのような感覚をもって地球を把握しようとすると、今述べた事例のように、思わぬ錯覚をしていたことを思い知らされる。自分が地球という大きな球体を把握しているというのは幻想であって、われわれは概念としてしか地球をとらえてはいないのだ。頭と心で描くイメージとしての空間把握は「メンタル・マップ」という地図認識につながっていく[2]。歴史的、政治的、文化的な位置取りに際し、人間はイメージとして地球像を思い浮かべ、ヴァーチャルな世界地図によって地球についての認識を構築してきたのである。

メンタル・マップという用語からは、線で描かれた図柄としての地図が想起されるかもしれない。しかし、どの視点から、どの範囲で、どういった形状でその図柄を描くかを決めるのは、実は、世界の見方を提示する言葉である。地球の全体像を手ざわりで感知できない限り、われわれは言語の中で世界観を作り、その世界観の中での空間認知が、国家の、政治家の、そして国民の政治的・文化的振る舞いを決定するのである。

本論では、地球についてのメンタル・マップを形成する根源的レトリックが十九世紀アメリカで使われ始め、それがアメリカの歴史を通して、政治的・文化的要請によって幾度も再利用され、アメリカの提示する地球像を再構成したという仮説を検証する。独立から数十年を経たアメリカにおいて、時の大統領ジェイムズ・モンローが用いたレトリックは、アメリカ対ヨーロッパ列強諸国という国家の対立、アメリカ大陸対ヨーロッパ大陸という大陸の対立を訴えると同時に、西半球と東半球という次元の違う対立を人々の中に刷り込んだ。モンローの言葉は、「半球」という概念を用いて地球を縦に二分割するものであり、そのレトリックは、地球という巨大空間を把握するためのメンタル・マップの一種を提示していたと言えよう。モンローの声がもたらした地球二分割による世界観は、地球《グローブ》という球体の認知の基本パターンとして、その後、政治・文化とのかかわりの中で意味を生み出し続け「ドクトリン」としての力を獲得したのである。

一　モンローの肉声に宿る力

一八二三年十二月二日、アメリカ大統領ジェイムズ・モンローの声が合衆国国会内に響き渡った。彼が読みあげた第七次年次教書は六三八三語の長文であったが、その一部――正確には九五六語――が、その後、歴史を通して変奏され「ドクトリン」と言われるようになる。

モンロー・ドクトリンとは、アメリカの外交政策の基盤となった「教義」とされている。しかし、モンロー大統領の口から出た言葉を通読してみると、演説当日の彼の声が、外交方針についての「教義」として響いたかどうかは疑問である。テクストで読むかぎり、モンローの言葉には、聞き手を説得し、アメリカ国家を教え導こうとする気配は見られないからだ(3)。にもかかわらず、アメリカ史の中で、モンローの言葉がドクトリンとして確固たる地位を獲得していることもまた事実である。モンローの声にはどのような力が宿っていたのだろうか？

モンロー大統領が読み上げた年次教書は、普通の速度で読んで五〇分から一時間はかかる長さである。その中で、南北アメリカ大陸に対するそれ以外の地域からの介入の拒否、および合衆国側からヨーロッパ側への不干渉が述べられた部分が、後にモンロー・ドクトリンと呼ばれるようになる。これを、テクスト全体から見るとき、二つのことが明らかになる。一つは、外交政策に関するくだり——後に不干渉と孤立と解釈される部分——は、文書全体五〇パラグラフのうちの三パラグラフにすぎないことである。語数から見ても九五六語で、文書全体の一四・九八％である。あの演説がモンロー・ドクトリンという外交政策を表明したものであるという前提は、量的に見るかぎりあまり説得力を持たないようだ。

さらにもう一つ注目すべきは、三つのパラグラフが二カ所に分かれて置かれていることである。第七パラグラフ(一九二語)と第四八、四九パラグラフ(七六四語)である。当然、各々の部分がはめ込まれた文脈は異なっている。前者は北米大陸の北西海岸にロシアが進出してくることに対しての、後者は南米大陸の独立国に干渉しようとするヨーロッパ諸国に対してのアメリカ合衆国の反応である。もしモンローの演説が、大西洋の向こうの世界との絆の切断と、その世界への不干渉という「ドクトリン」を提示する目論みのもとに構成されたのだとすれば、その概念を、遠く離れた二カ所に分けて語ることはストラテジー的に得策とは言えないであろう。モンローの年次教書が、外交政策についての教義《ドクトリン》の言説を伝えたものであるという説はにわかに説得力を失ってくる。

モンローの演説の言語は、その一部が時を経るうちにアメリカ外交を左右する力を獲得し、歴史の流れの中で「ドクトリン」となった。今日われわれがモンロー・ドクトリンと呼ぶものは、後の政治家や国民が、あの長大な年次教書の中に埋め込まれた言葉の中の三つのパラグラフにスポットをあて、その中から言葉を掘り出してドクトリンに作り上げていったと言えよう。とすれば、モンローはあのとき何を宣言したというのか？　大統領は自ら発した言葉の中に、文字通りの意味以上の何かを込め、それを聞いたアメリカ国民は、そこに、文字通りの意味以上の何かを読み取った。言葉が指し示す意味の向こうに何かを読み取るとき、読み手の心には、意味の過剰への衝動が高まっている。モンローの言葉が長きにわたりアメリカ国家・文化の中で言及され続け、「ドクトリン」の地位を獲得した理由をさぐるとき、政治学や歴史ではなく、別の分野の知見からその言葉の効果を見てみる必要があるであろう。

二　半球分割のレトリック

モンローの演説の中で頻繁に引用され、ドクトリンの骨子とみなされている箇所の一つは以下の部分である。

それ故、われわれは以下のことを率直に宣言することが合衆国とあちら側列強諸国との間の友好的関係のための義務である思っている。ヨーロッパの政治システムをこちらの半球にたいして拡張しようとするヨーロッパ諸国側の企ては、それがいかなる部分に対してのものであれ、われわれの平和と安全にとって危険なものと見なさざるを得ないということである。(4)［48-11 圏

点下河辺〕

「友好的関係のため」という文脈に置かれているとはいえ、ここでは〈われわれ合衆国〉と〈彼ら列強諸国〉という対立が設定されている。モンローは「(彼ら側の)政治システム」をこちら側に拡張しようとする試みがあれば、われわれはそれを「危険なもの」つまり敵対的行為と見なすと〈彼ら列強諸国〉に宣言しているのだ。

敵対とは世界を二分するレトリックである。ここで、モンローの演説の中で提示された二分法が具体的には何と何を対立させたものであるかを見てみよう。まず、国家の対立――〈合衆国〉対〈列強諸国〉――である。(5) また、大西洋をはさんで向かい合う二つの大陸――〈アメリカ大陸〉対〈ヨーロッパ大陸〉――も対立している。しかし、先の引用の中からはさらなる対立が浮き上がってくる。それは「(彼らの)政治システム」の拒絶によって二つの世界を対立させたものである。

十九世紀初めのアメリカが、何よりその侵入を嫌がっていたもの。モンロー演説の神髄としてしばしば引用される以下の部分を読むとき、それが見えてくる。

……南北アメリカ両大陸は、それらが当然として保持しているところの自由で独立した状態によって、今後、いかなるヨーロッパの列強諸国によっても将来の植民地化の対象と見なされてはならない。〔7-4 圏点下河辺〕

独立を果たし、今や国家としての力と威信を蓄えつつあったアメリカは、かつて自分たちが置かれていた植民地という状況を振り返り、ヨーロッパ諸国の植民地化の欲望が、これ以上、大西洋のこちら側で実現することを許さないという決意に燃えていた。

モンローの言葉の中に展開された二分法の根源にあるのは、〈植民を行う側〉対〈植民される側〉という対立であったと言えよう。モンローは、植民地化という国家的行為を「政治システム」と呼んだわけであるが、外交政策を宣言する政治のレトリックとして見るとき、モンローの言葉は、その「政治システム」を〈運用する側〉と〈その目的語となる側〉との対立で世界を二分したのである。

モンローの言葉によってもたらされた二分割のレトリックは、しかし、これだけでは終わらなかった。そこで注目したいのは、先の引用[48-11]で挙げた二つの文章の中で、こちら側を示す言葉が、「合衆国」から「こちらの半球」へと置き換わっていることである。列強諸国の政治システムの侵入を拒絶する空間は、合衆国という一国家から西半球へと拡大しているのである。さらに、こちら側の領域たる西半球に対する東半球からの侵略を阻止すると言うとき、合衆国は西半球を代表することを宣言したのである。

この引用に先立って「この半球に起こる動きの数々によって、われわれは、必然的に、これまでより、さらに直接に結びついている」[48-7]という言葉が使われている。これは、大西洋を境界として世界を二つに分割し、こちら側をまとめるレトリックである。こちら側を指し示す記号として「西半球」を使うために、モンロー演説ではさらなる工夫がなされている。西半球内部の人々の絆を強調するために、南アメリカ大陸の人々を「われわれの南の兄弟たち」(our Southern brethren)[49-6]と呼んだのだ。血族のメタファーが使われるとき、そこには、私的な結びつきの色合いが入り込んでくる。南北アメリカ大陸を西半球としてまとめ、それを自らの領域とする準備が、モンローの言葉の中で着々となされていたのである。

モンロー・ドクトリンのねじれと呼ばれる二重性がここに明らかになってくる。先にあげた二つ目の引用[7-4]の中にアメリカの無意識が表れている。文章の主語が「南北アメリカ両大陸(continents)」という複数形であることに注目してほしい。この言葉がモンローの口から発せられた瞬間、南アメリカ大陸は、合衆国が主導権を持つこちら側の空間へと包含される。その上で、あちら側の侵入から南アメリカ大陸の諸国を防御するという言葉が重なってくるとき、その空間を支配しようとする合衆国の思惑が透けて見えてくる。「こちら側」が指し示す言葉が、「合衆国」から「南北アメリカ大陸」そして「西半球」へと横滑りしていくとき、アメリカ的記号の指示力は勢いを増し、モンローの言葉が、アメリカ的膨張の欲望を代行するのである。

＊

モンローの言葉たちは、歴史を通じて常に言及されつづけ、ついにはドクトリンにまで仕立て上げられた。そこには、言葉を超えた力が宿っていたはずである。それは、言葉の中に潜在し情動を掻き立てる力であり、モンローの演説の中には、そのような言語記号が点在していたのだ。希望、欲望、恐怖、嫌悪といった生の感性によって、人は世界を自分にとって好ましいものと、避けたいものとに二分していく。世界を二つに分けるという、人間にとっての根源的衝動を、半球分割という概念によって地球規模で実現したことが、モンロー演説が歴史に残した効果であった。

モンローの演説は、アメリカ政治の現場において文字通りの意味以上の何かを指し示す効果を持っていたと述べたが、それは、言葉が指し示す直截的なものではなく、そこから意味を取り出したくなる動機をさそう効果であった。その言葉を発するとき、読むとき、聞くとき、アメリカの政治家のみならず、アメリカ人たちの情動がにわかに始動し、さらなる言葉をそこから取り出したくなるような意味の発生装置が備え付けられた場、それがモンローの演説であった。人間にとって根源的な情動は世界認識にかかわるものであり、それはあらゆる種類の二分法の思考として稼働する。モンローの言葉の中から人々が取り出しつづけたのは、自分たちの存在する空間を二分しようとする根源的な声であった。それは、地球を縦二つに割ることによる世界の二分法、つまり、西半球と東半球の分割への衝動をさそう声だった。手ざわりではつかめぬ巨大な空間を二つに切断するとき、われわれは地球という球体についてのメンタル・マップを共有することになるのである。

三　メンタル・マップと政治

ここまでの議論で「メンタル・マップ」という用語を使用してきたが、ここで、この概念が成立した時期と分野を見ておきたい。メンタル・マップは地理学の概念であるが、ここ二、三十年くらいの間に外交政策分析(Foreign Policy Analysis)の分野で盛んに使われるようになっている。ルイ・ダ・ヴィンハは、外交政策分析研究においてそれまであまり論じられることのなかった地理学的メンタル・マップが、その分野の中心に躍り出てきたのは一九八〇年代になってからであると指摘する(Vinha 5)。

地理学という分野においては、「人と環境との関係(man-milieu relation)が当初より中心的テーマであった」(Vinha 6)ことを思えば、空間認識についての学問が、地球という広大な空間についての認知枠を提示し、それが二十一世紀の国際関係論に導入されるのは当然の流れであると言えるだろう。

「地理学的メンタル・マップ」という概念を外交政策分析の手段として初めて導入したのはアラン・ヘンリクソンの"The Geographical 'Mental Maps' of American Foreign Policy Makers"(1980)という論文であった。ヘンリクソンは外交政策決定の際、政策決定者が空間的位置関係をどのように認識するのかという点に注目して、「メンタル・マップ的アプローチは、国際問題研究に用いられるとき、ますます流動的になってきた国際的文脈にうまく適応する」(Henrikson 1980 504)と言っている。

メンタル・マップとは、ヘンリクソンによれば、「心の構造」であり「認知のための枠」である。ヘンリクソンの説明を聞いてみよう。「メンタル・マップとは、国際関係の歴史家が――外交官はじめ、国際関係の中でものを考え・行動する人たち同様に――それを基盤として世界の中での自分たちの位置を決定している認知のための枠である」(Henrikson 1991 177)。さらに、世界空間の中で認知をするときの「心の構造」の具体的な機能について、ヘンリクソンは次のように述べている。「(メンタル・マップとは)……心の構造であるが、それによって、人は自分をめぐる大規模な環境についての、部分的または全体的な情報を――思考・行動において――獲得し、コード化し、蓄積し、呼び起こし、認識し、そして活用する」(*Ibid.*)のである。

国と国との関係を論じるとき、われわれは、意識的であろうと、無意識的であろうと、地球という巨大な空間における自国の地理的位置についての認識を作り上げている。その際、自らの手ざわりとして地球という巨大空間を把握できないとすれば、われわれが想定するのは頭の中で作り上げたヴァーチャルな位置関係、すなわちメンタル・マップなのである。

国際関係とは自国と他国との距離の問題だと言い換えてもよい。ヘンリクソンは "Distance and Foreign Policy: A Political Geography Approach"(2002)の中で、「国外」と「国内」という領域が「距離に関する用語で表現される」(Henrikson 2002 437-438)と論じている。ヘンリクソンは現実的・物理的距離(physical distance)の他に、三つの距離の概念――「重力モデルとしての距離」(gravitational model of distance)、「位相的モデルとしての距離」(topological model of distance)、「牽引力モデルとしての距離」(attributional model of distance)――を提示し、それらを「心的地勢」(Mental Geography)と名付けている(Henrikson 2002 440)。メンタルの意味については、以下の説明を見ほしい。

> 完全に意識されているわけでもないし、十分に言語化されているわけでもないであろうが、国際政治の政策決定者たちの心には、地理についての概念、イメージ、そしてそこから出される理論的過程というものが必ず存在しているのである。(Henrikson 2002 440 圏点下河辺)

心に描く距離によって「心的地勢」が形成されるとき、そのシステムは「主観的領域」(*Ibid.*)で稼働する。メンタル・マップという心の枠は、国際政治の場での政治家たちの決定を裏で支えているのである。

とは言え、メンタル・マップが個人の心の中の構築物である限り、政策決定という公の場では、あからさまにそれが表明されないこともあるだろう。そうであるからこそ、心の中のメンタル・マップが政治的イデオロギーにどのようにつながるのかを解明するために、「パブリック・スピーチ、外交文書、条約文書、地理的付属文書などにみられる言語を注意深く分析すること」(Henrikson 1980 509)が必要であるとヘンリクソンは言うのである。

パブリック・スピーチとして見た場合、一八二三年の合衆国国会で行われたモンローの年次教書演説の中には、イデオロギーを喚起する契機としての地理的概念がメンタル・マップとして潜在していたのではないだろうか？

四　モンロー大統領のメンタル・マップ

十九世紀初頭のアメリカにおいて、モンロー大統領は国際関係の政策決定者としてどのようなメンタル・マップを持っていたのであろうか？[6] ヘンリクソンは「メンタル・マップは、時として潜在的(latent)である」(Henrikson 1991 178)と言っている。演説者自身にとってさえ、メンタル・マップは言葉の下に隠れていた可能性があるのだ。このことを認めた上で、モンローの心にあった空間認識が彼のスピーチの中にどのように潜んでいたかを調べてみたい。

年次教書演説が読み上げられた時点のアメリカをめぐる国際状況を地理的観点から見てみよう。モンローの外交政策の要といわれる「孤立」と「不干渉」が、どの国に対するものであるかが問題となるわけであるが、アメリカが警戒していた外国については、研究者によってさまざまな説がある。デクスター・パキンズは、モンロー演説に「二重の起源と二重の目的がある」(Perkins 3)と指摘し、北米大陸西南海岸に侵攻しようとしたロシアと、南米に介入しようとしたヨーロッパの二方面からの働きかけに対してモンローが反応したと言っている。これに対しヨーロッパ内部の差異に敏感なアーサー・ウィタカーは、モンローの宣言を「主としてフランスに向けられたものである」と述べている(Whitaker 492)。また、エドワード・H・テイタム・ジュニアは、モンローの宣言がイギリスに向けたものであるという説を唱え、恐れるべきはロシアの南下ではなくイギリスのキューバ政策であり、イギリスの西半球独占に対する懸念からあの宣言がなされたと言っている(Tatum 252)。

アメリカにとって対立すべき国家名が挙げられたわけであるが、実際のモンロー演説のテクストを見てみると、そこには、別の形の地理情報が書きこまれている。「大西洋」や「地球」という用語である。「合衆国の市民は、大西洋の向こう岸(on that side of the Atlantic)に住む仲間たちの自由と幸福のために、このうえなく友好的な気持ちを抱いています」[48-4 圏点下河辺]と述べるとき、大西洋を境界として、こちら側とあちら側の空間が分割されている。また、あちら側を指すときに「地球」(the globe)という言葉——「地球上のその地域における出来事」[48-3]——が使われている。

以上二カ所は、あちら側の立ち場に配慮した文章にでてくる地理情報である。それが一転して、敵対者あるいは侵入者としてあちら側を指し示す段になると、そこには別の言葉が現れる。先に引用した箇所[48-11]では、ヨーロッパからの侵入に対して敵対関係が表明されていたが、その際使われたのが「こちらの半球」(this hemisphere)という言葉であった。言うまでもなくこれは、アメリカ合衆国のある西半球をさしている。大西洋をへだてたあちら側の「拡張」は、自分たちの領域への「危険な」侵入であると宣言するとき、地球という空間を縦に二分割することによる半球の対立が持ち込まれてくる。

「半球」という語が出てくる別の箇所を見てみよう。それは、敵を作るために必要な作業としての仲間内の絆の形成という文脈の中で使われている。「われわれはこの半球の動きには、必然的に、より直接的な関係をもっており」[48-7]と言うとき、「この半球」を自分たちの領域であるとするモンローの言葉は、地球の二分割による相手側の半球にたいする敵対的関係を宣言するのである。

モンローの演説の中の「半球」という地理用語は、敵対、恐怖、警戒、そして仲間や血族の絆といった人間の情念による世界の分割を表している。地球を縦に二分割する半球の対立というメンタル・マップは、情動に支えられて、モンローの言葉の一番深いところに置かれていたのである。

では、メンタル・マップとは私的な空間のみを示す地図なのか？ このような問いが向けられるかもしれないが、メンタル・マップが使われるのは、むしろ公的な局面である。ヘンリクソンは、どのような場合に人はメンタル・マップを必要とするかについて次のように言っている。

> メンタル・マップとは、人が、空間的決定をしなくてはならなくなったとき、誘発される形で(triggered)作られるものなのだ。彼または彼女が、その空間で行う行動が現実のものなのか想像上のものなのかを決めなくてはならないような問題に直面したとき、メンタル・マップが必要となってくる。それゆえに、メンタル・マップは、軍隊、経済、そして政治的な挑戦といった種類における空間的課題に適用され、ある意味、限られた話題に関連することが多くなるので

ある。（Henrikson 1991 178　強調ヘンリクソン、圏点下河辺）

一八二三年の時点で、独立から数十年を経たアメリカ合衆国大統領として、モンローは、ヨーロッパ列強諸国との関係を調整する立場にあった。大西洋をへだてた国々との距離や、西半球における自国の位置について、彼は、軍事、経済、政治の文脈おける「空間的課題」を抱えていた。そんな中、空間的決定に「誘発される形で」メンタル・マップは形成されたのである。

＊

国際関係における政策立案の際、政策立案者は自分の描いたメンタル・マップによって空間的位置関係を理解する。モンローの年次教書というテクストには、当時のアメリカが自国の地理的位置と他国との距離をさぐる言葉がつまっていた。われわれがそこに見出すのは、「半球」という概念によって、地球を縦に二分割する世界観である。モンロー大統領のメンタル・マップは、政治的認識をよそおっているが、それが自他を隔てる境界を引くという動機によってささえられていることを見逃してはならない。自分たちの領域を宣言し、そこから排除された部分には危険が潜むという二分割は、情動による空間認知なのである。

世界を自分の側とあちら側に二分割するという心の機制は、人間にとって根源的な癖である。それ故に、モンローの言葉の中に宿った半球分割のレトリックは、以後の歴史の中で幾度も反復され、その時々の国際情勢の中で言語化されたのである。モンローの年次教書の中に宿った半球分割による地球の縦の二分法は、国際情勢におけるアメリカの空間認知のあり方を表出するために各時代の国際情勢の文脈の中で書き替えられて、政治家たちが描くメンタル・マップを改訂する手段となってきた。一九〇四年にシオドア・ローズヴェルト、一九一二年にヘンリー・キャボット・ロッジ、一九五〇年にジョージ・ケナン、そして二〇〇五年にジョージ・W・ブッシュらによって修正・再適用された宣言は、「モンロー・ドクトリンのコロラリー」と呼ばれたが、それらはモンローの半球分割のレトリックが新ヴァージョンとしてその都度、甦ってきたものであった。

五　十九世紀アメリカの航海小説

地球という球体はあまりに巨大であるがゆえに、視覚、聴覚、触覚といった人間の五感では把握できない。また、二次元空間である地図の上では、地球の球としての質感や両極をむすぶ途方もない距離を身体の実感として把握することは不可能である。このことを納得した上で、人は心に空間認知の枠を作り上げる。それがメンタル・マップとなるのである。

モンローの言葉が地球の縦の二分割という空間認知をもたらしたとすれば、同時期のアメリカで、想像上ではなく実際に移動することによって得られる感覚を通して地球の大きさや形状をテクストに落とし込んだのは小説家たちであった。地表の七十％を占める海洋を移動し、地球が本当に丸いこと、その大きさが途方もないことを伝えつつ、大洋から大洋へと膨大な距離を航海する物語が書かれているのである。モンローの演説後に書かれた二つの海洋物語を見てみよう。

＊

エドガー・アラン・ポーは一八三八年に『ナンタケット島出身のアーサー・ゴードン・ピムの物語』(以下『ピム』)を書き、ハーマン・メルヴィルは一八五一年に『モビー・ディック』(以下『白鯨』)を出版した。どちらも大海原を航海する物語である。前者が海に出たことのない作者による作品であり、後者は若くして船乗りとなって大西洋、太平洋を航海した作者が書いたものであるという違いはあるが、どちらも、船に乗りこんだ語り手が船底の下の海面を意識しつつ、〝足ざわり〟感覚として地球の大きさや形状を語った作品である。

『ピム』の中では、空間認知についてのさまざまな事例が描かれている(7)。ことに際立った空間認知は、航海中の船の位置についてのものである。自分の小説に現実性を持たせることを目的としていたポーは、『ピム』の各所に、緯度と経度の地理情報を書きこんでいる。船の位置を示す海面上の一地点が、緯度や経度を表す数字とアルファベットの記号につなげられ、ピムの海上移動は現実の空間の中に書きこまれていく。

三つの船を乗りついだピムの移動を南北方向に——つまり緯度にそって——たどってみる。ピムは、アメリカ東海岸の港町ナンタケットを出航した後、赤道を越えて南半球に入りさらに南下し、ついには「これまで人間が到達した緯度よりさらに八度以上も南」(160)の地点にまで至り、南極点へせまっている。その航路はひたすら南へ移動するもので、一度たりとも北へさかのぼることはない。一方、ピムの移動を東西方向に——つまり経度にそって——追ってみるとおもしろいことがわかる。ピムの航路は東へ行ったり西へもどったりしていて一貫性がない。また、緯度の移動が一八〇度分の一三一度と、地球の南北の距離の約七三％をカバーしているのに対して、経度でカバーしたのは三六〇度分の一四〇度と、地球の東西の距離の約三九％にすぎないのである。アメリカ文化の根源には西への移動の衝動があると言われてきたが、ピムの海上移動には西への衝動ではなく、南への衝動が現れているようだ。

東西の位置関係は経度によって示されるわけであるが、東西の地理情報を見るとき、ピムの航海に何か特徴的なことがないかを探してみた。一つ隠れていることは、三つの船を乗り継ぐ長い航海の中で何度も太平洋へ向かう機会があったにもかかわらず、ピムが太平洋を航海していないことである[8]。この作品における太平洋の忌避には何か意味があるのであろうか？

ハーマン・メルヴィルの『白鯨』はモンローの演説から二十八年後に出版されている。巨鯨モビー・ディックに片足を食いちぎられた船長エイハブと、イシュマエルたち船員を乗せたピーコッド号は、鯨の漁場である太平洋を目指してナンタケットを出航する。しかし、その航路はイシュマエルが乗船前に予測していた西回りではなかった。クリスマスの日に船出したエイハブは、大西洋を南下して喜望峰をまわってインド洋に出て、その後、ズンダ海峡から日本沖合の太平洋に到達するという東周りの航路をとったのである[9]。

広漠たる大洋を航海するとき、海は海図なき平面であり、自分の位置をその表面上で確定することは大変難しい。そんな中、船長エイハブの主たる仕事は、自分たちの位置の測定であった。彼は、船室で「黄色く変色した海図」（四四章「海図」）を広げそこに鉛筆でピーコッド号の航路を書き入れたり、四分儀で太陽との角度を測り船の位置を記録したりしている。茫漠たる海洋を移動するエイハブは、地表上での自らの位置を、実際の地理情報として確定しようとしているのである。実体を離れた空間認識としてのメンタル・マップとは対照的に、エイハブの地理認識は現実的なものであった。

船長エイハブの航海術や位置測定技術を目立たせるためか、『白鯨』には地理情報が豊富に書きこまれている。注目したいのは緯度と経度への言及である。読者は、象牙の義足の上の部分の円盤状のタブレットに、エイハブが黙々と緯度の計算式を書きこんでいる姿をしばしば目撃する。しかし、エイハブの地理測定は、南北移動つまり緯度の測定に限られており、『白鯨』というテクストには、経度表示による位置情報はほとんど書きこまれていない。(10) 細かく書きこまれた岬や半島といった地名をたどることで我々読者はピーコッド号の東西移動の経路を知るのである。

十九世紀の航海術では、緯度の測定が四分儀によってかなり正確にできたのに対し、経度の測定はほぼ不可能であった。デーヴァ・ソベルは『経度への挑戦』の中で、経度の測定が可能となるまでの長い歴史について詳しく書いている。「経度を測るには、異なる二地点の時間を同時に知ることが不可欠」(Sobel 11)であり、イギリスの時計職人ジョン・ハリソンが「世界のどこでも母港の自国を正確に刻み続ける時計を発明」(Sobel 14)するまで、大海を航海する船長たちにとって、経度は手にいれることのできない地理情報であった。エイハブが経度を測定する場面が書きこまれていない理由もここにある。(11)

とはいえ、『白鯨』のテクストのクライマックスでは「緯度と経度」という地理用語が使われている。長い航海の後、エイハブは仇敵であるモビー・ディックを追いつめたが、その位置は「彼が(モビー・ディックによって)痛ましい傷を受けた、まさにその緯度と経度の地点」(一三〇章「帽子」)であった。そして、エイハブが最終的に乗り入れた運命のその海域は、「インド洋と大西洋とをその両腕にかかえ、世界の水域の真ん中にうねる太平洋」（一一一章「太平洋」）であった。

六　太平洋が孕む危険性

海洋小説『ピム』には、経度情報が数字として詳しく書きこまれ、同じく航海物語である『白鯨』では、具体的な経度情報はほとんど見当たらない。一方、ピムの航海では忌避された太平洋という空間へ、エイハブたちは鯨をもとめて進入していく。この対比にはどのような意味があるのだろうか？

それを考えるとき、経度という概念のもたらす地理認識の問題点が浮き上がってくる。地球を囲む平行線であり決して交わることのないのが緯線である。これに対し、経線は、二つの極をむすぶ大きな輪になっていて、どの輪も同じ長さで地球の一点で必ず交わっている。緯度と経度のこうした違いをあらためて挙げてみたとき、経線の特質が見えてくる。経線とは、地球の上で東西の位置関係を示すと同時に、いや、それ以上に、地球を縦に分割する架空の線でもあるということだ。

地球の縦の二分割というオブセッションがアメリカ国家の中に植え付けられた契機を探すとき、われわれはモンローの演説にたどりつく。モンローの言葉は、地球を、西（半球）と東（半球）という二つの領域に分割するという心理操作を人々の心の中に植え付けたが、そればかりではなかった。二分割というレトリックは、世界を〈こちら側〉と〈あちら側〉という最も人間くさい関係性に回収するツールとして、アメリカ文化の中でくり返し再利用されてきたのである。

しかし、今、ここで指摘したいのは、モンロー・ドクトリンのレトリックがもたらした縦の二分割線が、大西洋に置かれていたということである。アメリカは自らの大陸を「ヨーロッパに対して西にある」と位置付けることでモンローの文言に国家のアイデンティティを託したのである。縦の二分割の不気味さ、不確実性が立ち現われるのはここである。

ここで、経線の持つ特質に光をあてておこう。それは、一八八四年の国際子午線会議でグリニッジ天文台を基準子午線とすることが決まるまで、経度〇度の位置が恣意的に決められてきたということである。本初子午線の設定は政治的な思惑に左右されることも多く、その線の一方の側を西、反対側を東として二分割したはずの空間は、経度〇度の設定地点を変えると簡単に混じりあってしまう。現在はイギリスのグリニッジに経度〇度が置かれているが、それでもなお、東西という二項対立の混交が生じている場所がある。それは、日付変更線が引かれた太平洋である。ジグザグにひかれた想像上のその線は、東経一八〇度であり、同時に西経一八〇度でもある。そこは、東とされたものが西でもあったことになる不気味な地点なのだ。

十九世紀のアメリカは、〈東半球〉からの侵入を拒むことで〈西半球〉を自分たちの領域とすると宣言した。大西洋を間にはさみ、ヨーロッパ大陸に対して「西」にある半球を地球上での自己の位置としたのである。歴史的に見ても、新大陸を開拓していったアメリカにとって、「西」とは自己が拡張していくべき方向であり、西漸運動によってたどり着いた西海岸の向こうには、西の延長としての太平洋が広がっているはずであった。しかし、その太平洋の真ん中には経度一八〇度という見えない経線ひかれていた。太平洋とは、西と東という二項対立があえなく崩壊する魔の空間である。西半球に位置するという空間認識が十九世紀のアメリカの地理的認識の基盤であったとすれば、東西の二項対立が崩壊する可能性が潜む太平洋とは、自国のオリエンテーションを危うくする危険な空域であった。

モンローの言葉が西半球／東半球という縦の二分割による地球のメンタル・マップをアメリカ国家に植え付けたとすれば、その二分割の危うさへの予感のもとに書かれたのが、『ピム』であり『白鯨』である。二つの作品において全く逆の扱いを受けてはいるが、太平洋は、アメリカという国家にとって、忌避すべき空間（『ピム』）、または破壊を覚悟で乗り込んでいくべき空間（『白鯨』）として特別の意味を付加されているのである。

航海体験のないポーは『ピム』の中に架空の経度の数値は書きこめても、現実の太平洋にピムを置くことが出来なかった。二つの大洋にはさまれたアメリカ大陸が、地球の二分割の西と東のどちらに位置するかを決められずにいることが、ピムに太平洋を忌避させたとも言えよう。太平洋は『ピム』の世界の中では空白のままなのである。一方、若いころ船員として大西洋・太平洋を航海し、地球の足ざわりを知っているメルヴィルは、太平洋にたいする空間認知を駆使しつつ、エイハブたちをその危険な空間に引きずり込んだ。十九世紀のアメリカが、自国の位置を西半球と定めたメンタル・マップを基盤として地球規模の国際関係を構築しようとしているとき、その領域に太平洋を包含することは西東の二分割を破壊する危険がある。メルヴィルは太平洋という魔の空間に潜む破滅への予感をこめて、エイハブたちを太平洋に送り込んだのかもしれない(12)。

おわりに　二十一世紀のメンタル・マップ

メンタル・マップとはあくまで想像上での空間認知枠である。十九世紀のアメリカでは、モンロー大統領の声で発せられた言葉が、西半球と東半球という縦の二分割による地球の空間認知法を導いたわけであるが、それによって、〈われわれの側〉と〈あちら側〉という、人間にとっての根源的世界構築の装置が文化の中に設置されたのである。十九世紀における地球規模の移動手段は船による航海であった。そのため、海上での位置を測定するのに便利なメルカトル地図が、この時代、現実の地球の姿とメンタル・マップを重ねるのに最適な地図表示法であった。

二十世紀に入り、地球規模の移動手段として航空機が脚光を浴びてくると、地球をとらえるために別の地図が使われるようになる。正距方位図法(azimuthal equidistant projection)は、図の中心からの距離と方位が正しく表示され、三次元の空間を立体的に紙の上に再現するもので、この地図によって世界は新たな様相を帯びてくる。西半球と東半球とは互いにかけはなれた空間ではなくなり、西は東であったという衝撃が、国際政治における新たなるメンタル・マップへとつながっていった。

政策決定者の基盤となるのがメンタル・マップであると述べてきたが、国際関係における究極のテーマは戦争である。人類が戦ってきた幾多の戦争において、指導者たちは、その都度、独自のメンタル・マップによって戦争を遂行してきたはずである。そんな中、第二次世界大戦時の一九四二年末、F・D・ローズヴェルトにクリスマスプレゼントとして送られたのは直径五〇インチの大型地球儀であった。世界大戦へ参戦することになったアメリカでは、日本の航空機による真珠湾への奇襲が、東と西という既成概念を破る形でおこなわれたことにより、メンタル・マップが塗り替えられようとしていた。「大統領の地球儀は、アメリカ合衆国が遂行するグローバルな二面戦争を理解するために必要とされた、『世界規模の戦争の象徴』だった」(高田 183)のである。

二十一世紀の今、政治・経済・文化・教育・通信などあらゆる分野で、グローバリゼーションという地球規模の運動がおこり、地球の均一化が進んでいる。陸上移動ではますます高速な列車が開発され、航空機による空の移動は日常の手段となった。また、軍事の領域では、ミサイルの射程距離に対する関心が国と国との位置関係や距離について新しい地理認識をせまってくる。(13) そして何より、インターネットを始めとする高速通信手段が、地球という空間の隅々を手でつかむがごとくに感じさせている。地球に対する二十一世紀のメンタル・マップはこれまでとは違ったものとなるであろう。

一方、現実の世界情勢をみると、テロの脅威が膨らんでおり、テロリストたちも、それにおびえる側も、空間把握に際しては、ある心理的な枠にとらわれてそこから逃れられずにいるかに見える。それは、〈われわれ側〉と〈あちら側〉とを峻別し、共存することを拒絶するオブセッションである。どのような国際関係をイメージするにしても、世界を二分割するというモンローの世界認知枠が、二十一世紀の地球のメンタル・マップの初期設定《デフォルト》であったことを再認識してアメリカ中心の地球像を点検するとき、人類が地球という巨大な球体の上で共存するための鍵がみつかるのかもしれない。

◉註

（1）メルカトル図法は「正角円筒図法」と言われるもので、地球に巨大な円筒の帯を巻き付けてそこに地表の情報を投影させ、その「円筒」を平面にした地図。実は、距離も面積も正しくは反映されていない。では何が反映されるのかというと、任意の二つの地点を結んだ直線が経線と作る角度がいつも一定で正しいというものである。これを「正角」という。航海の際に便利である。

（2）「メンタル・マップ」とは、地理的認識のフレームのこと。詳しくは本稿三「メンタル・マップと政治」で述べる。

（3）それ故に、モンロー宣言が発せられた時点において、その言葉は「ヨーロッパ諸国にとって何の影響もなく、アメリカ合衆国側にも、その効力を発揮する力もその意向もなかった」（Rappaport 2）と考える歴史家たちもいる。

（4）モンローの第七次年次教書のテクストからの引用箇所の表示は［パラグラフ–センテンス］の順に数字で示してある。［48-3］は第四八パラグラフの第三センテンスのこと。

（5）モンローの演説の中で、〈あちら側〉を指す言葉が使われているのは計十一か所である。Spain という国家の名前が一度、Europe が一度出てくるほかは、すべて power(s) という単語が使われている。詳細に挙げてみると、the allied powers が四回、European power(s) が四回、other powers が一回である。各々の言葉がヨーロッパのどの国、どの連盟を指すかについては多少の揺れはあるものの、〈あちら側〉をさすこれらの記号の向こうにある指示対象は、イギリス（場合によってはロシア）をふくむヨーロッパ大陸となっている。

（6）モンローの年次教書は、アダムズやジェファソンといった政治家たちの声に押されて書かれたものであり、そこには、当時のアメリカを主導する政治家たち複数の政策決定が表明されている。

（7）船倉に閉じ込められたピムが暗闇の中で自分の位置を確認する箇所、上陸した島で生き埋めになったピムたちが、闇の恐怖の中で自分の身体の位置取りをさぐる箇所、島の高台から島全体を見下ろし自己の置かれた位置を確認する箇所など。

（8）『ピム』の中には思いのほか「太平洋」という言葉が出てくる。にもかかわらず、ピムは三回にわたり太平洋へ移動する機会をうばわれている。第一章で、ピムは友人オーガスタスから「いつも南太平洋の冒険談を話してもらっていた」（7）ので彼との冒険にでかける希望を養っていたが、ついに彼が太平洋を見ることはない。次に、グランパス号に乗り込んだ後、そこで反乱がおこり反乱側の一派は南太平洋へ進む方針であったがそれも果たされなかった。漂流したピムを救助したジェイン・ガイ号も太平洋へ行く予定であったが、それも実現しなかった。また、そもそもポーがこの作品を書くにあたって用いたソースの多くが太平洋での体験や報告をしるした記録であることも見逃せない。

（9）エイハブが通例の西回りの航路をとらず、喜望峰をまわる東回りで太平洋へアクセスする航路をとったことには理由があった。ピーコッド号は十二月に出航したが、それは、太平洋でのクジラの捕獲に最適な時期（season on the line）が始まったばかりの時期であった。西回りの航路をとれば、日数がかかりその時期にはまにあわないことは明白である。エイハブは次の捕獲時期を待つよりは、反対周りの航路をとってそこでモビー・ディックと出会う機会があることに賭けたのである。

（10）『白鯨』のテクストには、「緯度（単数）」（latitude）が一三回、「緯度（複数）」（latitudes）は一五回でてきている。一方、「経度（単数）」（longitude）は六回、「経度（複数）」（longitudes）は四回使われている。しかし、longitude(s) は一〇回ともすべてが latitude と組み合わせて使われていて、longitude 単独で使用されたものはない。"latitudes and longitudes" というフレーズとなった場合、それは、「その地域」という意味となり、緯度や経度による位置を特定する意味はなくなってしまう。

(11)「大航海時代、精密な海図や羅針盤があったにもかかわらず船が居場所を見失ったのは、経度を正確に知る方法がなかったからだ。……位置を確認する確かな手段がなかったために、かぞえきれないほどの船乗りが、突如目の前に現れた陸地に不意をつかれる形で命をおとした。」(Sobel 6)

(12)太平洋が西半球であるというアメリカのメンタル・マップは、百年後の真珠湾攻撃によって見事に打ち砕かれることになる。詳細は以下の論文を参照のこと。Alan K. Henrikson, "The Map as an 'Idea': The Role of Cartographic Imagery during the Second World War," *American Cartographer* 2.1 (April 1975): 19–20.

(13)北朝鮮のミサイルの弾道についてわれわれが危惧する問題の一つが「北朝鮮で発射されたミサイルがロスアンゼルスへ向かうとき、日本の上空を通過する」というものである。メルカトル図法の地図で見る限り平壌からロスアンゼルスへむかう直線は日本上空を突っ切っている。しかし、これはメルカトル図法がまねいた錯覚である。正距方位図法で見てみると、実際の弾道は北海道のさらに北を通過していることがわかる。『海国防衛ジャーナル』というサイトでは、このことを解説し、われわれのおちいる錯覚を「メルカトルの呪い」と名付けている(『海国防衛ジャーナル』 http://blog.livedoor.jp/nonreal-pompandcircumstance/archives/50695367.html)。

◉引用文献

A compilation of the messages and papers of the Presidents/ prepared under the direction of the Joint Committee on Printing, of the House and Senate, pursuant to an act of the Fifth-Second Congress of the United States; with additions and encyclopedic index by private enterprise;[compiled by James D. Richardson] vol. 10. New York: Bureau of National Literature, c1897-c1917.

Henrikson, Alan K. “Distance and Foreign Policy: a Political Geography Approach,” *International Political Science Review*, vol. 23 no. 4 October 2002, 437-466. Print.

________. “Mental Maps,” in Michael J. Hogan, ed., *Explaining the History of American Foreign Relations* (1st Edition Cambridge, 1991) Print.

________. “The Geographical ‘Mental Maps’ of American Foreign Policy Makers,” *International Political Science Review*, 23 (4),1980. 437-466. Print.

________. “The Map as an ‘Idea’: The Role of Cartographic Imagery during the Second World War,” *American Cartographer* 2.1 (April 1975) Print.

Melville, Herman, *Moby Dick; or, The Whale*, (1851; *The Whale*). Ed. Harrison Hayford, Hershel Parker, and G. Thomas Tanselle. Northwestern-Newberry Edition, 1988. Print.

Perkins, Dexter. *The Monroe Doctrine*, 1823-1826. 1927. Cambridge: Harvard UP, 1955. Print.

Poe, Edgar, Alan, *The Narrative Arthur Gordon Pym of Nantucket*.Penguin Books, 1999. Print.

Rappaport, Armin, ed., *The Monroe Doctrine*. New York: Holt, Rinehart and Winston, 1964. Print.

Sobel, Dava, *Longitude: The True Story of a Lone Genius Who Solved the Greatest Scientific Problem of His Time*, Walker & Company, New York, 1995. Print.（デーヴァ・ソベル『経度への挑戦』藤井留美訳、角川文庫、二〇一〇年）

Tatum, Edward H. Jr., *The United States and Europe, 1815-1823*. the University of California Press, 1936. Print.

Vinha, Luis da, "Charting Geographic Mental Maps in Foreign Policy Analysis: A Literature Review," *Human Geographies: Journal of Studies and Research in Human Geography*, 6.1 (2012) 5-17. Print.

Whitaker, Arthur P. *The United States and the Independence of Latin America. 1800-1830*. Baltimore: Johns Hopkins UP,1940. Print.

高田馨里「大型地球儀が象徴する戦争：第二次世界大戦期、アメリカ合衆国における世界地理認識の転換」『駿台史学』第一四七号、二〇一三年二月、169-202.

第一部　西半球への入り口

第一章

黒い半球『ブレイク』におけるトランスナショナリズム再考

古井義昭

はじめに

十九世紀中葉に雑誌連載されたマーティン・R・ディレイニーの『ブレイク、あるいはアメリカの小屋』(一八五九—一八六二)は、一九七〇年に初めて本の形で出版されて以来、多くの批評家たちの関心を集めてきた。[1] とりわけ、ここ十年間の『ブレイク』研究の活況は目覚ましく、『ブレイク』リヴァイヴァルとも称すべき様相を呈している。この小説に対する関心の高まりが、近年のトランスナショナル研究の隆興と軌を一にしていることは偶然ではない。ガヤトリ・スピヴァクの『ある学問の死』(二〇〇三)で提示された惑星思考はワイ・チー・ディモックに影響を与え、他にも多くの研究者たちがアメリカ文学のトランスナショナル的諸相にそれぞれの視点から光を当ててきた。[2] 二十一世紀のアメリカ(文学)研究は「トランスナショナル的転回」(Levander 559)を迎えたのである。アメリカ南部の奴隷制をキューバとの関わりのなかで描き、国境を越えた黒人連帯のヴィジョンを示す『ブレイク』という小説は、近年の批評的枠組みにきわめてなじむ作品といえる。トランスナショナル研究の成熟と並走するように発展を遂げてきた『ブレイク』批評において、この作品のトランスナショナル性はいまや自明のものとされている。[3] しかし本稿の目的は、この前提を根本的に再考することにある。

トランスナショナリズムとは、端的には「国民国家の境界線を越えた民族間、そして組織間のつながり」(Doolen 163)を指す。[4] こうした理解に基づきながら、エリック・J・サンドクイストは「十九世紀における黒人トランスナショナル・イデオロギーの、もっとも説得力のある声明のひとつ」(Sundquist 206)として『ブレイク』を位置づけている。[5] 地理的越境を主題とするこの作品は、たしかに「トランスナショナル」と呼ぶべき性質を備えている。しかし『ブレイク』をそのように形容することの意味は、はたして「境界線の越境」だけなのだろうか。『ブレイク』のトランスナショナル性を考察するにあたって重要な論点となるのは、作品内における合衆国の位置である。アメリカ例外主義に対する反発として生まれたトランスナショナル研究は、「アメリカの脱中心化」(Rhodes 902)を促してきた。[6] 事実、トランスナショナル的視座から『ブレイク』を論じる批評家たちは、ディレイニーがアメリカを「脱中心化」(Lowe 60)しており、「アメリカという国家の枠組みを拒絶している」(Doolen 156)と指摘する。しかし本稿では、そうした視点からこぼれ落ちてしまう「ナショナル」な側面に焦点を当てることで、この作品における「一八五〇年代アメリカ」という時間と場所の中心性を明らかにしたい。越境性に着目するだけではなく、この小説を規定する歴史的・地理的境界線を見定めたときにはじめて、『ブレイク』におけるトランスナショナル性の意味が正確に理解されるだろう。

一　同一化と差異化のレトリック

『ブレイク』を特徴づけるトランスナショナル性は、なにより作品の舞台が中盤でアメリカからキューバに移行する点に求められる。一八五二年から五三年のあいだに設定されたこの作品は第一部と第二部に分かれており、前者ではアメリカ南部諸州、後者ではキューバを舞台に物語が展開される。第一部において主人公のヘンリー・ブレイクは、逃亡奴隷となって南部を巡りながら、奴隷たちによる「一斉蜂起」(39)を目指して南部全体に「秘密の組織」(84)を作り上げようと画策する。第二部では、キューバの農園に売られた妻マギーを救い出すために海を渡り、妻を奴隷制から解放するだけではなく、黒人革命を目指して「解放軍」(256)を組織する。この小説はキューバにおける革命前夜、「白人の悪魔どもに破滅あれ！」(313)という叫びとともに終わる。(7)

『ブレイク』におけるキューバ表象を検討する準備として、本節ではまず、作品が書かれた当時のアメリカにとってキューバがどのような政治的意味を帯びた存在だったかを概観したい。一八五〇年代のアメリカ南部では、北部を中心とした奴隷解放運動の活発化に対する反発として、奴隷制という経済システムを国外へ拡張すべく、スペイン統治下で奴隷制が温存されていたキューバをアメリカに併合しようとする機運が高まっていた(May 3-45)。キューバ併合を望んでいたのは南部だけではない。北部もまた、キューバが有する砂糖やタバコなどの豊かな資源を求め、主に経済的な動機からキューバ併合を望んでいた(Levine 201)。つまり一八五〇年代は、アメリカが国を挙げてキューバ併合を希求していた時代だったのだ。キューバは、アメリカ経済を拡張し、促進する存在として――あるいは経済的搾取の対象として――欲望されていたのである。

こうした時勢を反映して、当時の新聞や雑誌にはキューバ併合を唱える多くの文章が掲載された。ここで注目したいのは、それらの文章に共通して現れる同一化のレトリックである。十九世紀アメリカにおける政治言説の分析のなかで、グレチェン・マーフィーは「半球的想像力」という概念を提唱しているが、それはつまり、一つの世界を東西二つの半球として理解しようとする当時の地政学的思考法を指す。マーフィーによれば、半球的想像力は一八二三年のモンロー・ドクトリンのなかではじめて明確な表現を得た。周知のように、当時の大統領ジェイムズ・モンローはこの外交原理を通じ、東半球からの西半球全体に対する政治的干渉の拒否を表明した。マーフィーは論じる。「モンローが半球規模の連帯を指し示すとき、そこには帝国主義の身振りが隠蔽されている。南アメリカ諸国を「我が南の兄弟」と言及する際、モンローは……「アメリカ／アメリカ南北両大陸」という神話、つまり「同一性を通じた支配」の戦略を用いた神話を導入しているのだ」(Murphy 5-6)。この同一性への欲望は、同胞のレトリックと共犯関係にある。すなわち、南アメリカ諸国は合衆国の「兄弟」なのだから、両者は「家族」のように同一化されるべきであるとするレトリックだ。しかしこのレトリックは、南北アメリカの同一を謳いながら、差異化への欲望をも内包している。ここに潜んでいるのは、東半球による干渉から南アメリカを守るために、合衆国が西半球のリーダーになるという暗黙の前提である。つまり、西半球という単一の地理的空間を措定するとき、合衆国は南アメリカ諸国と「同一化」しつつ、西半球を率いるリーダーとして他国から自らを「差異化」するのだ。差異化を内包した

同一化――モンロー・ドクトリンに潜在しているのは、このような西半球全体への帝国主義的欲望である。(8)

　この同一化のレトリックは、一八五〇年代に書かれた様々な政治的文章に共通して見られるものだ。主な例を挙げれば、一八五三年の「キューバ」や「併合」(『パットナムズ・マンスリー』)、「キューバ論争」(『デモクラティック・レヴュー』)といった一連の雑誌記事、さらに一八五四年にフランクリン・ピアース政権によって起草されたオステンド・マニフェストなどがある。たとえば「キューバ論争」の匿名の筆者は、モンロー・ドクトリンに頻繁に言及しながらキューバ併合を正当化する議論をしており(434, 436, 440-41)、このことは一八五〇年代に入ってからも半球的想像力が根強く存在していたことを示している。また、オステンド・マニフェストでは次のように述べられている。

我が政府がキューバを早急に獲得することはきわめて重要であり、その成就がキューバの人々によっても希求されていることは疑いようもない。合衆国沿岸と近接していることで、キューバと我々のあいだには時間をかけて交流が育まれ、促進されてきた。いまやアメリカ国民は利害と運命をキューバと共有しているのであり、両者は互いを一つの民族、そして運命共同体とみなしているのだ。

　最後の一文にも見てとれるように、ここにもモンロー・ドクトリンにおける同一化のレトリックが息づいている。キューバとのあいだに対称的な関係性を措定しつつ、あくまでキューバをアメリカへと吸収すること、それが当時の併合論者たちのレトリカルな戦略であった。このような政治言説が広く流布していた一八五〇年代に『ブレイク』は執筆され、南北戦争前夜の一八五九年、『アングロ・アフリカン』誌に連載が開始されたのだった。

二　白と黒の反転

作品後半の舞台をキューバに設定することで、ディレイニーはキューバ併合をめぐる一八五〇年代の活発な政治言説に黒人の視点から加わろうとしたといえる。生涯を通じ、主に文筆活動によって政治的主張を展開し続けたディレイニーは、印刷文化のただなかで生きていた。一八四七年から十八ヶ月間のあいだ、フレデリック・ダグラスと『ノース・スター』誌の共同編集長を務めたディレイニーが、雑誌や新聞で流通していた政治言説に親しんでいたことは想像に難くない。事実、ディレイニーは「キューバ併合」(一八四九)という短い文章を『ノース・スター』誌に寄せており、そのなかでアメリカによるキューバ併合の動きを厳しく批判している。一八四〇年代からキューバに関心を抱いていたディレイニーは、『ブレイク』を通して当時のキューバ併合の機運に本格的な応答を示したことになる。それでは、キューバを小説の舞台に選んだディレイニーの意図とは、具体的にはどのようなものだったのか。

この問いについて考察するため、『ブレイク』における経済的主体としての黒人像に着目したい(9)。そこにこそ、ディレイニーの思考と戦略が凝縮されていると考えられるからだ。作品冒頭、ブレイクは自分の不在中に妻マギーが北部の奴隷主に売られたことを知らされ、即座に妻を取り戻そうと決意する。逃亡奴隷となって妻を救出する意志を義母に告げる際、彼は二千ドルもの貯金があることを明かす。驚いた義母は「まさか盗んだんじゃないだろうね」と疑いをかけるが、ブレイクはこう反論する。「おれはフランクス[ブレイクの奴隷主]に仕えてきたこの十八年、自分に支払われるべき稼ぎの一部を少しずつ貯めてきたんだ。……「盗む」だなんて！」(31)。この場面でブレイクの義母からすれば「窃盗」と理解される行為は、ブレイクにとっては正当な権利として主張される。二千ドルという金銭は、自分の労働に対して支払われるべき正当な報酬なのだ。逃亡奴隷となったブレイクは、南部諸州を巡りながら奴隷たちと交流するなかで、機会さえあれば白人から金銭を奪うよう彼らに教え諭す。「奪うことが正しいと知ってさえいれば、金はどこでも手に入る。……お前は仲間たちに、主人から金を奪えるだけ奪うように言うんだぞ」(43)。

経済の文脈でこの小説を考えるとき、ブレイクが家族を連れてカナダへの逃亡を目指す途上、貧乏白人の船頭に賄賂を渡す行為も見逃せない。船頭はブレイクたちが自由黒人であることを証明する書類の提示を求めるが、ブレイクは次のように応じる。「「これが証明書だ」そう言ってブレイクは手のひらを広げると、そこには五枚の金貨があった。「早く乗れ！」と船頭は声を上げた」(140)。貧乏白人の船頭に賄賂を渡すという行為は他の場面でも繰り返されている(135, 142)。『ブレイク』第一部で強調されるのは、奴隷制のなかで白人によって経済的に搾取される受動的な「対象」ではなく、白人の行動をコントロールするために金銭を使う「主体」としての黒人像である。金銭の使用という、アメリカ南部ではもっぱら白人にのみ許されていた行為そのものを反復することにより、ブレイクは奴隷制における白人と黒人の主従関係を転覆させるのだ。経済をめぐるブレイクの一貫した狙いは、自律した主体性を白人の手から取り戻すことにある。

白人の経済行為の意味を転覆させようとするブレイクの企ては、作品の第二部でも顕著だ。十九世紀中葉のアメリカでは、奴隷をアフリカからキューバへと輸入し、そこからアメリカ南部へ奴隷を供給するシステムが確立していた(Horne 82-99, Perez 34-37)。ブレイクはアメリカ船籍の奴隷船ヴァルチャー号に乗り込み、一介の船員として振る舞いながらキューバからアフリカに向かう。彼の真の目的は、道中で奴隷船を拿捕し、奴隷たちを自分が組織した解放軍の一員にすることにあった(198)。しかしある事件によって、ブレイクは奴隷船を奪うまでもなく奴隷たちを仲間にする機会を得る。アフリカで千八百人もの奴隷を積み込んだヴァルチャー号は、キューバへと向かう中間航路において奴隷たちによる謀反の危機に遭う。謀反自体は不発に終わるが、この事件はブレイクにとっては朗報であった。謀反を計画した奴隷は市場での値段が大幅に下がるため、ブレイクの同胞たちによる奴隷購入を可能にするからである。もちろん白人船長らはこの事件を隠そうとするが、ブレイクは意図的に情報を市場に流し、結果として彼の同胞たちは多くの奴隷を安価に購入することに成功する(238)。

このようにして奴隷貿易に関与するブレイクは、奴隷制をめぐる経済活動に積極的に参加している。しかしブレイクの行為は、白人が奴隷を売買する場合とは正反対の目的のためになされている。つまり、奴隷たちを奴隷制から解放するため、さらには彼らを黒人同胞の解放運動に奉仕させるためである。ブレイクはアメリカ白人の行為を「奴隷解放のための奴隷貿易」という撞着語法的な形で、まったく異なる意味に書き換えてしまう。一連の経済行為を通じたブレイクの目的は、白人の行為を反復したうえで、そこに黒人の主体性を上書きすることにあった。白を黒に反転させること、それこそが白人の支配に対する抵抗の戦略なのである。

三　アメリカの中心への旅

『ブレイク』における戦略を以上のように理解したとき、キューバを実際に訪れた経験のないディレイニーが(Lowe 59)、あえてキューバを作品の舞台に設定した意味もおのずと見えてくるだろう。一八五〇年代においてキューバがアメリカによる経済的搾取の対象であったのはすでに見たとおりであるが、キューバはディレイニーにとっても異なる意味での欲望の対象であった。『ブレイク』におけるキューバとは、トランスナショナルな黒人連帯と奴隷解放運動の起点となる場所として捉えられているからである。前節での議論に即していえば、ディレイニーはキューバを舞台として選択することにより、アメリカ白人がキューバに向けた欲望のまなざしを意図的に反復し、欲望それ自体の意味を書き換えようとしたと考えられる。奴隷制の拡張によって黒人を搾取しようとする白人の欲望を、「奴隷制への抵抗」という正反対の意味に反転させるのだ。

ディレイニーにとって、キューバを欲望することの意味は「半球」という地理的単位と密接に関わっている。白人の併合論者にとっても、ディレイニーにとっても、キューバという存在はそこからさらに南へ広がる地理の象徴、あるいは西半球全体へとつながる入り口として機能していた。アメリカ白人が半球的想像力をもってキューバ併合を正当化したならば、ディレイニー自身も、『ブレイク』

と一連の政治エッセイのなかで半球という地理的枠組みへのこだわりを見せている。ディレイニーは一八五〇年代を通じて黒人によるアメリカ国外への移住計画を繰り返し説いていたが、本稿の文脈で重要なのは、彼が一貫して移住先の候補を西半球、より具体的には南アメリカ大陸に限定している点だ。

ディレイニーは諸エッセイを通じて、権利（claim）という単語を繰り返し用いることにより、南アメリカ大陸への移住の正当性を主張している。[10] 一八五四年、アメリカ黒人に移住計画を呼びかける文章のなかで、ディレイニーは次のように書いている。「アメリカからの国外移住を望み、アメリカ植民協会主導の、西半球から退去しようとする計画に反対する有色人種の人々よ……我々の目的と決意は、西インド諸島、中央、南アメリカ、そしてカナダに対する我々の権利を熟慮することにある」（*Reader* 240）。さらに同年、ディレイニーは「アメリカ大陸における有色人種の政治的運命[11]」という重要なエッセイで、「黒人はこの半球における熱帯地方と南部の温暖な地域だけではなく、南北すべての大陸に対して権利がある」と述べている（*Reader* 258）。なぜ黒人は西半球への権利を主張できるのだろうか。この点に関しては、作品のなかでブレイクら登場人物たちの言葉によって説明されている。解放軍を組織したブレイクと彼の同胞たちは、西半球における黒人の権利を議論する過程で次のような結論に至る。

本来、西世界はネイティヴ・アメリカンたち――有色人種だ――によって、そして中央アメリカにおける大陸の一部は純粋な黒人によって住まわれていたし、所有されていた。このため、どのような血の交わりがあろうとも、我々は西半球を相続することに対する、優先的ではないにせよ、平等の権利を有しているのだ。（287）

ブレイクたちは先住権を根拠に、黒人を含む有色人種たちが西半球に対して権利があると唱える。この論理は、すでに検討した経済に関するブレイクの主張にも見られるものだ。不当に奪われた所有物を白人の手から取り戻すという企図は、単にブレイク個人にとっての二千ドルという金銭にとどまらず、ここでは西半球全土への権利へ拡張されている。

ディレイニーも、彼が打倒すべき敵としていたアメリカ南部も、それぞれ自らの利益の追求のためにキューバを欲望するという意味で相似形をなしているが、その利益の方向性において、両者の欲望は性質を異にしているとひとまずは考えられる。アメリカ南部によるキューバ併合の欲望は、アメリカ国内の利益を促進しようしている点でドメスティックな動機に裏づけられている一方、『ブレイク』におけるキューバへの欲望は、黒人解放運動をアメリカ国外、つまり西半球全土に拡張しようとする大きな目的の端緒に過ぎない。事実『ブレイク』を論じる批評家たちは、アメリカ「国内」と「国外」という二項対立のもとに議論を展開することで、この作品のトランスナショナル性を強調してきた。

しかし、そうした理解は一面では正しいものの、この二項対立を過度に前景化することには十分な注意が必要である。なぜなら、「国内」と「国外」という対立は、主に奴隷制の描写を通じて小説そのものにより無効化されているからだ。すでに述べたように、十九世紀中葉のキューバはアメリカに奴隷を供給する重要な拠点であった。キューバは一八二〇年から一八五〇年代のあいだに五十万人以上の奴隷をアフリカから輸入し、アメリカは一八〇八年に奴隷貿易を違法化したにもかかわらず、毎年数千もの奴隷をキューバから輸入していた(Sundquist 191)。さらにキューバにおける奴隷貿易に関わっていた船の九十%はアメリカで建造され、アメリカ国旗のもとに、そしてアメリカ人船員によって運航されていたのである(Perez 35)。この歴史的事実を裏付けるように、『ブレイク』の第二部で登場するアフリカの奴隷主はヴァルチャー号の船長にこう述べる。「合衆国は今や間違いなく一番の市場ですよ。次々に拡大する新しい領土からの需要に供給が追いついていないんです」(213)。つまり、大規模な奴隷市場をなしているという意味で、アメリカとキューバは地続きの関係にあったのだ。

奴隷制をめぐるアメリカとキューバの密な結びつきを見たとき、『ブレイク』という小説は、キューバを描くことでアメリカの奴隷制の深奥に入り込もうとしていると考えられる。ジョン・アーネストは『ブレイク』における第一部と第二部の連結が明確でないとしたうえで、この作品の小説としての不完全性を指摘している(Ernest 111)。たしかに、第一部を通じて描かれる「秘密の組織」をアメリカ南部全体に拡げようとするブレイクの試みは、第二部に移ってからは一切言及されない。しかし、第一部がアメリカ国内の奴隷制の現状を示すために書かれているとすれば、第二部はその奴隷制を外から支えている元凶にたどり着こうとしている点で、両者は密接につながっているといえる。この小説が「第一部／北アメリカ」と「第二部／南アメリカ」の連結によって示すのは、合衆国の奴隷制が半球規模で展開されているという事実なのである。アメリカの地理的外部としてのキューバは、実はアメリカにおける奴隷制の内部へ通じている。「脱アメリカ」に見えるブレイクの地理的越境性は、アメリカの中心へ向かう求心的な運動を意味するのだ。

ディレイニーの政治的射程は西半球全体を捉えていたものの、彼の主たる関心はあくまでアメリカにとどまり続けていた。一連の政治エッセイを通じ、彼は母国への執着を垣間みせている。たとえば、『合衆国の有色人種の状況、向上、移住、そして運命』(一八五二)という本のなかで、ディレイニーはアメリカ黒人による南アメリカ大陸への移住計画を詳述しているが、その一方で次のようにも述べている。「ここ[合衆国]にこそ我らの故郷があり、ここにこそ我らが住み、そして自らの努力によって地位を向上させる自然権がある」(*Condition* 47)。同じ『状況』の結論部において、ディレイニーはより直接的にアメリカへの「愛」を表明する。「私たちはこの国を愛している、深く愛しているのだ。しかしアメリカは私たちを愛してくれない――むしろ軽蔑し、追い出そうとしている」(*Condition* 202)。ロバート・S・レヴィンが論じるように、『状況』のなかでのディレイニーは、アメリカ国外への移住の必要性を訴えながら、それと同時に母国アメリカへの固執も表明する点で一貫性を欠いている(Levine 65)。ディレイニーにとって、アメリカとは常に戻るべき故郷であり、抗い難い求心力を有する磁場であった。アメリカでは黒人の平等は達成されえないという絶望と、ディレイニー個人の「アメリカ人であるという徹底した自己認識」(Adeleke 256)――このような内的葛藤が一八五〇年代における彼の政治思想の根底にある。

四　ディレイニーの「明白な運命」

前節で議論したように、ディレイニーはアメリカによる西半球への帝国主義的欲望に抗して、黒人の西半球全体への権利を主張した。しかし、そうした批判はある重大な危険を伴っている。アメリカ白人の帝国主義に「アメリカ黒人の帝国主義」を上書きしてしまうという危険である。ディレイニーはアメリカ白人のイデオロギーを批判的に反復するが、同時に意図せざる形でも反復を行ってしまっている。この点はなにより、本論の第一節で検討した「差異化を内包した同一化」というレトリックを、ディレイニー自身が深く内面化してしまっていることに裏付けされる。

一八五〇年代にキューバ併合を目指していたアメリカ白人たちは、スペインの悪政から守るべき対象／子どもとして、キューバにパターナリスティックな視線を向けていた（Levander 825）。[12] 彼らは、アメリカの統治によってキューバが「再生」されると信じていたのである（May 4）。当時の併合論者たちのこの視線は、ディレイニーの「キューバ併合」（一八四九）というエッセイにも窺える。「あらゆる商業的な利益よりもはるかに強いつながりが、この外国の胎児と慈悲深い母親とのあいだにある——それは奴隷制という鉄のつながり、いまだ切られざる鎖だ」（*Reader* 161）。ここでディレイニーは、アメリカを「母親」、キューバを「胎児」とみなすことで両者のつながりを強調しつつも、「親と子」という上下関係を設定している。

ディレイニーの差異化の論理は、アメリカとキューバの関係だけに見られるものではない。たとえば前述のレヴィンは、ディレイニーの移住計画を論じるなかで彼の帝国主義的欲望を看破している(Levine 211)。[13] つまり、西半球における黒人間の連帯を提唱する際、ディレイニーはアメリカ黒人の優位性を自明視しているという指摘である。具体例として、「政治的運命」における次の一節を見てみよう。「西インド諸島、中央、南アメリカ諸国の人々は高貴な民族である……。彼らは今、北アメリカが有するあらゆる発展を欲しているのだ」(*Reader* 268)。ここで注目すべきは、「北アメリカの発展」と述べることで、ディレイニーがアメリカ黒人の優位性を強調し、南北アメリカの黒人のあいだに上下関係を挿入している点である。アメリカの先進性に対する信念は、彼自身の来歴に由来すると推察される。ハーヴァード大学医学部に在籍したこともあるディレイニーは、医療に携わるだけではなく、天体に関する論文を雑誌に寄稿したり、当時のアメリカ近代化の象徴である鉄道に関わる特許取得を目指したりもした「科学の人」(Rusert 813, Gilroy 21)であった。[14] すぐれてアメリカ的な価値観を先取的に会得していたという意味で、ディレイニーは「明白な運命」の時代の申し子だったのだ。

以上の議論を踏まえたうえで実際に『ブレイク』へ目を向けてみると、作中で指導力を握るのは「知的(intelligent)」な黒人のみであることが容易に見てとれる。黒人を率いるリーダーとしてのブレイクは作品を通じて繰り返し「知的」と形容され(16, 18, 63, 85, 204)、キューバにおける彼の同胞たちも「知的」であると強調される(196, 252)。ここで重要となるのは、ディレイニーが登場人物たちの言語の使用法を通じて、「知的な黒人」の中心的位置を前景化している点である。ブレイクと彼の同胞たちが話す言語は徹底して標準英語である一方、第一部においてブレイクに啓蒙される「無知」(39, 126)な黒人たちは訛りの強い黒人方言を話す。解放軍が組織され、革命の成就へ向かう第二部になると、黒人方言を話す黒人たちがほとんど登場しなくなるのは象徴的である。つまり、「知的な黒人」と「無知な黒人」のあいだで露骨な差異化が図られているのだ。アラン・D・オースティンは、『ブレイク』の登場人物たちが使う英語は、話す主体の人種、教育レベル、社会的階層によって精密に細分化されていると指摘する(Austin 11)。そうした差異化の背後に潜んでいるのは、黒人解放運動は教育レベルの高い黒人によって主導されるべきという前提である。

言語の使用法を通じて強調されるのは黒人間の差異だけではない。言語は同一化の手段としても機能している。キューバ生まれのブレイクはスペイン語を流暢に話せるとされ(170, 186)、一見するとこの作品は言語的多様性を体現しているように思える。しかしここで注目したいのは、第一部において黒人方言と標準英語の差異は細かに記述されるのに対し、キューバを舞台にする第二部ではスペイン語が一度も出てこないという事実である。英語話者とスペイン語話者は、英語のみを通じて――あたかもそれが共通語であるかのように――スムーズに意思疎通を図っている。もちろん、ディレイニー自身がスペイン語に通じていなかったということ(*Reader* 206)、さらに『ブレイク』という作品がアメリカの読者に向けた作品である以上、作品世界を英語で提示する必要があったことは指摘するまでもない。しかし、それでもスペイン語が一切使われないのは示唆的である。たとえば、ブレイクの妻であるマギーはアメリカ生まれのアメリカ育ちであり、スペイン語を話せるとは考えられないが、彼女はキューバのスペイン語話者となんの支障もなく、しかも雄弁に会話している(242-43)。もちろん彼女が話すのは標準英語だ。『ブレイク』第二部における言語の状況を通して見えてくるのは、アメリカとキューバの言語的差異を消滅させることで、ディレイニーがキューバを「アメリカ化」してしまっている可能性である。その背景には、国境を越えた黒人連帯のヴィジョンを示すために、国家間の差異はできるかぎり隠蔽されなければならなかったという事情があるだろう[15]。

このように、小説の第一部でアメリカ黒人が話す英語を綿密に差異化するディレイニーは、第二部では一転して英語とスペイン語の差異を閑却し、両者を同一化する。トランスナショナル的連帯という同一化の欲望の下に隠れているのは、黒人を率いるのはあくまで「知的」な「アメリカ黒人」であるという差異化の論理であり、これは当時のキューバ併合論者に共通して見られた「差異化を内包した同一化」のレトリックと共鳴している。皮肉にも、ディレイニーはアメリカ白人による帝国主義的欲望を批判する瞬間、その欲望を下支えする論理を反復してしまうのだ。あらゆる点で越境性を強調されがちな『ブレイク』であるが、そこで展開される思考はあくまで「一八五〇年代アメリカ」という時間と場所に深く根ざしていたのである。

ディレイニーがキューバに向けた帝国主義的なまなざしを理解する際、彼の「大陸(**continent**)」という単語の使用法は注意に値する。そこにディレイニーの地理的想像力が凝縮された形で提示されているからである。この単語は彼の重要な政治エッセイ、特に『状況』と「政治的運命」おいて繰り返し登場するが、その使用法の特徴として主に二点が挙げられる。第一に、常に単数形として使われているという点、第二に、**continent** が文字通りの「大陸」を指し示さないという点である。たとえば「政治的運命」のなかでディレイニーは、移住先の候補地として西インド諸島を挙げたうえでこう続ける。「西インド諸島を諸国家と述べたが、彼らは実際のところ、相対的には一つの「国」であり、この西大陸(**the Western Continent**)の一部なのだ」(*Reader* **255**)。ここでディレイニーは、それぞれの島が独立した政治体系を有していることを認めつつも、それらをまとめて一つの国とし、さらには「西大陸」の一部をなすと述べる。もちろん、物理的、そして地理的な意味では、「島」が「大陸」の一部をなすことはできない。したがって、ここでディレイニーは大陸という語を明らかに象徴的な意味で用いていると考えられる。そもそも、「政治的運命」の原題は"The Political Destiny of the Colored Race on the American Continent"であり、ディレイニーは「大陸」という単語を、この文章を通じて南北アメリカ大陸の総称として使用している。『状況』においても、単数形としての「大陸」は計三十六回使用され、すべて南北アメリカ大陸を指示する記号として機能している。つまりディレイニーの地理的想像力のなかでは、西半球は南北アメリカ大陸からなるcontinentsではなく、continentという単一の集合体として捉えられているのだ。ここで、continentという単語にはcontain、つまり包摂するという意味があることは重要である(*OED*, def. 1)。ディレイニーはcontinentという語で西半球に言及するとき、ほとんど暴力的と呼べる形で、南アメリカ大陸全体を自分が夢想する半球的連帯のヴィジョンのなかへ包摂しているといえよう。『ブレイク』執筆当時にディレイニーが思い描いていたのは、アメリカ黒人主導による「黒い半球」ともいうべき想像の共同体であった[16]。ディレイニーは、彼が批判の対象とした白人のキューバ併合論者と同程度に、モンロー・ドクトリンで示された半球的想像力の体現者だったのだ。

おわりに

本稿はここまで、『ブレイク』において合衆国が占める中心的位置に焦点を当てることにより、批評で前提とされているこの作品のトランスナショナル性を、いわば正反対の視点から――「ナショナル」な枠組みのなかで――再考してきた。この議論をさらに押し進めるため、最後に一つの問いについて考えてみたい。文筆家としての長いキャリアを持つディレイニーにとって『ブレイク』は唯一の小説であったが、それでは彼はなぜ、トランスナショナル的ヴィジョンを展開するために、政治エッセイではなく小説の形式を用いる必要があったのか。すでに見たとおり、『ブレイク』におけるディレイニーの企図は、現実には存在しない「黒い半球」という共同体を想像することにあった。この理解に基づけば、ディレイニーが小説を書いた理由はなにより、そのフィクションという性質が「現実に存在しない世界」を立ち上げることを可能にしたからであるといえるだろう。ディレイニーが「いまだ存在せざる世界」(Ernest 112)を『ブレイク』において夢想したならば、国家を超えた黒人間の連帯は想像上の「ユートピア」(Gilroy 29)であった。

小説の冒頭、ブレイクが「文学的素養」(17)を有していると記されるのはこの文脈において示唆的である。ある場面で月の「柔らかくなめらかな光」に魅了されて「啓示」を受け(98)、またある場面では星の輝きにアレゴリカルな意味を読み取ろうとするブレイクは(124)、ロマンティックな詩的感性の持ち主である。[17] その点で、彼は解放軍を組織する行動力だけではなく、ユートピア的ヴィジョンを幻視する想像力をも兼ね備えた人物として提示されている。「天に輝く黄金の球体」(124)を見つめるとき、ブレイクは半球規模の連帯を夢想しているのかもしれない。また、逃亡奴隷という立場にもかかわらず南部諸州を自由に移動するブレイクの運動が、きわめて非現実的であることも重要である(Mattox 536, Rusert 819)。奴隷制という、人間を一つの場所に固定するシステムを嘲笑うかのごとく、ブレイクは「風のように」(111)南部諸州からカナダ、さらにはキューバ、アフリカへ絶え間なく移動し続ける。蓋然性から自由な世界を提示した意味で、『ブレイク』における小説という形式はロマンスの要素を多分に含んでいる。

ところが、ディレイニーは現実から遊離したロマンスのみを提示するだけではない。彼はリアリズムをもってその虚構世界を表現することにきわめて意識的である。一度も訪れた経験のないキューバにおける奴隷制と奴隷貿易の状況を正確に活写している点からも、この小説が綿密な調査のうえで書かれているのが窺われる。また、ディレイニーは多くの脚注を通じて、あくまでこの小説が「現実」に根ざしたものであることを強調している。たとえば「これは現実に起きた出来事である」(85)、あるいは「この紳士は一八五七年六月十五日に死去した」(118)といった脚注には、この小説世界における虚構と現実の境界線を揺るがそうとするディレイニーの意図が読みとれるだろう。さらにディレイニーは、「筆者」という主語を多くの脚注で用いることにより(74, 84, 206, 212, 213)、小説内の出来事が自身の観察に基づいていると読者に印象付けようとしている。

しかし皮肉にも、一連の脚注は作品の現実性を高めるどころか、虚構性を際立たせてしまっている。現実性を強調する作家ディレイニーの過剰な身振りは、彼自身が作品の虚構性を強く自覚していたことの裏返しでもあるからだ。あるいは、この小説が「現実には存在しない物語」として受け取られてしまうのではないかという不安の表出とも捉えられる。試みの成否は別として、小説の形式を選択したディレイニーの目的は、「トランスナショナル的連帯」という虚構を現実に存在しうるものとして提示する点にあった。一八五〇年代アメリカにおける奴隷制をめぐる文学の状況に照らしていえば、『ブレイク』は『アンクル・トムの小屋』ほどにはロマンス的ではなく、スレイヴ・ナラティヴのようにはリアリスティックではないという不均衡なジャンル的混交性を有している。このことが示唆するのは、半球的連帯に対する欲望と、それが現実には存在していないという否定的認識とが、ディレイニーのなかで乖離したまま共存していたという可能性である。この乖離は、すでに指摘した移住計画をめぐるディレイニーの内的葛藤と重なり合い、作品内に不協和音を生み出している。『ブレイク』が提示するトランスナショナル的連帯とは、不安定な形式のなかであやうく構築された理想だったのだ。

アメリカの奴隷制が半球規模で展開されていることを暴き、国境を越えた黒人連帯の可能性を提示した『ブレイク』という作品は、主に奴隷制からの脱出を描いていた当時のスレイヴ・ナラティヴ、あるいは黒人文学の多くとは一線を画す先進性を有している。しかしその一方、ディレイニーが夢想したトランスナショナル的連帯には、他者を「知的なアメリカ黒人」という一元的な総体へ包摂しようとする帝国主義的欲望が見え隠れする。つまり、この小説の功績は諸刃の剣となっているのだ。あるいは、読者に明示されるトランスナショナル的ヴィジョンの下には、きわめてアメリカ的なイデオロギーが潜在しているともいえる。また、先に見たとおり、この小説には連帯の実現可能性そのものに対するディレイニー自身の懐疑が投影されている。すなわち、批評家たちが自明視してきた『ブレイク』のトランスナショナル性は、確固たる一枚岩のものではなく、そのような両義性と不安定性に特徴づけられているのである。それだけではない。合衆国の中心性に関するここまでの議論を踏まえるならば、『ブレイク』のトランスナショナル性の所以とされる地理的越境は、つまるところ境界線の消滅を描いていないと考えられる。アメリカという国家を規定する境界線は、単なる地理的運動によっては抹消しえない、作者のなかに深く内面化された存在として浮き彫りにされているからだ。ディレイニーがトランスナショナルな舞台設定を通じて描いたのは――彼の意図に反して――「アメリカ合衆国」というナショナルな磁場であった。『ブレイク』を「トランスナショナル」と形容するとき、我々はそのような逆説を意味するのである。

◉註

(1)『ブレイク』は一八五九年に『アングロ・アフリカン』誌に、一八六一年から六二年にかけて『週刊アングロ・アフリカン』誌に連載された。

(2)近年のトランスナショナル・アメリカ研究の代表的なものとしては、Bieger, Dimock, Edwards, Fluck, Huang, Giles, Murphy などの著作、編著が挙げられる。

(3)トランスナショナル的文脈のなかで『ブレイク』を論じたものとしては、Chiles, Clymer, Doolen, Gilroy, Lowe, Mattox, Nwankwo, Orihuela, Pierrot, Sundquist などの論考がある。

(4)「トランスナショナル」という語の定義に関しては、特に Rowe 78-89、Pease 1-7 に詳しい。たとえばドナルド・E・ピーズは、国家が国境のなかに閉ざされていない「中間の状態(in-betweenness)」を指すものとしてこの語を定義づけている(Pease 4-5)。

(5)エリック・J・サンドクイストの引用に関しては以下の既訳を参照したが、必要に応じて一部を変更した。エリック・J・サンドクイスト『死にたる民を呼び覚ませ――人種とアメリカ文学の生成　上巻』髙尾直知・中尾秀博・藤平育子・野崎直之・内藤容成・横溝仁・向山大地訳、中央大学出版部、二〇一五年。

(6)Fishkin 36, Hickman 270-71, Levander 559-68, Pease 17-30, Rhodes 899-912 を参照のこと。

(7)『週刊アングロ・アフリカン』誌に掲載された最後の六章は現存しておらず、『ブレイク』の最後で革命が成就されたかどうかは知ることができない。

(8)十九世紀アメリカにおける「同一化と差異化のレトリック」に関する本節の議論は、メルヴィル作品を論じた拙論の内容と一部重複していることをお断りしておく。Furui 452-54 を参照のこと。

(9)『ブレイク』における経済に関しては、Clymer, Orihuela、小林(二〇一三)らがトランスナショナル的視点から詳細に論じている。

(10)『ブレイク』は一八五二年か五三年頃に書き始められたとされており(Miller xix)、同じ一八五〇年代に書かれたディレイニーの一連の政治エッセイと様々な形で共鳴している。

(11)以下、「政治的運命」と略す。

(12)このような視線が最も顕著に表れている例としては、前述の「キューバ」(一八五四年、『パットナムズ・

マンスリー』)が挙げられる。特に四、八–九、一六頁を参照のこと。

(13)ディレイニーの帝国主義的思考に関しては、Adeleke 256も参照のこと。

(14)ディレイニーは一八五〇年代後半になると、西半球ではなくアフリカ大陸への移住を唱え始めたが、彼はアフリカ黒人をアメリカ黒人によって「文明化」されるべき対象として見ていた(Painter 159-60)。

(15)小林朋子が指摘するように、ブレイクが組織する解放軍は「あらゆる肌の黒さの度合い、階級、エスニック集団がそれぞれ持っている差異を断念することで結成されている」(小林 五三、二〇一一年)。

(16)ケイティー・チャイルズは、ベネディクト・アンダーソンの「想像の共同体」の概念を援用しながら『ブレイク』を論じている(Chiles 324)。

(17)ブレイクのこうした感性を反映するように、小説中では多くの詩が挿入されている。

◉引用文献

Adeleke, Tunde. "Black Biography in the Service of a Revolution: Martin R. Delany in Afro-American Historiography." *Biography* 17.3 (1994): 248-67.

Austin, Allan D. "The Significance of Martin Robinson Delany's *Blake; or the Huts of America*." Diss. University of Massachusetts, Amherst, 1975.

Bieger, Laura, Ramon Saldivar, and Johannes Voelz, eds. *The Imaginary and Its Worlds: American Studies after the*

Transnational Turn. Hanover: Dartmouth College P, 2013.

Chiles, Katy. "Within and without Raced Nations: Intertextuality, Martin Delany, and *Blake; or the Huts of America.*" *American Literature* 80.2 (2008): 323-52.

Clymer, Jeffory A. "Martin Delany's *Blake* and the Transnational Politics of Property." *American Literary History* 15.4 (2003): 709-31.

"Cuba." *Putnam's Monthly Magazine of American Literature, Science, and Art* 1.1 (1853): 3-16.

"The Cuban Debate." *Democratic Review* 31 (November-December 1852): 433-56.

Delany, Martin R. *Blake; or the Huts of America*. Boston: Beacon Press, 1970.

———. *The Condition, Elevation, Emigration, and Destiny of the Colored People of the United States*. (*Condition*) Philadelphia: Arno Press, 1852.

Dimock, Wai Chee. *Through Other Continents: American Literature across Deep Time*. Princeton: Princeton UP, 2006.

Doolen, Andy. "'Be Cautious of the Word 'Rebel'": Race, Revolution, and Transnational History in Martin Delany's *Blake; or the Huts of America*." *American Literature* 81.1 (2009): 153-79.

Edwards, Brian T, and Dilip Prameshwar Gaonkar, eds. *Globalizing American Studies*. Chicago: U of Chicago P, 2010.

Ernest, John. *Resistance and Reformation in Nineteenth-Century African-American Literature*. Jackson: UP of Mississippi, 1995.

Fishkin, Shelley Fisher. "Crossroads of Cultures: The Transnational Turn in American Studies." *American Quarterly* 57.1 (2005): 17-57.

Fluck, Winfried, Donald E. Pease, and John Carlos Rowe, eds. *Re-Framing the Transnational Turn in American Studies*.

Hanover: Dartmouth College P, 2011.

Furui, Yoshiaki. "Transcending Distances: A Poetics of Acknowledgement in Melville's 'Benito Cereno.'" *Canadian Review of American Studies* 44.3 (2014): 450-70.

Giles, Paul. *The Global Remapping of American Literature*. Princeton: Princeton UP, 2011.

Gilroy, Paul. *The Black Atlantic: Modernity and Double Consciousness*. Cambridge: Harvard UP, 1993.（ポール・ギルロイ『ブラック・アトランティック――近代性と二重意識』上野俊哉・毛利嘉孝・鈴木慎一郎訳、月曜社、二〇〇六年）。

Hickman, Jared. "On the Redundancy of 'Transnational American Studies.'" *The Oxford Handbook of Nineteenth-Century American Literature*. Ed. Russ Castronovo. New York: Oxford UP, 2012.

Horne, Gerald. *Race to Revolution: Cuba and the United States during Slavery and Jim Crow*. New York: Monthly Review Press, 2014.

Huang, Yunte. *Transpacific Imaginations: History, Literature, Counterpoetics*. Cambridge: Harvard UP, 2008.

Levander, Caroline. "Confederate Cuba." *American Literature* 78.4 (2006): 821-45.

________. "The Times of Transnational American Studies." *American Literary History* 26.3 (2014): 559-68.

Levine, Robert S., ed. *Martin R. Delaney: A Documentary Reader*. (*Reader*) Chapel Hill: The U of North Carolina P, 2003.

________. *Martin Delany, Frederick Douglass, and the Politics of Representative Identity*. Chapel Hill: The U of North Carolina P, 1997.

Lowe, John. "'Calypso Magnolia': The Caribbean Side of the South." *South Central Review* 22.1 (2005): 54-80.

Mattox, Jake. "The Mayor of San Juan del Norte? Nicaragua, Martin Delany, and the 'Cotton' Americas." *American Literature* 81.3 (2009): 527-54.

May, Robert E. *The Southern Dream of a Caribbean Empire, 1854-1861*. Gainesville: UP of Florida, 2002.

Miller, Floyd J. "Introduction." *Blake; or the Huts of America*. By Martin R. Delany. Boston: Beacon Press, 1970

Murphy, Gretchen. *Hemispheric Imaginings: The Monroe Doctrine and Narratives of U.S. Empire*. Durham: Duke UP, 2005.

Nwankwo, Ifeoma C. K. "The Promises and Perils of U.S. African American Hemispherism: Latin America in Martin Delany's *Blake* and Gayl Jones's *Mosquito*." *Hemispheric American Studies*. Ed. Caroline F. Levander and Robert S. Levine. New Brunswick: Rutgers UP, 2008.

Orihuela, Sharada Balachandran. "The Black Market: Property, Freedom, and Piracy in Martin Delany's *Blake; or the Huts of America.*" *J19: The Journal of Nineteenth-Century Americanists* 2.2 (2014): 273-300.

"Ostend Manifesto." *historyofcuba.com*, 15 Oct. 1854. Web. 9 Mar. 2013. <http://www.historyofcuba.com/history/havana/Ostend2.htm>.

Painter, Nell Irvin. "Martin R. Delany: Elitism and Black Nationalism." *Black Leaders of the Nineteenth Century*. Ed. Leon Litwack and August Meier. Urbana: U of Illinois P, 1991.

Pease, Donald E. "Introduction: Re-Mapping the Transnational Turn." *Re-Framing the Transnational Turn in American Studies*. Ed. Winfried Fluck, Donald E. Pease, and John Carlos Rowe. Hanover: Dartmouth College P, 2011.

Perez, Louis A. *Cuba and the United States: Ties of Singular Intimacy*. Athens: U of Georgia P, 2003.

Pierrot, Gregory. "Writing over Haiti: Black Avengers in Martin Delany's *Blake*." *Studies in American Fiction* 41.2

(2014): 175-99.
Rhodes, Evan. "Beyond the Exceptionalist Thesis, a Global American Studies 2.0." *American Quarterly* 64.4 (2012): 899-912.
Rowe, John Carlos. "Nineteenth-Century United States Literary Culture and Transnationality." *PMLA* 118.1 (2003): 78-89.
Rusert, Britt. "Delany's Comet: Fugitive Science and the Speculative Imaginary of Emancipation." *American Quarterly* 65.4 (2013): 799-829.
Sundquist, Eric J. *To Wake the Nations: Race in the Making of American Literature*. Cambridge: Harvard UP, 1993.（エリック・J・サンドクイスト『死にたる民を呼び覚ませ――人種とアメリカ文学の生成　上巻』高尾直知・中尾秀博・藤平育子・野崎直之・内藤容成・横溝仁・向山大地訳、中央大学出版部、二〇一五年）。
小林朋子「起源の地点に回帰するという神話を超えて――roots/routes で読む *Beloved* と *Blake*」『九州英文学研究』第二八号（二〇一二年）、四七―五四頁。
――「根なし草（コスモポリタン）の夢想した解放――経路で読む『ブレイク、あるいはアメリカのあばら家』」『環大西洋の想像力――越境するアメリカン・ルネサンス文学』竹内勝徳・高橋勤編、彩流社、二〇一三年。

第二章

ホーソーンとキューバ
「ラパチーニの娘」、『キューバ・ジャーナル』、『ファニタ』

髙尾直知

はじめに

本論では、南北戦争前期アメリカン・ルネサンスを代表する作家ナサニエル・ホーソーンとキューバというテーマについて論じたい。このテーマは、ラリー・J・レノルズらによってすでに議論の端緒が付けられながら、作品解釈には十分にいかされてこなかったといううらみがある。具体的には、ホーソーンの妻となるソファイア・ピーボディの書いた『キューバ・ジャーナル』が、一八四〇年代の、いわゆる「牧師館時代」の代表作である短編「ラパチーニの娘」にどのように援用されているかを見て、ホーソーンのテキストに埋めこまれたキューバ——ひいてはカリブ海全域——という場所を掘りおこそうという試みである。

すでに「ラパチーニの娘」の中米的系譜については、レノルズも依拠するアンナ・ブリックハウスの刺激的な研究がおこなわれているところで(Brickhouse 180–220)、本論はそのような議論の尻馬に乗りつつ、ホーソーン作品の解釈を主眼としたい。そのなかで、合衆国を西半球の群島のひとつとして意識していたとおぼしきこの作家の、語られることの少ない側面、とくにその奴隷制に対する道徳的な姿勢について光を当てることができるのではないかと思う。十九世紀アメリカ文学におけるキューバの意味をはやくからいいあてていたエリック・J・サンドクイストすら、奴隷問題についてホーソーンが「奇妙なまでに盲目である」(Sundquist 7)と批判するなど、この作家は政治的社会的問題に疎いというのが常識とされてきた(Reynolds 1–13)。また、近年では庄司宏子が同様の視点から、ホーソーンの政治姿勢について「掲載誌[『デモクラティック・レヴュー』]の立場と矛盾してはいない」(258)とする論を展開している。しかし、ここでは、ブリックハウスがF・O・マシセンを発展させて論じるような「トランスアメリカン・ルネサンス」の意識(15–36)を、ホーソーンが自作品のなかに織りこんでいること、さらにそうすることで奴隷制を批判していたことを示したいと思う。

一　ソファイア・ピーボディ『キューバ・ジャーナル』

まず、ホーソーンの妻となる以前のソファイア・ピーボディが著した作品『キューバ・ジャーナル』の特異性について見ておこう。ホーソーン自身もピーボディに惹かれていくなかで、この作品の際立った性格に心を動かされたように思われるからだ(1)。

そもそも、ホーソーンと出会う直前のソファイア・ピーボディが、どうしてキューバに行ったのかといえば、それはおもに静養のためだった。「ホーソーン夫人の頭痛」とは論文のタイトルになるほど有名な逸話だが、伝記作家メーガン・マーシャルによれば、これはおそらく偏頭痛だったとされている。そのようなあとづけ診断の当否はともかく、ピーボディを苦しめていたのは、マーシャルがいうようにたぶんに心身症的な病状だったようだ（Marshall 259）。当時ごくまれだった女性画家として作品を世に問おうとすると、たちまちその精神的重圧から発する頭痛がソファイア・ピーボディを襲い、その歓喜に満ちた計画を挫いてしまう。たとえば一八三二年十一月（当時ピーボディ二十三歳）にはじめてオリジナルな作品を描いたときにも、「この絵の構成を自力で考えだすということがわたしにとってどれほどの喜びか、ほかのひとには理解できない」（Marshall 261 より引用）といって、まずはあふれるようなイメジに興奮を抑えられない。しかし、次の日には持病の頭痛で倒れ、結局その絵は完成されることがなかった。結婚以前からピーボディの頭痛は、女性が世に出ることの十九世紀社会的な問題——男性の支配されていた当時の画壇に代表される男権制と、構造的な女性の抑圧——の、身体的なあらわれだったのだ。

しかし、ふるさと遠く離れたキューバにまで静養に赴かざるをえなかったというピーボディの偏頭痛には、さらに深い意味が隠されている。彼女の頭痛の原因は、医師だった父ナサニエル・ピーボディが下剤として、幼い娘に多量に施した水銀（塩化第一水銀）にあるのではないかとピーボディ家では考えられていたのだ（Marshall 190）。さらにこの下剤も、単に身体的不調のために施されたのではない。姉妹のなかでも乳児のころからとりわけ反抗的で頑固と思われてきた娘ソファイアを「治療」するために与えられたのだ（Marshall 72-74）。娘の好ましからざる性質を、個性として内在化するのではなく、消化不良という身体的不調に発するものと外因化して、それを排除するための手段だったのである。そこまでして、娘の精神的無垢を信じこもうとした父の娘への支配・制御が、ソファイア・ピーボディをここまで病弱にした理由だった。つまり、ピーボディの頭痛には、単なる十九世紀女性の社会進出の重圧だけでなく、より根本的に、女性を馴致し規定して、おのれの支配のもとにおこうとする父親の暴力的な意志が書きこまれていたといえるだろう。キューバでの静養とは、そのような家庭内支配からも自由になって、抑圧された自己を取りもどすという意味もあったのだ。

そんな妹のために、姉エリザベス・ピーボディは心を砕き、一八三三年にはともに裕福な家庭の付き添いとしてイタリアに行くという計画がいったんは持ちあがるが、これはあえなく頓挫する。それに代わる静養先として、キューバ行きが決定したのである（Marshall 268）。[2] ハイチを逃れたフランス系移民でプランテーションも経営するモレル医師宅に、もうひとりの姉メアリが家庭教師として住みこむことになり、そこにソファイアも随行して、モレル家の子弟に絵画を教えながら静養治療をおこなうという計画だった。ちなみに、これより二年前にはかのラルフ・ウォルドー・エマソンが、弟エドワードにたいして、やはり家庭教師をしながらこのモレル家に寄寓療養することを勧めている。すでにボストン第二教会で交友のあるピーボディ姉妹が、エマソンからそのことを聞いたか、すくなくとも情報が共有されていたことがうかがえる。そもそもは、一八二九年にボストンで出版された牧師エービエル・アボットの旅行記『キューバ内陸書簡』のなかで、モレルのプランテーション、ラ・レコンペンサが紹介されていることが、おそらくこのようなキューバ熱の背景にあるのだろう（Lazo 185; Marshall 274）。キューバは比較的安価な南国の療養地だったのである。

キューバ史研究者ヒュー・トマスによれば、当時のキューバは砂糖の生産性向上のためにアメリカから技術導入をおこなうようになっていた。さらには一八二〇年以降英国との条約のため、表向きは禁止されたアフリカ奴隷貿易の抜け道として、アメリカ国旗をかかげた奴隷船が近海を暗躍していた時代（Thomas 109–27, 193–99）でもある。モレルのプランテーションも、コーヒーや砂糖きびを栽培するため、多くの黒人奴隷を抱えていた。(3) 合衆国大統領ジェームズ・マディソンがキューバ購入を試みてから二十数年（Bannett 144）、モンロー主義の提言からも十年を経て、グレッチェン・マーフィーが語る半球主義的アメリカ帝国主義がしだいに形を取りはじめつつあったといっていい。その意味では、エマソンやソファイア・ピーボディがキューバを選ぶのは不思議ではなかったのだ。キューバとアメリカとが歴史上最接近した時代だったのである。

そのような時代、ソファイア・ピーボディは一八三三年から一八三五年にかけて、キューバのプランテーションで過ごし、その毎日を詳細に手紙に書きつづって母のもとに送った。これが姉エリザベスの手によって、セーレムやボストンの知人たちのあいだで回覧され、のちにメアリの書簡も含めて三巻にまとめられたのが、『キューバ・ジャーナル、一八三三―一八三五年』である。もともとは実際の書簡を綴じた手稿だったが、このマニュスクリプトをタイプ打ちして編集したクレア・バダラッコが、これを博士論文として出版している。この版でも六百四十ページに及ぶ大作で、妻とする女性についてホーソーンが「日誌書きの女王」（J. Hawthorne 192）と呼ぶのも由なきことではない。ナサニエル・ホーソーンがエリザベスの誘いでピーボディ家をはじめて訪れたのが一八三七年、ソファイアとナサニエルがひそかに婚約するのが一八三八年で、おそらくその年にナサニエル・ホーソーンもこの『キューバ・ジャーナル』を読んだと思われ、自分の創作ノートに十数か所を書きうつしている(N. Hawthorne, "Lost Notebook" 197–200)。

では、実際の『キューバ・ジャーナル』の内実はといえば、一読これが徹底した自然描写とトランセンデンタルな随想であることに驚かされる。ほんのいくつか例をあげておこう。熱帯原産で樹高五十メートル以上にもなるパンヤノキについて、次のように語る部分。

わたしたちが通りすぎたある一本のパンヤノキは、大地から生みだされるものについて思いつくことをすべて超えていた。その木は地上よりも天とつながっているようで、巨大な高みと永遠のみどりが半円を描く姿を見上げると、崇敬と畏怖の念がわいてくる。無生物に対していままで感じたことのないような気持ちだ。イタリアの彫版風景画で見たことのあるそういった高い繊細な木々は、実物というより夢のように思えるのに、実際にわたしの立つこの地面から、手に触れられるかたちで生えている。暗く小さな葉と枝で織りなされる格子模様が、見たことがないほどとても明るく澄みきった金とバラ色の夕空に映えてくっきりと見える。それを目にして……わたしは歓喜を隠すことができなかった。(S. Hawthorne 34–35)

さらに、月夜の散策では、「わたしの内と外にともにあるひとつのいのちよ！」と嘆息し、月夜に照らされた世界の美しさに「このようなときに意識がつくりだす啓示以上に、事物の一体性《ユニティ》をはっきり映しだす証拠を、知性ある魂は必要とするだろうか」と問いかける(585)。ピーボディのテキストはこのような自然描写にあふれ、そのあいまあいまに日々の動向が記されているのである。T・ウォルター・ハーバートが、ピーボディは「超絶主義的精神性を説く最初期の人物」(Herbert 51)になりえたといい、マーシャルも「文学的超絶主義の最初期の実践者」(278)と呼び、パメラ・リーはエマソンの『自然論』に数年先立つ「原＝超絶主義的思考」(Lee 168)をあらわす点で注目に値すると評価するのも、さもありなんというところか。

さらに、このような超絶主義的自然描写は、やはり全編を通じて問題となっているピーボディの病状および身体と呼応していることにも注意しておいていい。次の部分では彼女の偏頭痛の症状のことが「敵」と呼ばれている。「この熱帯の暑気といったら甘美としかいいようがない――これできっと治るだろう――四六時中香料ただよう風呂にはいっているようなものだ――きょうよくまじめに考えて出た結論は、これで敵を気づかないうちに捕らえることができるということだ――これまで敵を強襲してはしごで城内に入りこもうとしてもむだだった――でもいま敵はうたた寝をしている。いにしえのヤエルのように、その頭に釘を打ちこんで永遠に殺してしまうことができるのだ」(126–27)。頭痛という「敵」の城に忍びこみ、その隙を突いて頭に釘を打ちこむという過激なイメジが語られるが、これは、この引用文の直前で、巨大な朝焼け雲が城壁のように見え、稲光が「天の万軍が、天上の砲火を用いて戦闘をおこなっているかのようだ」と語ったことを受けている。うえで見たような自然描写と超絶主義的精神性の発露は、彼女の病の一進一退とも結びついているのである。キューバの自然が彼女の身体の内なる自然と呼応し、その調和が訪れることで、病も癒されるというまさに超絶主義的治癒が語られているのだ。(4)

二　奴隷制の影――メアリ・ピーボディ・マン『ファニタ』を重ねて

しかし、『キューバ・ジャーナル』に描かれたこの島の姿には、多くの研究者が指摘するように一抹の影が落ちていた。もちろんプランテーションに滞在することでピーボディが身近に触れた、キューバ奴隷制に関する記述である。ダイアン・G・スコールは、「苦しみや不正に対して、ソファイアが『キューバ・ジャーナル』のなかで提示している宣言」をナサニエル・ホーソーンが評価していたとして、ピーボディの記述を擁護するが(Scholl 39)、おおかたの研究者は、奴隷制の問題に関してこのピーボディの記述が及び腰だと非難している。さきほどのパメラ・リーは、ピーボディが「レコンペンサでの直接経験から、奴隷制の身の毛のよだつ状況に関する知識を消し去ってしまっている」というい、そのような「審美的な道徳性」が不適当なものであることが明らかにされていると分析する(173, 176)。パトリシア・M・アードは、「奴隷制の不快さを避けようとする欲望」をピーボディが抱えていると批判し(Ard xxxiii)、ロドリゴ・ラソも、ピーボディのロマン派への傾倒が、「時間的空間的に生起する矛盾を消去しようとするタイプのロマンティシズム」を造りだしていると断じている(Lazo 187)。

このような逃避的とも見えるピーボディの姿勢が、もっともはっきりうかがえるのが、おそらく次の部分だろう。

この農園では経営に思慮分別というものがない。虐げられたものたちは扱いもひどいし、年中休みなしで働かされている。……奴隷たちを見ると心が痛む。ひとりの黒人は、厳しい目つきと目元をし、逞しく黒青色の四肢をもち、悪の権化のように見えた。ところがそんな男すらわたしに対しては慇懃なのだ。わたしが砂糖のかたまりを取ろうとすると、邪魔なものをさっと除けてくれるのだが、そのことでわたしは顔に熱湯を掛けられたように心が苦しくなってしまう。……でもわたしは、ふたつの理由で奴隷制のことは考えないことにしている。ひとつには、ふるさとを捨ててこの地にやってきたのは、清浄なる自然の効能を求めてだから。そしてもうひとつは、地上で他人から奪われた幸せを、神がそのひとにすべて報いてくださることを、信仰のゆえに確信しているから。永遠と比べれば、わたしには時間が限られていることを思い起こし、ほかのことを考えようとつとめた。(61)

この箇所でピーボディは、虐げられた奴隷たちを見ることで、奴隷のうちに秘められた御《ぎょ》されざる思いに強く惹かれるかに見える。しかし畢竟、キューバに来たのは静養のためであり、さらには神からの償いが必ずあるといって、不穏な思いを振り払い、抑圧してしまうかに見える。

ここでしかし、ピーボディの姿勢を微温的とするのは、先に述べたようなピーボディの抱える女性的身体性を無視してしまうことになるだろう。ピーボディがほかの話題に気をそらそうと努めざるをえないのは、ラソも認めるとおり、そうすることが無用な興奮状態を呼んで、ふたたび偏頭痛の発作を引きおこし、彼女をベッドに釘付けにしてしまうことを避けようとするからだった。そもそもこのキューバ滞在が、そしてこの『キューバ・ジャーナル』執筆が、父親によって引きおこされた心身的症状を抑えこもうとすることを目的としていたのである。植生の豊かさを描写することは、その意味で、奴隷制の記述を覆いかくし、やっかいな問題を抑えこもうとすることに通じている。それはさらには、父の支配する家庭＝国家を離れて、自然との調和のなかでみずからの病を癒し、新しく生まれ変わった身体性をテキストによって生みだそうとする彼女の根本的な企てに直結しているのだった。ピーボディが「もし太陽と大気のなかにとどまりつづけるなら、わたしは「バラのよう咲きほこる」だろう、緑の葉もすべてそろえて」(129)と夢見るとき、イザヤ書からの引用からも明らかなように、心身の回復は、国家的罪からの解放と軌を一にしている。父の罪としての心身の不調と、より大きな国家の罪としての奴隷制という問題とが通底しており、ともに彼女の心身に悪影響を及ぼすがゆえに、自然との調和、植生との共存というテーマによって解消されなくてはならないものとされているのである。

このように、『キューバ・ジャーナル』を読む際には、テキストの裏側に抑えこまれた「父の罪＝国家の罪」を考える必要があるわけだが、そうするうえでは、姉メアリ・ピーボディ・マンが後年著した反奴隷制小説『フアニタ』を参照してもいいのではないかと思われる。副題を「五十年前のキューバの実生活を描くロマンス」とし、ソファイアも既に亡き一八八七年に死後出版されたこの作品では、ソファイアに同道したメアリが、『キューバ・ジャーナル』に取材しながら、反奴隷制の物語を語るのである。

たとえば、黒人たちの音楽について、ソファイアは「奴隷たちは踊ったり手を叩いたり――ひとりふたりが大声で歌ったり――みごとにリズムと音程を合わせて叫んだりする」(276)といって、音楽に熱狂する黒人奴隷たちについて、普段のふるまいとの落差に目を見張り、ことばにしないまでも、そこになんらかの意味を感じとっているかのように見える。対して『フアニタ』に描かれた同様の場面では、視点人物のヘレンが黒人たちの音楽と踊りに「それ以外の場所では抑えこまれた感情の音」が「禁を解かれた発声」となっているのを聞き取っていた(Mann 98)。このことばにならない「禁を解かれた発声」こそが、じつはソファイアが、頭痛の発作が起こることを恐れて耳にしながら、理解することを拒んだ黒人奴隷たちの声だったことを、メアリは注釈しているのである。

『フアニタ』と『キューバ・ジャーナル』をこのように重ねあわせて、ピーボディ姉妹の意識を探ると、やはり、そこでも植物と女性の精神とが密接なつながりをもって、国家的な悪に苦しむようすが描かれていることがうかがえる。

紙幅の関係で、詳しく述べることはできないが、それをもっとも明らかに示すのが、主人公のフアニタだろう。彼女はソファイア・ピーボディをモデルとした画家だが、同時にムーア人系の解放奴隷《エマンチパーダ》で、ソファイアの抱えた病が、ここで人種の混淆というかたちにスライドしていることがうかがえる。メアリは、ソファイアの身体に宿る病を、ムラットーのフアニタの身体を通じて、奴隷制の悪にも通じる父の罪として描いているということもできるだろう。

また、『キューバ・ジャーナル』に関連して取りあげられることの多いソファイアによる絵の洗浄という出来事が、『フアニタ』でも、汚れきったムリリョの聖母像が洗浄され、それをフアニタが模写するという場面で繰りかえされていた。『フアニタ』では絵を洗浄したのが「わたしはくるみ油をとりよせて、絵全体をあらって、その美しさをすっかりあきらかにした」とヘレンの行為とされるのに対して、「ムリリョすら描くことのなかった美しさ」を絵のうちに引きだすのは、ファニタの作業として描かれている(144–45)。だが、ホーソーンが同じソースを使って創作し『デモクラティック・レヴュー』誌に発表した短編「エドワード・ランドルフの肖像画」(一八三八年)では、それがひとつのこととして、トマス・ハッチンソン総督の姪アリス・ヴェーンによっておこなわれている。いずれの場合も、しかし、元ネタであるソファイア・ピーボディによるムリリョの『マグダラのマリア』洗浄という動作にこめられた意味が明らかにされていた。

これは、ピーボディが画家として、絵筆という表現手段によってものごとを表現しているということにほかならない。つまり、ピーボディにとって写生は、対象に秘められた本質的意味をことばにならぬかたちで表すことだったということだ。だからピーボディが、植物写生がてら散歩する途中で、突如「黒人だけが所有する」畑に足を踏みいれたり、「美しい騎乗の散歩」の最中に、鎖につながれた黒人奴隷に出会い、「その目を背けたくなるような光景に、わたしたちの思いの様相もあっという間に変わってしまった」(127–28, 616)というときも、そのことばじりを捉えてピーボディが奴隷制を直視していないと語ってはならない。むしろ、じつはこの美しい島に隠された悪しき制度、『ファニタ』で語られる、「おびただしい植生の豊かさ」の陰に隠された「腐敗の生みだす沼や沢」(49)が、その写生の本質として示唆されていると考えてもいいのである。

三　転置された場所としてのイタリア——「ラパチーニの娘」

ともあれ、ここまで見て来て、すでに明敏な読者はお気づきのとおり、本論の主旨は、このキューバにおけるソファイア・ピーボディの身体性が、「ラパチーニの娘」におけるベアトリスの身体性に呼応しているのではないかということだ。

「ラパチーニの娘」は、一八四四年、さきの「エドワード・ランドルフの肖像」と同じく『デモクラティック・レヴュー』誌に掲載された。この雑誌の編集者は「明白なる運命」論で有名なジョン・オサリヴァンだが、オサリヴァンの義理の弟はキューバのプランテーション所有者で、ヒュー・トマスが語るところによれば、オサリヴァンは「ラパチーニの娘」発表の翌年にはキューバ併合を働きかけるロビーを設立し、一八四七年にはみずからフィルバスタリングのために雑誌編集を辞してキューバに出かけるほどの熱の入れようだった(211)。エイミー・S・グリーンバーグがいうように、いわゆる「若きアメリカ」と呼ばれる民主党員たちは、領土拡張にとりわけ熱心だったわけだが(Greenberg 40)、その牙城ともいえる『デモクラティック・レヴュー』誌に掲載されながら、ホーソーンの短編はそのような拡張主義の持つ問題を明らかにしているのである。

この短編の舞台は、十六世紀イタリアのパドヴァに置かれており、この作品をホーソーン作品のなかでも異色なものとしている。この時代と土地の意味については、すでに四半世紀前にキャロル・マリー・ベンシックが詳しく述べたところなので、ここではそれが、当時とくに血液循環研究で有名な医学部を持つ大学の所在地(Bensick 40)であることを確認しておくにとどめておく。イタリアといえば、先にも述べたとおり、ピーボディのキューバ行きは、じつは計画されていたイタリア行きの挫折ののちに持ちあがった話だった。マーシャルが語るようにその当時ソファイア・ピーボディは女性画家として身を立てることを真剣に考えており、実際イタリアにも絵の勉強のために留学したワシントン・オルストンに師事していたから、キューバがピーボディにとってイタリアの代理的な場所であることは容易に想像ができるだろう。

ピーボディがイタリアを見る目でキューバを見ていたことは、『キューバ・ジャーナル』の各所からも明らかだ。いくつか実例を挙げれば、さきの引用において、かつて「イタリアの彫版風景画」で見た木が、「実際にわたしの立つこの地面から、手に触れられるかたちで生えている」と感激していたことは、すでに見た。また、あるヴィラを訪問した際には、「いままで見たなによりも、イタリアの宮殿を彷彿とさせる」と語ったあと、行間の注釈で、「この文を読むと、まるでコモ湖に自分で行ったことがあるみたい。でも、そうじゃなくて？　そう、千回も行ったことがあるわ」(222)と自問自答して、想像力で意識的にまわりをイタリアにも変えてしまうおのれの心の働きを語っていた。このほかにもいくどとなく絵画とイタリアの風景とが登場することを見ると、ピーボディにとってキューバで病から解放されること、画家として独立すること、そして想像上の場所としての《イタリア》は、密接に結びついていることが見てとれる。これを読んだホーソーンが、芸術のメッカとしてのイタリアと、ソファイア・ピーボディの病の発端およびそこからの解放に結びつく場所として、医学のメッカ、パドヴァを想起したとしても、不思議ではない。

さらに、ホーソーンには、ソファイア・ピーボディとイタリアを結びつけるのを助けるさらに強力な手がかりがあった。それが、ピーボディから結婚の記念としてもらった二枚の絵である。マーシャルによれば、その絵のひとつは一八三〇年以来ピーボディの絵画の主題としてたびたび登場するコモ湖の絵――さきほどの引用でもキューバの風景が「コモ湖」と重ねられていた――で、そこにはホーソーンとピーボディ自身の姿が、まるで仲よく湖畔を散策する有閑夫婦のように小さく描きこまれていた。さらにもうひとつの絵は「サン・ジョヴァンニ島［コモ湖にほど近いマッジョーレ湖上の島］」と名付けられていて、「ラパチーニの娘」とのつながりを強く感じさせる。アメリカでも、キューバでも語りがたき話題を、個人的連想によってイタリアという場所に移しおこなうという、いわば文学的三角貿易を作家がおこなっていたとしても、奇異とすることはないだろう。

そのように見てくると、豊かな植生に彩られているラパチーニの庭も、ソファイア・ピーボディの『キューバ・ジャーナル』の舞台を借りたものであることは、もはや明らかだろう。この庭を見た主人公ジョヴァンニは、「ではこの庭は、現在のエデンなのだろうか」("Rappaccini's Daughter," 96)と自問するが、このイメジは、ピーボディがたびたびキューバについて想起するものだった。滞在しているラ・コンペンサについて「このエデンの園」(92)と呼び、散歩の途中でフルーツを食べると「エデンの園とアダムとイヴのことを考えた」(421)という。またキューバ滞在中長期逗留した別のプランテーションについても、「レセルヴァはエデンよりも優れた場所」(582)で、そこで朝を迎えたとき「ラファエルが降りて来て、アダムと話した朝のエデンを思った」(591)と歓喜した。キューバの果物について、「もしそこにアダムがいたら、イヴのようにわたしも「これを取って、いっしょに食べて」といっただろう」(42)とおのれをイヴに擬し、ベアトリスとの繋がりをさらに強固にしている。

さらには、ラパチーニの庭の細部にも『キューバ・ジャーナル』の影響が見られる。キューバ到着まもなくのピーボディは美しい庭に泉が置かれた状況を描いているが(29)、この光景は泉がうち捨てられたラパチーニの庭を思わせる。ジョヴァンニが、朝日を浴びた庭のようすについて、「曙光が降りそそぐと、花や葉に置いた梅雨の玉が輝き、珍しい花のひとつひとつはさらに輝くばかりに美しく、すべてが日常の経験のなかに収まるかのようだった」(98)と目を見張るのは、ピーボディが「すべての葉の先には、朝露が宝石のように輝き」ダイアモンドにも比肩する美しさであると賛嘆するさま(58)を想起させるだろう。また、この作品の重要なテーマである植物の血縁関係についても、ピーボディは日記に「木々は同胞関係《ブラザーフッド》を結んでいるようだ」(480)と語るが、ラパチーニの庭では、木々が「互いに優しく頷き、共感と血縁を確かめあうかのよう」に見えるのだった。先に見たようにピーボディがおのれを植物に見立てて再生を願うところから、ビアトリスと植物との姉妹関係を想像することは、容易なことだったと思われる。さらに、ピーボディは(おそらく、エデンの園の発想に結びつけて)キューバの自然をたびたび「オリエンタル」と評するが(たとえば126)、ジョヴァンニもまた、美しいビアトリスの「オリエンタル」な陽光に照らされてみたいと願っていた(110)。

この場面や、さきほどの朝露の場面で、ジョヴァンニはしばしば、実際にその場に立ってみると、想像していたことがいかに荒唐無稽だったかを思わざるをえないという経験をしている。これは、先に述べたホーソーンの創作ノートで、『キューバ・ジャーナル』からの引用が続くと思われる部分に差しはさまれた、次の記載を彷彿とさせるだろう。「珍しい場所に移されると、すべてが非現実的なものに感じられてしまう。これは、地上的な事物の本質的な非実在性《アンリアリティ》を感得しているにすぎない。われわれ自身とそれらの事物のあいだのつながりが失われてしまうために、これが明らかになるのだ。しだいになじんでくると、この感覚は失われる」("Lost Notebook" 198)。対してピーボディは、みずからのキューバ滞在について、「故郷の愛すべきひとたちの集いのことを思うと――現実のなかにいる気がするし――現在のことを考えると――夢のなかにいるようだ――明るくて――壮麗な――夢のなかに――そこでは自然の壮麗な事物や――珍しい生きものの高貴な姿と表情が――わたしの前を次々と通りすぎていく――でもいつまでも夢見ている人なんているかしら？　現実に戻れば、それも幸いなことだ」(304)と記している。キューバという土地において夢のなかにいるような思いに囚われているとして、現実味の欠如を語っているが、しかし、それも日記が進むにつれてしだいに失われていく。創作ノート中、『キューバ・ジャーナル』からの引用が十数節おこなわれるなかで、突然差しはさまれた先の記載が、ピーボディのキューバ滞在に関するホーソーン自身の感慨を記したものであることは十分に考えられる。とすれば、ジョヴァンニの経験するラパチーニの庭の非実在性《アンリアリティ》とは、ピーボディの経験した夢のようすを模したものといえる。これは、さらにキューバとラパチーニの庭を結びつける繋がりの証左と考えていいだろう。

　この論証に、『ファニタ』による『キューバ・ジャーナル』の読みを重ねることで、さらに蛇足をつけ加えることも可能だ。「ラパチーニ」において登場するジョヴァンニの大家リザベッタ夫人が発する「聖処女《ホーリー・ヴァージン》さま」という間投詞は、『キューバ・ジャーナル』において「聖マリアさま《アヴェ・マリア・サンクティッシマ》！」と叫び声を上げる召使いテクラの姿を彷彿とさせる。テクラは『ファニタ』においてはカミラという名の召使いとして登場するが、メアリ・マンの目から見たカミラは、奴隷でありながら主人をも操作する奸智に長けた存在として描かれていた。そのようなおもむきは、『キューバ・ジャーナル』のテクラではあまり明確にはなっていないまでも、ピーボディの記述の裏に感じとることは可能だ。そして、奴隷の持つ同様の怪しい力、「ベニト・セレーノ」のバボのように主人を操作する力は、ラパチーニの手先として働いているかもしれないリザベッタ夫人にも感じられる。テクラの持つ奴隷的性質を、リザベッタ夫人という人物によってえぐり出してみせることができたホーソーンの想像力に、読むものは驚かされるだろう。ホーソーンの奴隷制理解の奥深さを物語る好例である。

ここまで論じてきて、身中に毒を抱えたビアトリスが、やはり父からの毒に苦しみ、同時に奴隷制の悪にも苦しみながら、それと知らぬかのようにキューバの自然に親しむピーボディのイメジを、イタリアの舞台へと転送したものであると考えるのは自然なことだ。先にも引用したグリーンバーグは、「明白な運命」の名のもとに、カリブやラテンアメリカへと領土拡張を狙う「若きアメリカ」の議論が、女性を征服することで、おのれの男性性を確立しようというジェンダー化した物語へと往々にしてなびいていくさまを論証している。その論でいけば、ビアトリスを「征服」しようとして、逆にその毒に絡め取られてしまうジョヴァンニとは、キューバへと野心の手をさしのべながら、そこに秘められた奴隷制という毒に自らが冒されてしまうという「若きアメリカ」への批判と読めるだろう。しかも、そこにバリオーニという老獪ともいえる人物を差しはさみ、ラパチーニが「いかがわしい経験学派の医師」(120)であると糾弾させるのは、逆に観念論的・理想論的な立場から、奴隷制の悪を正そうとする当時のアメリカの改革運動、アボリショニストやトランセンデンタリストらの超越論的な奴隷制糾弾を思わせる。ホーソーンはラパチーニのような女性支配とそれに結びつく奴隷制維持への嫌悪を露わにしながら、同時にその悪を、軽率に理想論という解毒剤によって取りのぞき、「癒そう」とする改革者たちをも批判していると考えることができるのだ。

ソファイア・ピーボディは、先に見たように、奴隷制について、神がその補償をおこなうという信仰を告白している。そのときにもまだ彼女の身体をむしばむ苛烈な偏頭痛という経験を通して考えれば、これは単なる無責任な日和見主義ではなく、日々心身の病と闘ってきたがゆえの、そしてこれからも闘いつづけようとするがゆえの、目当てとすべき希望を表していると読むべきだろう。ピーボディは『キューバ・ジャーナル』の他のところで、「ひとの目的は毛ほどの役にも立たない」(351)と述べて、神への依存を告白しているが、これも同様に闘病するものが持たざるをえない、厳粛なる忍耐を表すものだったのではないか。この表現は、のちにホーソーンが「おもに戦争問題について」のなかで述べる「ひとの偶然は神の目的」("Chiefly" 431)という寸言を彷彿とさせるものとなっている。そしてじつはこの表現も、「ラパチーニの娘」執筆と重なる創作ノートのなかでは、ピーボディのものとして記載されていたのだ(*American Notebooks* 236)[(5)]。このように見てみると、「ラパチーニの娘」においてホーソーンが示唆する政治意識というのが、決して保守的な逃避主義や、革新的な領土拡張主義ではなく、むしろ父権的社会の枠組みのゆえに、病者として人生を生きるべく定められたもの——つまりこの場合は奴隷制を抱えるアメリカ合衆国——が歩まなくてはならない道のりを真正面から捉えようとする真摯な姿勢であったと見るべきだろう。そして、ホーソーンは妻となったソファイア・ピーボディから、そのような姿勢を学んでいるのである。

これは、ホーソーンがピーボディの『キューバ・ジャーナル』をとおして、カリブからアメリカを見たことによって生まれ出た道徳的な知見だった。「ラパチーニの娘」という作品の視座の複数性は、そもそもキューバに題材をとりながら、イタリアを舞台とする、フランス人作家の翻訳物という複雑なテクスチュアリティを生みだしているが、この視座の複数制、今福龍太のいいかたを借りれば、「群島―世界」の意識は、領土拡張と反奴隷制運動が西半球を席巻したあの時代だったからこそ、生みだされえたのだといえる。そして、このようなテキストを生みだしたことこそ、ブリックハウスが「トランスアメリカン・ルネッサンス」と呼んで、かつて否定的再評価が取りざたされたマシセンのアメリカン・ルネサンスというパラダイムを、もう一度議論の俎上《そじょう》に載せようとしたことの意味である。「ラパチーニの娘」において、ホーソーンが描いたのは、『七破風の家』を論じたグレッチェン・マーフィーがいうような「安定と停滞」(95)という否定的保守性にとどまるのではなく、むしろ現実主義的で群島的複眼的な視座をもった道徳性だったのだ。

◉註

（1）あらかじめお断りしておきたいのだが、本論の柱となる論旨のひとつに、ソファイア・ピーボディの作家性と、ホーソーンに与えた影響の大きさがある。そこで本論では、ソファイア・ピーボディを独立した執筆家として認めるためにも、できるかぎり「ピーボディ」とラストネームで呼ぶこととした。ただし、ピーボディ家内の人物たち（父ナサニエル、二人の姉エリザベスとメアリ）と併記するときには、煩を避けるためファーストネームのみを使うのでご了承いただきたい。

（2）ソファイア・ピーボディに南国での静養を勧めたのは、新進気鋭の産婦人科医ウォルター・チャニングだった。有名なユニテリアン牧師ウィリアム・エラリー・チャニングの弟で、その影響もあって文芸時評もこなした。一八一五年創刊間もない『ノース・アメリカン・レヴュー』に、インディアンやカリブの住人まで含めたアメリカの多言語文化的状況が失われつつあることを嘆くエッセイを寄稿し、さらにシェークスピア論などを発表したこともあるという知識人である（Brickhouse 15–17; Marshall 192–97）。ソファイア・ピーボディはこのウォルター・チャニングに岡惚れし、そのことばにしたがって、ニューイングランドの窮屈な文化状況を抜けだし、異国で静養することを夢見たのだ。

（3）ピーボディ姉妹がキューバに来たのと同じ年に着任した米国領事ニコラス・トライストなどは、アメリカ船籍を偽る書類を奴隷商人に堂々と発行していたという。しかもこのトライストは、のちにこのことが発覚すると、キューバ併合を提言する書類を提出して、合衆国政府に取り入り、外交ポストにとどまりつづけた（Thomas 199）。

（4）ホーソーンを読みこんだ読者なら、ここに現れたヤエルのイメジが、のちに『大理石の牧神』において、ミリアムの反抗的性質を描きだした絵画としてよみがえることにも気づいていいだろう(*Marble Faun* 43)。従来ソファイア・ホーソーンは、この作品において温柔なヒルダのモデルと目されることが多かったのだが、ホーソーン自身はむしろ妻のうちにミリアムの姿を感じとっていたということが、『キューバ・ジャーナル』からは見てとれる。ソファイア＝ヤエル＝ミリアムが敵に打ちこむ釘とは、頭痛のそもそもの原因たる父親(およびより広い意味での父権制)に対する倍返しの復讐なのだ。ここでも新しいホーソーン解釈の可能性が、『キューバ・ジャーナル』から浮き上がってくるということがいえるだろう。ただし、のちに述べるように、メアリ・マンの『ファニタ』では、洗った絵を模写する(そしてさらにオリジナルに描かれていない美質を明らかにする)という行為が記されており、ソファイア・ホーソーンのヒルダ的な側面もこのテクストには付随している。

(5)『アメリカ・ノート』中のこの記載は、さきに引用した『キューバ・ジャーナル』からの引用が羅列されていたのとは別の時期のノートに記されている。つまり、ホーソーンは『キューバ・ジャーナル』からの引用を前後して二冊のノートに記しているということかもしれない。しかも『アメリカ・ノート』のほうの記載の前後で日付が明らかなのは、一八四二年六月の記載(233)と一八四四年七月の記載(245)であることから、どうやらホーソーンは、「ラパチーニ」執筆――リア・B・V・ニューマンの推論では、一八四四年十月から十一月(258)――に前後して『キューバ・ジャーナル』を再読しているらしいのだ。この記載の三ページあとには、「ラパチーニ」のソースのひとつとされる、カルデロンの『メキシコでの生活』が記されている。

◉引用文献

＊ホーソーン百周年記念全集（*The Centenary Edition of the Works of Nathaniel Hawthorne*. Ed. William Charvat et al. 23 vols. Columbus: Ohio UP, 1962–1997）については，*CE* と略記。

Ard, Patricia M. Introduction. Mann xi-xxxviii.

Bannett, Nina. “Cuban Femininity and National Unity in Louisa May Alcott’s *Moods* and Elizabeth Stoddard’s ‘Eros and Anteros.’” *Womanhood in Anglophone Literary Culture: Nineteenth and Twentieth Century Perspectives*. Newcastle: Cambridge Scholars, 2007. Print.

Bensick, Carol Marie. *La Nouvelle Beatrice: Renaissance and Romance in “Rappaccini’s Daughter.”* New Brunswick: Rutgers UP, 1985. Print.

Brickhouse, Anna. *Transamerican Literary Relations and the Nineteenth-Century Public Sphere*. New York: Cambridge UP, 2004. Print.

Elbert, Monika M., Julie E. Hall, and Katharine Rodier, eds. *Reinventing the Peabody Sisters*. Iowa City: U of Iowa P, 2006. Print.

Hawthorne, Julian. *Hawthorne and His Wife*. Vol. 1. Boston, 1884. Print.

Hawthorne, Nathaniel. *The American Notebooks*. Vol. 8 of *CE*. Print.

———. “Chiefly about War-matters. By a Peaceable Man.” *CE* 23:403–42.

———. “Edward Randolph’s Portrait: Legends of the Province-House II.” 1838. *CE* 9:256–70.

———. “Lost Notebook” *CE* 23:123–224.

———. *The Marble Faun*. 1860. Vol. 4 of *CE*. Print.

———. "Rappaccini's Daughter." 1844. *CE* 10:91–128.

Hawthorne, Sophia Peabody. *The Cuba Journal, 1833–35.* Ed. Claire Badaracco. Ann Arbor: UMI, 1981. Print.

Herbert, T. Walter. *Dearest Beloved: The Hawthornes and the Making of the Middle-Class Family*. Berkeley: U of California P, 1993. Print.

Greenberg, Amy S. *Manifest Manhood and the Antebellum American Empire*. New York: Cambridge UP, 2005. Print.

Lazo, Rodrigo. "Against the Cuba Guide: The 'Cuba Journal,' *Juanita,* and Travel Writing." Elbert et al. 180–95.

Lee, Pamela. "Queen of All I Surveyed: Sophia Peabody Hawthorne's 'Cuba Journal' and the Imperial Gaze." Elbert et al. 163–79.

Mann, Mary Peabody. *Juanita: A Romance of Real Life in Cuba Fifty Years Ago*. 1887. Ed. Patricia M. Ard. Charlottesville: UP of Virginia, 2000. Print.

Marshall, Megan. *The Peabody Sisters: Three Women Who Ignited American Romanticism*. Boston: Houghton, 2005. Print.

Murphy, Gretchen. *Hemispheric Imaginings: The Monroe Doctrine and Narratives of U. S. Empire.* Durham: Duke UP, 2005. Print.

Newman, Lea Bertani Vozar. *A Reader's Guide to the Short Stories of Nathaniel Hawthorne*. Boston: Hall, 1979. Print.

Reynolds, Larry J. *Devils and Rebels: The Making of Hawthorne's Damned Politics.* Ann Arbor: U of Michigan P, 2008. Print.

Scholl, Daine G. "Fallen Angels: Sophia Hawthorne's Cuba Journal as Piéce de Rèsistance." *Nathaniel Hawthorne Review* 35.1 (Spring 2009): 23–45. Print.

Sundquist, Eric J. "Slavery, Revolution, and the American Renaissance." *The American Renaissance Reconsidered*. Ed. Walter Benn Michaels and Donald E. Pease. Baltimore: Johns Hopkins UP, 1985. 1–33. Print.

Thomas, Hugh. *Cuba: The Pursuit of Freedom*. New York: Harper, 1971. Print.

今福龍太『群島―世界論』岩波書店、二〇〇八年。

庄司宏子『アメリカスの文学的想像力――カリブからアメリカへ』彩流社、二〇一五年。

第三章

メルヴィルとキューバをめぐる想像力
「エンカンタダス」と『イスラエル・ポッター』における海賊《フィリバスター》

小椋道晃

一 アメリカの海賊とフィリバスター

ハーマン・メルヴィルは、「キューバの海賊」と題された短い詩を残している。(1) この詩でメルヴィルは、「火花のようにきらめく西インド諸島のハチドリ」をモチーフとし、花の蜜を求めて飛びまわる色鮮やかな鳥の姿に、略奪を繰り返すカリブの海賊のイメージを重ね合わせている。「宝石で着飾った野蛮人」にも喩えられるハチドリは、その愛くるしい姿とは対照的に、激情や暴力性と結びつけられる(*Weeds* 21)。この詩は、「楽園を飛ぶ火花なのか?」という疑問形で終わるが、ウィン・ケリーによれば、草稿段階での最終行は、「楽園のちいさなポール・ジョーンズなのか?」であった(Kelley 173; *Weeds* 219)。

ポール・ジョーンズと言えば、長編『イスラエル・ポッター』に登場するアメリカ独立戦争の英雄であり、繰り返し「海賊」になぞらえられ、激情に導かれて行動するキャラクターとして描かれている。ジョーンズは、「大胆不敵かつ無節操で向こう見ずの、略奪的で限りない野心をもち、外見は文明化されているが、心は野蛮であるアメリカそのもの」を象徴する（*IP* 120）。[2] だとするならば、メルヴィルが、小さなハチドリをカリブの海賊と重ねつつ、その深層に埋め込んだジョーンズとは、美しい花々を求めて飛び回る略奪的なアメリカの海賊でもあっただろう。「キューバの海賊」に描かれる海賊的略奪、キューバ、そしてポール・ジョーンズというモチーフの重なりは、メルヴィルにとって、合衆国の帝国主義的欲望と切り離せないものであったはずだ。

一八五四年七月から翌年三月にかけて雑誌『パトナムズ・マンスリー・マガジン』に連載された『イスラエル・ポッター』について、とある当時の書評は、メルヴィルが描くジョーンズ像に着目している。興味深いことに、この書評は、合衆国がキューバ獲得を目論んだ悪名高い「オステンド・マニフェスト」の「略奪計画」に通じる精神がジョーンズに見られることを指摘している（*Albion* 129; Bezanson 217）。同年に第十四代大統領フランクリン・ピアースによって起草された「オステンド・マニフェスト」は、その地理的近さゆえ、キューバをアメリカの隣人とみなし、合衆国の「偉大なる家族」に属すのが「自然」であると主張した（"Ostend Manifesto"）。独立戦争を主題とするメルヴィルの小説に「オステンド・マニフェスト」との重なりを見出すこの書評は、一見すると奇異に映るかもしれない。しかし、同時代のキューバ併合をめぐる合衆国の野心に鑑みれば、この書評者は、メルヴィルの小説のなかにアメリカの領土拡張政策とその「略奪的」欲望とを精確に読み込んでいたことになる。

とりわけ一八五〇年代は、スペインの植民下にあった中南米やカリブ海の島々に自由をもたらす革命を起こし、合衆国の支配下におくことを目論むフィリバスターによる不法な活動が目立った。(3) 十九世紀中葉において、「フィリバスター」(filibuster)とは、「明白な運命」の担い手たちとともに、国家間の中立法を破り、中南米および西インド諸島といった、スペインの圧政によって「抑圧された国々」に自由と共和制を敷くことを目的として、米国から遠征を組織した一隊の革命扇動者たちを指す。その語源は、十六世紀に、政府の私掠許可なく新大陸のスペイン植民地を襲った海賊たち(free-booter)に由来する(Lazo, *Writing* 5-6)。また、フィリバスターの構成員は主としてメキシコ戦争を経験した血気盛んな元兵士たちであった。このような一連の活動は、「国家を二分する奴隷制の問題、合衆国と他の国家との商業的権益をめぐる競合、そしてヨーロッパ諸国の西半球への不干渉を主張するモンロー・ドクトリンの行使という大きな流れのなかの一部」を成していた(Brown 17-18)。

歴史家ロバート・メイによれば、フィリバスターとは、略奪的な「海賊」であると同時に、国民から「英雄」と崇められてもいた(May viii)。たとえば、ヤング・アメリカ運動の使徒であり、「明白な運命」という語を用いてテキサス併合を擁護したジョン・L・オサリヴァンもまた、フィリバスター活動を推進していたことで有名である(May 112-13; Widmer 185-92)。ベネズエラ生まれでキューバに住んでいたクレオールのナルシソ・ロペスは、オサリヴァンによる後援のもと、ニューオーリンズを中心に集められたフィリバスターとともに一八五〇年、一八五一年と続けてハバナ西方へ侵入を試みるも、結果的にスペイン軍に処刑されている。その後、オサリヴァンは国家の中立法を破ったかどで裁判にかけられており、とりわけ、この事件はセンセーショナルに伝えられた。(4)

合衆国の領土拡大に対するメルヴィルの懐疑的な立場に関しては、すでにさまざまに議論されてきたが、[5] カリブ海の島々をめぐる合衆国の目論見とメルヴィル作品との関連についてはこれまであまり論じられることはなかった。もちろん、メルヴィルはキューバを主たる舞台とした作品を残してはいないし、書簡や日誌を見ても、キューバ問題について直接的に言及している箇所は見当たらない。しかし、合衆国のキューバ併合に対する野心や不法な遠征、スペイン植民下におけるキューバの状況とその独立の(不)可能性をめぐる同時代の議論を通して、メルヴィル自身もフィリバスターに対して少なからぬ関心を抱いていたとしてもおかしくはない。

そこで本稿は、海賊のイメジャリーを足がかりとして、一八五〇年代なかばに『パトナムズ』に掲載されたメルヴィル作品、なかでも、「エンカンタダス、魔の群島」と『イスラエル・ポッター』を取り上げ、合衆国のキューバ併合をめぐる言説と照らし合わせつつ、国家の領域を超えて土地を略奪するフィリバスターの武力行使に対するメルヴィルの文学的応答を読み解いていく。[6] これらの作品を『パトナムズ』に掲載されたいくつかの記事と対比することによって浮かび上がるのは、フィリバスター(国家による支援なき海賊)とトランスナショナルな帝国建設の企図との間にある緊張である。両作品は、自らの意思により不法な集団を形成し参入していく個人を、国家が包摂していくプロセスをたどりつつ、そのような共同体に対する根本的な批判を含んでいるように思われる。以下で、メルヴィルは、様々な文化的差異や多様な共同体のあり方を顧みずに西半球を包摂していく国家のあり方そのものを問いなおし、アメリカを、無秩序を特徴とする国家間のネットワークから生まれる生成体の一つと捉えていた、という仮説を検証したい。

二　『パトナムズ』とキューバ

まずは、合衆国とキューバ併合問題について、『パトナムズ』の記事から概観しておきたい。一八五三年に創刊された『パトナムズ』の巻頭を飾ったのは、「キューバ」(一八五三年一月号)と題されたエッセイであった。その編集方針として、アメリカ人による作品のみを扱うことを打ち出したこの雑誌が、冒頭でキューバを特集していたことは、当時の社会背景からみても興味深い。というのも、合衆国は、カリブ海の要衝に位置するという地政学的な重要性と、その豊かな経済的資源に目をつけ、十九世紀初頭からキューバの併合を主張してきたからである。(7)

同時期の『パトナムズ』には、英国にかわって世界の覇権国家にならんとするアメリカが、西半球におけるヨーロッパ諸国の不干渉を主張する言説が多く見られる。(8) それらに共通するのは、文明化のプロセスを通して南北アメリカ大陸を包含していこうとする国家の思惑である。「キューバ」のなかで匿名の筆者は、スペインの植民地であるカリブ海の島を「不幸な島」と規定し、「全キリスト教徒による共感」によって、合衆国による併合はあくまでも「西半球」を守る「博愛主義的なミッションン」であると説いている(“Cuba” 13, 15)。

神の意志による「明白な運命」というスローガンを掲げ、文明化、民主化を推し進める合衆国の領土拡大に対する欲望は、第五代大統領ジェイムズ・モンローが一八二三年にモンロー・ドクトリンによって、西半球をアメリカの保護下、あるいは支配下におくことを宣言して以来、西部だけではなく中南米に対しても向けられていった。グレッチェン・マーフィーによれば、モンロー・ドクトリンに顕著に見られる「半球思考」――地球を「旧世界の専制」と「新世界の民主主義」という東西二つの半球に二分して理解しようとする想像力――は、イギリスをはじめとするヨーロッパ諸国による南北アメリカ大陸への不干渉を要求すると同時に、合衆国の反植民地的革命と帝国主義的支配という矛盾を隠蔽するものとして機能していた(Murphy 2-6)。

しかし、領土拡大を「博愛主義的ミッション」と説く『パトナムズ』の記事は、意外にも、暴力的な土地獲得に対して批判的である。キューバに対する「最近のみじめな海賊的企て(buccaneering attempt)の途方もない失敗」(“Cuba” 14)という言及は、フィリバスターによる遠征への間接的批判であろう。そこでは、「軽率」で「誤った」動機によって集まった「向こう見ずな冒険家」や、「燃え立つような志願兵」、「報酬目当ての傭兵たち」に対する懐疑が窺える(“Cuba” 14)。また、「併合」(一八五四年二月号)というエッセイでは、アメリカが「何ら原理を持たず、略奪的で、貪欲なフィリバスター」であるとするイギリス作家による批判も紹介されている(“Annexation” 183)。このように、同時代において「海賊」とは、フィリバスターを指す際に用いられ、その意味では領土拡張政策と切り離せない政治的意味合いを帯びていた。

さらに、これらの記事の書き手は、私的な動機に基づいた他地域への不法な侵攻に対する疑義を提示することによって、合衆国の拡大に伴う暴力性を隠蔽しようという身振りを示す。事実、「キューバ」では、「明白な運命」というスローガン自体に対して批判的な意見が提示されている。

近年、「明白な運命」について多くのことが語られているように、この言葉は愛国的な雄弁家たちや政治的演説者たちのあいだで、ある種のスローガンとなっている。しかしながら、それは友好的な力をもつ土地を不法に獲得するため、ないしは、その土地の住民の権利に対する正当化できない干渉のための貧弱な言い訳にしかすぎない。強奪や圧政の咎めを避けるために、この「明白な運命」という口実を掲げるのである。(“Cuba” 13)

この引用から理解されるべきは、合衆国の帝国主義的欲望は、様々な意見の相違を含みつつ多層的に推し進められていくものであったということである。すなわち、国家領土の拡大は、アメリカの理念を一枚岩的に確信して邁進するものではなく、それに対する懐疑をも含みながら、キリスト教的友愛と自由の信念に基づく共和国を遍く拡大することが基盤になっていた。

その地理的近さによって、「北米大陸に対して自然の付属物」とみなされるキューバの併合は、「合衆国そのものの連続性と完全性にとって必要不可欠である」(“Cuba” 11)と主張されるとき、アメリカにとってキューバは切り離すことのできない身体的一部として想像されている。書き手は、この記事の締めくくりで、アメリカが「ヨーロッパ諸国によって抑圧された者たちの避難所」となることを主張し、「征服による帝国の拡大」ではなく、「併合という新しい法」によって互いに結びつくことで、世界中の国民がひとつ(ONE PEOPLE)になる「偉大なる共和国」の未来を想像している(“Cuba” 16)。

『パトナムズ』の記事が明らかにするのは、地政学的な支配を地球規模の調和と見なし、希望と将来性に満ちた帝国《アメリカ》の明白な未来への信仰である。これらの記事は、不法な土地獲得に対しては批判的な立場をとりながら、抑圧された人々を自由にするというキリスト教的博愛主義のもとで、キューバを自国の一部に組み込むというアメリカの欲望を浮き彫りにする。

このように、合衆国の拡張政策について積極的な議論を展開する雑誌『パトナムズ』に、メルヴィルはいくつかの作品を寄稿している。しかし、次節以降で詳しく考察するが、それらの作品は、メルヴィルが当時の併合論に間接的な批判を加えていたことを示唆する。その根底には、国家という統一体に取り込まれることに対する作者の違和感と、合衆国の進歩的未来観への不信があった。

三　「エンカンタダス」の海賊たち

これまで見てきたように、一部の熱狂的アメリカ人（とカリブ海ないしは中南米諸国の志願兵たち）によるスペイン植民地へのフィリバスター的企てを踏まえるならば、一八五四年三月から五月にかけて『パトナムズ』に連載された「エンカンタダス」における海賊表象は、現代からかけ離れた大航海時代における無法者や、南米の島に限定される物語としてだけではなく、合衆国の半球思考と拡張政策との連関のなかで読み解かれるべきものとなる。本作品は、ガラパゴス諸島を舞台とした十のスケッチで構成されており、それぞれが、荒涼とした島々の歴史的背景と、そこに密かに住み着くか、島流しにあった水夫や海賊といった人間の陰鬱な生のあり方を提示する。

まず見逃せないのは、第四スケッチ「岩から見たピスガの眺め」において、語り手が高所からの眺めを強調し、西部開拓者ダニエル・ブーンに言及している点である。ロドンド岩からの眺望が「果てしなく広がる海のケンタッキー」(*PT* 137)に喩えられていることからも明らかなように、エンカンタダスの島々をめぐる海のトポスは、合衆国の西漸運動(さらには南洋諸島やサンドイッチ諸島を含む太平洋)と南アメリカ大陸への欲望が交差する磁場となる。

また、第六スケッチ「バーリントン島と海賊たち」では、イギリスとスペインがガラパゴス諸島の占有をめぐり、長い間競合していたことが示される。バーリントン島とは、二百年ほど昔には「西インド諸島の海賊たち(buccaneers)」の隠れ処となっていた。彼ら海賊たちは、「キューバ海域から追い出されるやパナマのダーリエン地峡を通り抜け、太平洋側のスペイン植民地を略奪していた」(*PT* 144)。ここで名指されるキューバやパナマとは、カリブ海から南アメリカ大陸、ひいては太平洋へと連なる地政学的広がりを想起させ、帝国主義的企図におけるカリブ海の重要性を暗示する。

さらに、これら帝国の覇権争いは島の命名行為において明白に表れる。エンカンタダスの島々は、最初スペイン人によって名付けられたが、その後イギリスの海賊たちが自らの王侯貴族にちなんで命名し直したために、それらスペイン名は、イギリスの海図から抹消されてしまう。このようなイギリスの「王侯貴族に忠実な海賊たち(loyal freebooters)」(*PT* 141)について、メルヴィルの語り手は次のように述べている。

　これら海賊たちが極悪な罪を犯し、またあるものは人間の喉を掻き切るといった悪質な人殺しであったことは否定できないけれども、同時にこうした数多くの連中に混じって、時にはダンピア、ウェイファー、カウリーのような人たち、また他にも、その最大の不面目といえば、せいぜい絶望的な運命ということであり、迫害や逆境、あるいはひそかなる復讐も叶わぬ虐待などによって、キリスト教社会から追放され、海の憂鬱な孤独や罪深き冒険へと駆り立てられた者たちもいた。(*PT* 145)

ここで挙げられるウィリアム・ダンピア、ライオネル・ウェイファー、ウィリアム・カウリーはそれぞれイギリスの海賊である。ダンピアの航海録について論じるアンナ・ニールによれば、十七世紀以降のイギリス海賊とは、国家から逸脱した無法者であると同時に、国の帝国主義的企図に貢献してもいた。とりわけ、ダンピアのような海賊たちは、「暴漢や人殺しであると同時に、世界の航海者であり、植民地主義者であり、探検家」でもあった(Neil 168)。

すなわち、海賊とは、国家に正式に属していたわけではなく、国家の領域と国家権力から派生した組織とのはざまにある、いわば内と外の境界に属する存在である。このような両義的な海賊の特徴は、カウリーが自らの名前をつけた島が「人の目を欺く変幻自在な島」(*PT* 142)と呼ばれていたように、見る者の視点によって様々に揺れ動く。リミナルな存在としての海賊は、国家組織との境界が不安定であるがゆえに、あるときは国家への反逆者になり、またあるときは、自らが追放された共同体や国家といった、より大きなシステムへ組み込まれる可能性を帯びる。

「エンカンタダス」という作品に、アメリカの植民地主義一般に対するメルヴィルの批判が見られるとするならば(Karcher 111; Tanyol 264-66)、それは、十八世紀イギリスの帝国拡大と連動する海賊たちに、メルヴィルが、国家から独立した傭兵組織であるフィリバスターによる遠征をも重ね合わせていたからではないか。というのも、フィリバスターたちもまた、結果的に領土拡大という国家の思惑に貢献していたとはいえ、特定の軍に所属するわけでもなく、国家の支援なしで独自に活動していたからである。

フィリバスターが、「個人の冒険家」(May xi)であったことを踏まえるならば、注目すべきは、第七スケッチで語られる、革命に成功してチャールズ島を獲得したドッグ・キングの物語であろう。

スペインの植民地がスペイン本国に対して反乱を起こし、成功を収めていた頃、キューバ出身の、あるクレオールの冒険家がペルーのために戦い、彼はその勇猛果敢さと僥倖のおかげで、ついには愛国者たちからなる軍隊のなかで高い地位にまで昇進した。戦争がおわると、ペルーは、多くの勇猛な紳士たちとともに自らの自由と独立をかちとったものの、財政難に追い込まれていた。つまるところ、ペルーは兵士たちに給料を払う十分な財源がなかった。しかしこのクレオールは――名前は忘れてしまったが――自分の給料は土地で貰い受けたいと申し出た。(*PT* 146-47)

ノースウェスタン・ニューベリー版の注によれば、メルヴィルは、ドッグ・キングの造形に際し、ルイジアナ生まれのクレオール、ホセ・ヴィラミルがスペイン植民地のエクアドルを独立させるために戦い、後にガラパゴス諸島にコロニーを建設したという史実を下敷きにしている(*PT* 612)。また、ロドリゴ・ラゾは、ヴィラミルの伝記的背景をキューバに変えたメルヴィルに着目し、オサリヴァンとともに、キューバへのフィリバスター遠征を企てたナルシソ・ロペスを意識していた可能性を指摘する(Lazo, "The Ends of Enchantment" 216)。

モデルの当否は措くとしても、中南米の植民地がスペインから独立を求めて戦うという歴史的文脈が強調されているという点では、同時代のフィリバスターによる暴力的侵攻を、メルヴィルがドッグ・キングに創造的に投影したことは疑えない。さらに、「キューバ出身のクレオール」がペルー独立のために戦い、チャールズ島を獲得するというプロットは、「キューバ海域から追い出され、太平洋側のスペイン植民地を略奪していた」西インド諸島の海賊たちとも象徴的に重なり、海賊とフィリバスターの連想を跡づける。

やや図式的になるが、報酬としてチャールズ島を獲得したドッグ・キングは、スペインからキューバ購入を企てていたアメリカと構造的に相似形をなすようにも思われる。いわば、ドッグ・キングの物語とは、不法な侵攻者であるフィリバスターの暴力性と、『パトナムズ』に見られる、より「平和な」併合によってキューバを獲得しようとする合衆国の思惑という二つの形象を帯びている。事実、『パトナムズ』の記事がキューバの「不幸なクレオール」の状況を強調して論じるだけでなく、キューバを形容した時と同じように("Cuba" 8, 13)、チャールズ島は「不幸な国家」と呼ばれている(*PT* 148)。また、「不幸なクレオール」ドッグ・キングは、「ペルーとスペインの関係と同じように、永久にペルーから自由であるという条件で」この島を獲得する(*PT* 164, 147)。しかし、メルヴィルはここでキューバ自体の独立については語らないし、なぜドッグ・キングがキューバから逃れてきたかについて、テクストは沈黙する。同時代の併合論の高まりを考慮するならば、あえて語られることのないキューバの独立は、カリブ海の島の占有が失敗に終わることをも予見するようである。

報酬目当ての冒険家であるドッグ・キングの物語は、語り手によれば、「原理を持たない入植者たちとともに、不毛の島を拓くことがいかに困難であるかを如実に示してくれる一つの例証」であった(*PT* 149)。たしかに、ドッグ・キングは、自身の圧政が原因で、自らが獲得したチャールズ島から追放されてしまうため、この物語は、ドッグ・キングの行動を特徴づける暴力性がそのまま彼自身に跳ね返ってくるという逆説を示す。しかし、「さほど卑劣とばかり言い切れない動機」に突き動かされた「不幸なクレオール」に対して(*PT* 164)、メルヴィルの語り手は必ずしも批判的ではない。そもそも、彼は自国キューバから追い出されたのちに、チャールズ島からも排除されているという意味では、二重の疎外を経験していると言えるからである。

国家から疎外される個人というモチーフは、作品全体を通して強調されるが、キリスト教社会から追放されたバーリントン島の海賊たちについて、語り手は、「これらの冒険者たちのなかにも、純粋な心の安らかさと美徳を発揮できる、紳士らしい親しみやすい人間も何人かはいたのだ」と述べている(*PT* 146)。「感傷的な航海者」の言葉を借りているとはいえ、これはつまり、「揺れ動く人間の心」(*PT* 146)に対して真摯に向き合うことであり、首尾一貫した個人(とそれに基づく個人主義)に対する懐疑である。

「バーリントン島」のスケッチが示す通り、国体に取り込まれる海賊たちが、一方で、常に国家から疎外される対象でもあることは改めて強調されねばならない。メルヴィルにとって、自由や独立とは、人間の脆弱さ、もろさという存在論的不安に帰結する。したがって、国家から独立したフィリバスターに対するメルヴィルの関心は、その暴力性に対する批判と同時に、寄る辺ない個人の脆弱さに対する共感へと向かうように思われる。さらに、ドッグ・キングの物語が明らかにするのは、合衆国の帝国主義が、確固たる国家の中枢から生じるのではなく、明確な原理を持たない個人が国境を越えて外部へと指向するまさにその過程にあるという事実であろう。この主題は、アメリカの独立革命を扱う『イスラエル・ポッター』においてさらに追求され、作家は、近代的な国民国家の起源を、より大きな帝国の拡大における無秩序のネットワークのなかに配置し直していくことになる。

四　『イスラエル・ポッター』と帝国のネットワーク

『イスラエル・ポッター』は、アメリカ独立戦争で命を賭して戦ったにもかかわらず、国家から疎外され、しまいには人知れず世を去った一兵卒の伝記に基づく物語である。先に述べたように、当時の書評は、この作品におけるポール・ジョーンズに、キューバ獲得の意思と、究極的にはスペインとの戦争をも辞さない「オステンド・マニフェスト」に通じる精神があることを指摘していた。

そもそも、「冒険家」と記されるイスラエルは、「父の圧政」と「恋人の不実」が原因で故郷を飛び出すが、狩人やカナダでの行商人などの経験を積んだのち、彼は次々と船を乗り換え、カリブ海をめぐっている。プロビデンスから石灰を積んだスループ型帆船に乗り込み、西インド諸島に向かうイスラエルは、途中で起こった火災により水難事故に遭う。幸いにも、ユースタティアからオランダに向かう船に拾い上げられ、その途中で、アンティグアに向かうアメリカ船に乗り換える。その後、アンティグアからプエルトリコを経由して、ユースタティアへ向かうのであった(*IP* 9-10)。[9] 興味深いことに、大西洋交易を行う船を次々と乗り変え、西インド諸島を行き来するイスラエルは、アメリカの境界を超えて放浪するという点で、すでに脱国家的ベクトルを秘めている。語り手によれば、これらの経験が、「我らの先祖を国家としての独立へと導いた、恐れを知らぬ自己信頼と独立心」を培った(*IP* 9)。つまりメルヴィルは、イギリスを離れ、新大陸を目指した先祖にイスラエルを重ねつつ、アメリカの独立革命をより広大な環大西洋の文脈の中に置き直し、ヨーロッパやカリブ海地域を結びつけた広大な帝国のネットワークの内側にアメリカを位置づけることを射程に入れている。[10]

ジョーンズもまた「何にも束縛されることない全世界の市民であり船乗り」と自らを規定し(*IP* 56)、国家の枠組みを超えたトランスナショナルな船乗りのイメージを引き継いでいる。そして彼は、「アメリカの大義のためになすことは、分離した、至高の指揮権をもち、制限されぬ命令権でなされねばならない」(*IP* 57)と語る通り、国家の指揮下から完全に独立して行動することを要求するのである。事実、ジョーンズの船には、「様々な志願兵」が「略奪的冒険の企図(predatory enterprises)」を求めて参加している(*IP* 96, 99)。彼が指揮する船ボノム・リチャード号の乗組員は、多民族的かつ大西洋横断的な「雑多な連中(a motley crew)」であり、そのような「混成体(a hybrid band)」(*IP* 122)が独立革命における主たる原動力の一つであったことを、テクストは強調している。

このような、国家から切り離されたジョーンズの「略奪的冒険」は、独立戦争が、同時代のフィリバスター同様に、ランダムな遠征の連続であるということを明らかにする。つまり、この小説は、アメリカの独立戦争が、神意による歴史的必然の帰結などではなく、偶然や、無秩序で散発的な行動が積み重なったプロセスであることを物語る。語り手によれば、ジョーンズの「冒険者」としてのキャリアは、その偶発性や混沌を例証するものとなる。

人間の出来事は全て根本的な無秩序に左右されるし、一種の不完全に統制された混沌の中に生み出され、これによって継続させられるため、大事において成功を求めるものは、決して静かな海を待ち望んではならぬ。そんなものはこれまでなかったし、これからも決してないだろう。（*IP* 114）

偶然性と無秩序の強調によって、メルヴィルは、歴史の直線的な連続性を前提とする国家観に疑問を呈し、歴史や時間を様々な諸契機が絡み合って織りなす多層的な構造として扱うのである。ここで、ベネディクト・アンダーソンが、「偶然を運命へと変えることがナショナリズムの魔法」（Anderson 12）と規定したことを想起してもよいだろう。

『イスラエル・ポッター』が、イギリスの植民地であったアメリカの独立戦争を振り返ることで、現在進行形で行われているスペインの植民地に対して革命を起こすフィリバスター的企てをも想像的に投影しているとするならば、ここで問題となるのは、キューバの曖昧な地位ばかりでなく、共和国として、合衆国の置かれた地位の曖昧さについてでもあるように思われる(11)。

そこで、冒頭で触れたメルヴィルの詩「キューバの海賊」と『イスラエル・ポッター』をつなぐポイントとして、両者に等しく用いられる「火」のイメジャリーに注目したい。「獰猛な激情」に駆られたハチドリに対して詩人は、「暗闇で煌めく火花／まだおまえは略奪の途上なのか」と問いかける。ハチドリが、繰り返し「火」(fire)や「火花」(spark)で形象されるように(*Weeds* 21)、ジョーンズもまた、「野蛮」で「火のように激しやすい(fiery)」。

屈託のない自制の外観に隠された、激情を持つ人間は、熱狂の突然のそそのかしに決して耐えられない。概して、自制はできるが、少しでも激情を吐き出すと、もう爆発してどうしようもなくなる。今ポールもそんな具合だった。イスラエルに対する共感が束の間の激情の噴出を誘発したのだ。(*IP* 91)

ジョーンズは、故郷の町に対する個人的な怨恨に根ざして英国に戦争を仕掛けるのだが、「誇り高きゆえに友がなく、何ものも軽蔑するために孤独な雰囲気をまとった」(*IP* 56)彼の否定的な情熱は、故郷を追い出されたイスラエルの孤独と共振する。

また、この小説における火のイメージは、帰属の充足感や陶酔とともに、イスラエルの「私的な悲嘆」(*IP* 10)を昇華させるという機能を果たす。イスラエルの冒険は、「今や絶望となった情熱を癒すことはなかった」(*IP* 12)。が、ジョーンズとの出会いにより、その「伝染する気迫に燃え立たされて(fired)」、イスラエルは、「これまでの帰国したい熱望も何もかも忘れ、この呼びかけに感応して火花を撒き散らした(sparkled)」(*IP* 58)。故郷から遠く隔たれているという条件は、不在の故郷を思慕するノスタルジアの感情を誘発する。しかし、そのような感情は、ジョーンズの燃え立つような激情によって、理性や言語を介さない身体反応としてイスラエルのうちで消し去られてしまう。

さらに、このような激情の火は、アメリカそのものを象徴している。敵船にこっそりと近づくジョーンズの船は「星条旗」を掲げるが、その際、「その輝く国旗は、はためきながら彼にまとわりつき、栄光を讃えられた幕のように、その赤い飾り紐ときらきら光る星(red ribbons and spangles)のなかに彼を包んだ。それはまるで火炎の燃え立つ舌や火花さながら(upspringing tongues, and sparkles of flame)」であった(*IP* 112)。このように、ジョーンズの情熱は、イスラエルの孤独を昇華する情動的強度を指し示すのみならず、地獄の烈火のごとく燃え立つアメリカ国旗とも重なりあう。その究極的な描写としては、歴史的にも有名なジョーンズ率いるボノム・リチャード号とイギリス船セラピス号との海戦であり、そこでは、両船が「共同経営する燃焼会社」であると語られる(*IP* 125-26)。

独立戦争が終わっても帰国することが叶わないイスラエルは、ロンドンで煉瓦職人となって、ほぼ乞食同然のみすぼらしい暮らしを送ることになる。ここで、語り手は、「人はすべて煉瓦である」との見方を皮肉に提示することで、煉瓦を焼く窯の火を、個を集合へと帰属させるものとして描いている。

> まさに煉瓦が壁に組み上げられるように、人間は共同体に組み込まれるのではないか。中国の万里の長城を考えてみよ。北京の大人口に考えをめぐらせてみよ。人間が煉瓦を提供するように、神は人間を造り、その意図のもと、無数の人間を壮大な建造物に組み上げる。集合体に組み合わされるのでなければ、人間は煉瓦の高貴さに達することはない。(*IP* 156)

壮大な建造物に組み込まれるひとつの煉瓦としての個人とは、この小説が独立革命の激戦を記念して建てられた「バンカーヒル記念碑」に捧げられるという明確な皮肉とも響きあう(12)。アメリカ合衆国という「壮大な建造物」に組み込まれるイスラエルが、名もなき匿名の存在となることを悲劇的に描く本作品のプロットに照らし合わせれば、集合体としての「煉瓦の高貴さ」とは、素朴な共同体賛美とはなりえない。すなわち、国家はその市民にとって永久に異質なものであり、イスラエルは新たな国民的コミュニティへ溶けこむことすらできず、それによって「癒される」ことは決してない。

『イスラエル・ポッター』は、国外で行われている目下の帝国主義的拡張と、合衆国が反植民地的だとする解釈の間にある隔たりを露呈させる。反植民地的起源を持つ共和国アメリカが他者を受け入れる「避難所」であったとすれば、ここでメルヴィルは、他者を国家へと暴力的に包摂していくアメリカの国家像の変化をあぶり出す。メルヴィルが目の当たりにした、合衆国の侵略的な姿から浮かび上がるのは、自らが異質な存在になってしまうというアメリカに差し迫った危難であった。

五　無法の共同体

本稿はこれまで、キューバに対するフィリバスターの遠征を、合衆国による帝国主義の兆しと捉え、メルヴィル作品のうちに、国家の領域を越えて活動する「海賊」とトランスナショナルな帝国建設の企図との間にある緊張が見られることを検討してきた。同時代の海賊／革命扇動者であるフィリバスターは、様々な思惑を抱き、不法な集団を形成するが、その過剰な暴力性は、外交に基づき「平和」な併合を基礎とする国家の帝国建設を掘り崩す危険性もあった。

『パトナムズ』に掲載された記事は、不法な土地獲得の暴力性を批判し、世界中の国民がひとつに結びついた「偉大なる共和国」の未来を想像した。しかし、仮に合衆国が、国境なき世界を望んでいるのであれば、そのような理想を実現することによって、国家としての同一性が存在しなくなることもまた確かである。キリスト教的理念に基づく領土拡大によって、合衆国は、海外の領土や人々をアメリカに併合すると同時に、国の境界線を越境することで、つねに内部に異質なものを取り込むことになる。そしてまさにそれゆえ、国家としての統一性を維持するためには、異質なものとの境界線を明確にし続けなければならないという矛盾を抱えることになる。

メルヴィルもまた、直接的な武力行使に訴える個人に対して懐疑的であった。自国から疎外されたドッグ・キングやポール・ジョーンズの物語が示すように、自由や独立という理想は、個人の野心や（それゆえに確固とした原理を持たない）私的な動機と複雑に絡み合っている。しかし、合衆国の国境を越えた領土拡大のプロセスのなかで、メルヴィルは、急進的な革命扇動者に対して批判的なまなざしを向けつつ、国家から疎外されたという意識が中心となってアイデンティティが形成された者たちに対して少なからぬ共感を抱いていたこともまた確かである。

西インド諸島トリニダード出身のC・L・R・ジェイムズは、メルヴィル作品を論じた『水夫、背教者、漂流者』（一九五三）において、『白鯨』をピークォッド号の平水夫の視点から読み直し、そのトランスナショナルな視座を予見した。(13) が、この本は、冷戦下におけるマッカーシー旋風の吹き荒れるなか、彼自身が、アメリカの玄関口であったエリス島の刑務所に収監中に執筆されたという経緯がある。そうした背景のなか、ジェイムズは、自身の個人的な経験を、『白鯨』のメルヴィルが十分に語ることのできなかった「真の英雄」である水夫たちに重ね合わせ、非国家的共同体の在り方を提示する術を見出すのである(James 18)。結果的に、合衆国市民権を獲得できずに、不法入国者として国外追放されることになるジェイムズが、『白鯨』の「水夫、背教者、漂流者」に、国家から「異質なもの」として排除された自身を重ね合わせたのも容易に想像できる。しかし、ジェイムズが『白鯨』を通して幻視した共同体は、むしろ「エンカンタダス」における「脱走者、漂流者、隠者」(*PT* 170)による異質な共同体にとりわけ顕著に表れているように思われる。

ドッグ・キングがチャールズ島を去ったあと、この無法の島は、「あらゆる国々の海軍において虐げられた者の避難所」となり、「古代ギリシャ風でも、古代ローマ風でもなく、アメリカ風でもない一種のデモクラシーの国」——「法ではなく無法を抱くことを誇りとする恒久的な暴徒政治(Riotcracy)」(*PT* 149)——を形成する。「あらゆる脱走者たち」や「逃亡水兵たち」が「普遍国家の襤褸を着た市民」(*PT* 149)として迎え入れられる共同体の形態は、民主主義に基づく共和国アメリカとは異なる関係性に基づいている。(14)

最後のスケッチでは、キリスト教社会から追放された海賊たちが略奪の後に束の間の静かな休息を見出すように、国家から排除された者たちが、「人間の作った法の監視の眼はほとんど届かず、またこれまでに法が適用されたという例もない」エンカンタダスの島々に「避難所」を見出していることが語られる(*PT* 170)。そして彼らは、いかなる国民国家にも溶けこむことを拒絶し、「迫害や逆境、その他の虐待などによってキリスト教社会から追放された」という意識のみでつながる〈無法の共同体〉を形成する。

かくして、国家から排除されたものたちが形成する異質な集団から逆照射されるのは、スペインであれ、イギリスであれ、あるいはアメリカであれ、暴力的に国家という統一体に取り込まれることに対するメルヴィルの違和感である。クリストファー・フリーバーグは、「エンカンタダス」の無時間性、非歴史性に、発展的な近代の時間性に対する批判を見るが（Freeburg 154）、メルヴィルの海賊たちは、国家という地理的空間と、進歩的未来を共有する国家的時間に限定された確固たるアイデンティティをもたない――共有すべきものを何も持たない――逆説的な共同性を見出している。それは、同時代の海賊《フィリバスター》たちによる、ある種の思想や主義を共有する連帯とは異なり、むしろそのような共有を断念した時に立ち現れる共同性である。それゆえ、海賊に対するメルヴィルの想像力は、国民国家の時間と空間の外部でアイデンティティを形成しつづけるような共同体意識へと常に越境していくのである。

◉註

(1)「キューバの海賊」は詩集『雑草と野草』(一九二四)に収められているが、執筆年代は不明。レオン・ハワードの伝記によれば、この詩は、一八五〇年代に執筆された可能性がある(Howard 264)。が、詩の多くが正確にいつ書かれたかは知り得ないし、メルヴィルは生涯を通じて加筆ないしは修正を繰り返していた(Shurr 7)。

(2)ジョーンズの「黄褐色の頬は、棗椰子の実ように、熱帯(the tropic)について語っていた」し(*IP* 56)、彼は、「命知らずの無法者」、「大胆不敵な海賊」、「血なまぐさい海賊」、「侵略者」というように、その略奪的性格について繰り返し言及される(*IP* 100, 116, 117, 118)。

(3)フィリバスターに関しては、May、Thomson、Greenberg を参照のこと。『パトナムズ』は一八五七年に"Filibustering"という記事を載せ、ニカラグアを侵攻したウィリアム・ウォーカーを批判している。

(4)フィリバスターと海賊については、『ハーパーズ』に掲載された、カリブの海賊ヘンリー・モーガンについての記事からも窺える("Buccaneers of the Spanish Main")。また、フィリバスターが現代の海賊か否かという議論は、アメリカの拡張政策と連動し、同時代の新聞や雑誌等で盛んに議論されていた(Greenberg 170-96)。ロペスや中立法については、『デモクラティック・レビュー』の記事"Narcisso Lopez and His Companions"ないしは"The Neutrality Law"を参照のこと。オサリヴァン事件の経緯については、"The Late Cuban State Trials"に詳しく掲載されている。

(5)メルヴィルと合衆国の太平洋地域における拡張政策批判についての近年の論考としては、Barnum、Kelley、Sten 編集の"*Whole Oceans Away*"を参照。

(6)メルヴィルと雑誌媒体をめぐる議論については、Post-Lauria、西谷、Thompson に詳しい。

(7)一八五三年の『パトナムズ』には、ハバナの暮らしについてのエッセイ "How They Live in Havana" や、"A Glance at Havana" も掲載されている。同じ号で "Our Young Author" と題されたエッセイがあり、書き手は、旅行記としての『タイピー』や『マーディ』を賞賛している。『ハーパーズ』においても、キューバ独立への政治的関心は強く、"Three Weeks in Cuba" というエッセイが掲載されている。この中で、「ロペスが上陸した場所」としてハバナの港の挿絵が見られる。また、『デモクラティック・レビュー』には、"Cuba"、"The Cuban Debate"、"The Cuban Debate—Postscript" などが掲載され、キューバ併合の重要性を説いている。

(8)たとえば、差出人であるアメリカ(Brother Jonathan)が、イギリス(John Bull)に宛てた手紙という形式で書かれた "A Letter to John Bull" というエッセイを参照。

(9)メルヴィル作品と環大西洋のネットワークについては、Blum を参照のこと。

(10)エイミー・カプランは、「帝国というアナーキー」を鍵語として、合衆国の帝国主義が表象される際に、国家の枠組みにとどまらない権力関係におけるアナーキーが中心的存在となっていることを十九世紀文学から検証している(Kaplan)。

(11)キューバ獲得をめぐる英米の対立については、Perez、Haynes に詳しい。

(12)『イスラエル・ポッター』と記念碑については、Dryden の第一章、または Tendler が詳細に論じている。

(13)ジェイムズと『白鯨』のトランスナショナル性については、Pease を参照のこと。

(14)「暴徒政治」に関する政治性と新たな共同体の在り方については、Jonik を参照のこと。

◉引用文献

"*Albion* [New York], 14 (17 March. 1855, 129.)" *Herman Melville: The Contemporary Reviews*. Ed. Brian Higgins and Hershel Parker. Cambridge: Cambridge UP, 1995. 457-58. Print.

Anderson, Benedict. *Imagined Communities: Reflections on the Origin and Spread of Nationalism*. Rev. ed. New York: Verso, 1991. Print.

"Annexation." *Putnam's Monthly Magazine* Feb. 1854: 183-94. *Making of America*. Web. 9 Sep. 2015.

Barnum, Jill, Wyn Kelley, and Christopher Sten, eds. *"Whole Oceans Away": Melville and the Pacific*. Kent: Kent State UP, 2007. Print.

Bezanson, Walter E. "Historical Note." Melville, *Israel Potter* 173-235.

Blum, Hester. "Atlantic Trade." *A Companion to Herman Melville*. Ed. Wyn Kelley. Williston: Blackwell, 2006. 113-28. Print.

Brown, Charles H. *Agents of Manifest Destiny: The Lives and Times of the Filibusters*. Chapel Hill: U of North Carolina P, 1980. Print.

"Buccaneers of the Spanish Main." *Harper's New Monthly Magazine* Sep. 1855: 514-23. *Making of America*. Web. 9 Sep. 2015.

"Cuba." *Putnam's Monthly Magazine* Jan. 1853: 3-16. *Making of America*. Web. 9 Sep. 2015.

"Cuba." *The United States Democratic Review* Sept. 1849: 193-204. *Making of America*. Web. 19 Sep. 2015.

"The Cuban Debate." *The United States Democratic Review* Nov.-Dec. 1852: 433-57. *Making of America*. Web. 19 Sep.

2015.

"The Cuban Debate—Postscript." *The United States Democratic Review* Nov.-Dec. 1852: 624-29. *Making of America.* Web. 19 Sep. 2015.

Dryden, Edgar A. *Monumental Melville: The Formation of a Literary Career*. Stanford: Stanford UP, 2004. Print.

"Filibustering." *Putnam's Monthly Magazine* April. 1857: 425-36. *Making of America.* Web. 9 Sep. 2015.

Freeburg, Christopher. *Melville and the Idea of Blackness: Race and Imperialism in Nineteenth-Century America.* Cambridge: Cambridge UP, 2012. Print.

"A Glance at Havana." *Putnam's Monthly Magazine* Feb. 1853: 185-93. *Making of America*. Web. 9 Sep. 2015.

Greenberg, Amy S. *Manifest Manhood and the Antebellum American Empire*. Cambridge: Cambridge UP, 2005. Print.

Haynes, Sam W. "Anglophobia and Annexation of Texas: The Quest for National Security." *Manifest Destiny and Empire: American Antebellum Expansionism*. Ed. Sam W. Haynes and Christopher Morris. Arlington: Texas A&M UP, 1997. 115-45. Print.

"How They Live in Havana." *Putnam's Monthly Magazine* Mar. 1853: 288-98. *Making of America*. Web. 9 Sep. 2015.

Howard, Leon. *Herman Melville: A Biography.* Berkeley: U of California P, 1951. Print.

James, C. L. R. *Mariners, Renegades, and Castaways: The Story of Herman Melville and the World We Live in*: *The Complete Text*. Intro. Donald E. Pease. Hanover: UP of New England, 2001. Print.

Jonik, Michael. "Melville's 'Permanent Riotocracy.'" *A Political Companion to Herman Melville*. Ed. Jason Frank. Lexington: UP of Kentucky. 2013. 229-58. Print.

Kaplan, Amy. *The Anarchy of Empire in the Making of U.S. Culture.* Cambridge: Cambridge UP, 2002. Print.

Karcher, Carolyn L. *Shadow over the Promised Land: Slavery, Race, and Violence in Melville's America.* Baton Rouge: Louisiana State UP, 1980. Print.

Kelley, Wyn. *Herman Melville: An Introduction*. Malden: Blackwell, 2008. Print.

"The Late Cuban State Trials." *The United States Democratic Review* Apr. 1852: 307-19. *Making of America.* Web. 9 Sep. 2015.

Lazo, Rodrigo. "The Ends of Enchantment: Douglass, Melville, and U.S. Expansionism in the Americas." *Frederick Douglass & Herman Melville: Essays in Relation*. Ed. Robert S. Levine and Samuel Otter. Chapel Hill: U of North Carolina P, 2008. Print.

———. *Writing to Cuba: Filibustering and Cuban Exiles in the United States*. Chapel Hill: U of North Carolina P, 2005. Print.

"A Letter to John Bull." *Putnam's Monthly Magazine* Feb. 1853: 221-29. *Making of America*. Web. 9 Sep. 2015.

May, Robert E. *Manifest Destiny's Underworld: Filibustering in Antebellum America*. Chapel Hill: U of North Carolina P, 2002. Print.

Melville, Herman. *Israel Potter: His Fifty Years of Exile*. Ed. Harrison Hayford, Hershel Parker, and G. Thomas Tanselle. Evanston and Chicago: Northwestern UP and The Newberry Library, 1982. Print.

———. *The Piazza Tales and Other Prose Pieces: 1839-1860*. Ed. Harrison Hayford, Alma A. MacDougall, and G. Thomas Tanselle. Evanston and Chicago: Northwestern UP and Newberry Library, 1987. Print.

———. *Weeds and Wildings Chiefly: With a Rose or Two*. Ed. Robert Charles Ryan. Ph.D. diss., Northwestern U, 1967. Print.

Murphy, Gretchen. *Hemispheric Imaginings: The Monroe Doctrine and Narratives of U.S. Empire*. Durham: Duke UP, 2005. Print.

"Narcisso Lopez and His Companions." *The United States Democratic Review* Oct. 1851: 291-302. *Making of America*. Web. 19 Sep. 2015.

Neil, Anna. "Buccaneer Ethnography: Nature, Culture, and Nation in the Journals of William Dampier." *Eighteenth-Century Studies* 33.2 (2000): 165-80. *JSTOR*. Web. 8 Oct. 2015.

"The Neutrality Law: What Does It Mean, What Prohibit and What Permit?" *The United States Democratic Review* June 1852: 497-513. *Making of America.* Web. 19 Sep. 2015.

"Ostend Manifesto." 15 Oct. 1854. *History of Cuba. Com*. Web. 9 Sep. 2015.

"Our Young Author—Melville." *Putnam's Monthly Magazine* Feb. 1853: 155-64. *Making of America*. Web. 9 Sep. 2015.

Pease, Donald E. "C. L. R. James's *Moby-Dick*: The Narrative Testimony of the Non-Survivor." *Leviathan* 13.1 (2011): 34-44. *Project MUSE*. Web. 27 Nov. 2015.

Perez, Louis A. *Cuba and the United States: Ties of Singular Intimacy.* Athens: U of Georgia P, 2003. Print.

Post-Lauria, Sheila. *Correspondent Colorings: Melville in the Marketplace*. Amherst: U of Massachusetts P, 1996. Print.

Shurr, William H. *The Mystery of Iniquity: Melville as Poet, 1857-1891*. Lexington: The UP of Kentucky, 1972. Print.

Tanyol, Denise. "The Alternative Taxonomies of Melville's 'The Encantadas.'" *The New England Quarterly* 80.2 (2007): 242-79. *JSTOR*. Web. 30 Sep. 2015.

Tendler, Joshua. "A Monument upon a Hill: Antebellum Commemoration Culture, the Here-and-Now, and Democratic Citizenship in Melville's *Israel Potter*." *Studies in American Fiction* 42.1 (2015): 29-50. *Project MUSE*. Web. 20 Nov.

2015.

Thompson, Graham. "'Bartleby' and the Magazine Fiction." *The New Cambridge Companion to Herman Melville*. Ed. Robert S. Levine. Cambridge: Cambridge UP, 2014. Print.

Thomson, Janice E. *Mercenaries, Pirates, and Sovereigns: State-Building and Extraterritorial Violence in Early Modern Europe*. Princeton: Princeton UP, 1996. Print.

"Three Weeks in Cuba." *Harper's New Monthly Magazine* Jan. 1853: 161-75. *Making of America*. Web. 9 Sep. 2015.

Widmer, Edward L. *Young America: The Flowering of Democracy in New York City*. New York: Oxford UP, 1999. Print.

西谷拓哉「メルヴィルの小説における死と感傷——一八五〇年代の短編に見る反センチメンタル・レトリック」、増永俊一編『アメリカン・ルネサンスの現在形』、松柏社、二〇〇七年、一六七—二〇〇頁。

第二部　ラテン・アメリカからのメッセージ

第四章

「善き隣人」のリズム
ラルフ・ピアとラテン音楽、一九三三—一九四五

大和田俊之

はじめに

ラルフ・ピア(Ralph Peer 1892-1960)は二十世紀前半にアメリカ民謡の商業化を数多く手がけた人物として知られている。長い間、最初のブルース録音と考えられてきたメイミー・スミス「クレイジー・ブルース」(一九二〇)にかかわっただけでなく、最初のカントリー・ミュージックのレコードとして知られるフィドリン・ジョン・カーソン「ザ・リトル・オールド・ログ・キャビン・イン・ザ・レーン」(一九二三)の制作にも携わったピアは、黒人と白人双方の民俗音楽の商業化に大きく寄与したのだ。前者については、その後、メイミー・スミス以前にもインストルメンタルや白人シンガーによる「ブルース」録音が存在することが明らかになり、それが「最初」のブルース録音でないことは一般にも広く知られるようになった。だが、黒人女性が歌う初めての「ブルース」が大ヒットしたことで

「黒人市場」が発見され、各レコード会社がレイス・レコードの流通ラインを整備したという事実はいくら強調してもしすぎることはない。同様に、フィドリン・ジョン・カーソンのレコードによって地方の白人層に向けた音楽市場が開拓されたことを思えば、商業化された民謡を意味するルーツ・ミュージックという音楽ジャンルへのラルフ・ピアの貢献は計り知れないだろう。たとえば、現在のビルボード誌の主要なチャートはポップス、ブラック、カントリーの三つだが、後者二つは実質的にラルフ・ピアが「発見」した市場を元にしたランキングだといえるのだ。

また、ピアが手がけたのはルーツ・ミュージックだけではない。彼は一九三〇年の時点で、のちにティンパン・アレーを代表する作曲家となるホーギー・カーマイケルと契約しているし、一時期ではあるものの、作詞家のジョニー・マーサーともコントラクトを交わしている(Mazor 170)。さらにアーリー・ジャズの愛好家にとって、ピアはルイ・アームストロングが初めて結成したリーダー・バンド、ホット・ファイヴやホット・セヴンのレコーディングの監修者として有名だろう。

実はあまり知られていないのは、ラルフ・ピアがメキシコ系をはじめとする中南米諸国の音楽を広範に扱っていたことである。その中には、メキシコ系アメリカ人として最初のスターとなったリディア・メンドーサの録音も含まれている(Hernandez 18)。アメリカ民謡の商品化に力を注いでいたピアは、いかなるきっかけでラテン音楽へと目を向けるようになったのだろうか。また、ピアのラテン音楽のカタログは、どのようなメディアを通してアメリカ合衆国で流行したのだろうか。

本稿ではラルフ・ピアと中南米音楽との関係について焦点を当て、それがいかなる政治的、社会的背景のもとでビジネスとして成立し、アメリカ国内でどのように受容されたかを分析する。ピアが音楽業界でキャリアを築いたのは、一九一四年のASCAP（American Society of Composers, Authors and Publishers 米国作曲家作詞家出版者協会）創設に始まり、ラジオという新しいメディアの台頭によって各権利団体の利害が衝突し、一九三九年にBMI（Broadcast Music, Inc.）という新たな著作権管理団体が設立されるという、音楽をめぐる環境が劇的に変化した時代である。アフリカ系アメリカ人や地方の白人の音楽など、ニューヨークを中心とする音楽産業の周縁でアメリカの「民謡」の市場的価値を見出したピアは、いったいラテン・アメリカにどのような眼差しを向けていたのだろうか。この点を分析するには、同時代のアメリカ合衆国と中南米諸国との関係、とりわけフランクリン・デラノ・ローズヴェルト大統領の善隣外交とそれが文化活動に及ぼした影響について理解する必要がある。

一　エドワード・B・マークスとラテン音楽

ティンパン・アレーの音楽出版社の中で、もっとも早くからラテン音楽のカタログに力を入れていたのがエドワード・B・マークスである。一八九四年にマークスとジョセフ・W・スターンによってマンハッタンに設立された音楽出版社はもともと二人が共作した曲を扱っていたが、やがてマークスは、クロード・ドビュッシーの曲やオスカー・シュトラウスの《ワルツの夢》などヨーロッパのクラシック音楽やオペレッタをアメリカに紹介しはじめる。また、二人はジェイムズ・ウェルドン・ジョンソンやジェイムズ・リース・ヨーロップ、バート・ウィリアムズ、スコット・ジョプリンなど世紀転換期に活躍したアフリカ系アメリカ人作曲家の楽曲を数多く出版したことでも知られている（"The

Marks History"）。

マークスがラテン音楽に関心を示すきっかけとなったのは、一九二〇年代に息子のハーバートが新婚旅行でハバナを訪れ、そこでモイセス・シモンスやエルネスト・レクオーナなどの作曲家に魅せられてからである。一九二七年に正式に父親の会社に入社したハーバートは、〈アンダルシア〉（"Andalucia"）や〈ラ・コンパルサ〉（"La Comparsa"）などレクオーナの楽曲のコピーライトを積極的に獲得し、一九二〇年代以降のアメリカでのラテン音楽の人気を支えたのだ（Traiman 8）。

もちろん、アメリカ合衆国で「ラテン音楽」が流行したのはこのときが初めてではない。比較的有名なところでは一九一〇年代のタンゴ・ブームが挙げられるだろう。ブエノスアイレスからパリ経由でニューヨークに広がったタンゴの流行は、一九一三年にブロードウェイで上演された『サンシャイン・ガール』をもって始まったというのが定説である。のちにフレッド・アステアとジンジャー・ロジャーズによって映画化もされるカッスル夫妻はこのブロードウェイ作品に出演したことで人気が高まり、彼らが主宰するタンゴ教室はまたたくまに全米に広がった（Roberts 45）。これは全米規模でラテン文化が流行した初めての事例としてよく言及されるが、社交ダンスに合わせて流れていた音楽が本場のタンゴであることは少なく、この時点でラテン音楽そのものが流行したとは言い難い。

実際、一九三八年にビルボード誌に「ますます高まるラテン・アメリカ音楽の重要性」という記事を寄稿したマークスは、そこで「第一次世界大戦前にアルゼンチン・タンゴの紹介を試みたし、デ・ファリャやアルベニス、それにグラナドスなどのスペイン人がその国を代表する美しい曲を書いていたのも知っていた、またハバナやメキシコシティー、それにリオ・デ・ジャネイロから戻ってきた観光客が現地のダンス・カルチャーを絶賛するのも聞いていた」にもかかわらず、本当の意味でアメリカにおけるラテン音楽の可能性に気づいたのは、「一九三〇年八月」のことだと述べている。それは、世界的にヒットしていた〈南京豆売り〉(“Peanut Vendor”)をマークスがアメリカで売りだそうとまさに苦戦しているときであった。「フランス人やイタリア人はすぐに反応したが、アメリカ人やイギリス人は新しいリズムと馴染みのないメロディーを文字どおり学習する必要があったので、同じようにはいかなかった」と、彼はこの曲がアメリカでヒットするまでに時間がかかったことを振り返っている。最終的にはドン・アスピアス楽団のバージョンが大ヒットを記録し、ルンバの大流行に繋がるものの、マークスがラテン音楽について「アメリカ人はオリジナルのリズムの複雑さを習得できないので、シンプルにすべきである」と述べているのは示唆的である(Marks 76)。つまり、マークスはこの時点でラテン音楽の「リズム」はアメリカ人にとって理解しがたいものだと認識していたのだ。

次にエドワード・B・マークスの音楽出版社が話題に上るのは、一九四〇年代にラジオとASCAPが対立を深めたときである。長引く不況により収入が減少したASCAPは、新しいメディアで好調を維持していたラジオ業界との契約更新時に高額の楽曲使用料を請求し、両者の交渉は難航した。反発したラジオ局側は新たな著作権管理団体BMIを設立することで対抗したが、そもそも管理すべき楽曲がなければ交渉を有利に進めることはできない。そこでBMIは、ブルースやヒルビリー、そしてラテン音楽など当時のアメリカ音楽産業において周縁に位置し、ASCAPの管理下にない楽曲を可能なかぎり集めるが、それ以外にもこれまでASCAPに委託していた音楽出版社に管理先を変更するよう働きかけたのだ。そして一九四〇年十二月、翌一月一日付けでエドワード・B・マークス・ミュージック・コーポレーションのカタログ一万五千曲の実演権がＡＳＣＡＰからＢＭＩに移譲されることがアナウンスされた。このニュースを報じる記事では、マークスがティンパン・アレーの中でもっとも規模が大きい音楽出版社のひとつというだけでなく、「ラテン・アメリカの楽曲」を数多く含むことが強調されている（"Acquisition of Marks Catalog"）。

結局、ラジオ業界とＡＳＣＡＰの交渉は期日までにまとまらず、一九四一年一月一日からおよそ十ヶ月にわたり、全米のラジオからＡＳＣＡＰ登録の楽曲が一切流れないという異常事態が続いた。アメリカのポピュラー音楽史上、この「事件」が重視されるのは、このことをきっかけに多くのリスナーがブルースやヒルビリー、そしてラテン音楽などに触れるようになり、それが十数年後のロックンロール成立の下地を形成したといわれるからだ。その意味でも、マークスの出版社がこのタイミングで楽曲の管理をＡＳＣＡＰからＢＭＩに移したことは極めて重要だといえるだろう。

ちなみに、マークスのカタログをＢＭＩが獲得したことを報じる記事の後半には次のような記述がある。

> ＢＭＩが獲得した実演権でもうひとつ重要なのは、マークスと同じように現在ＡＳＣＡＰに登録されている出版社サザン・ミュージックのカタログのうち、五千曲以上のヒルビリー、レイス、それとノヴェルティー・ソングのセレクションである（"Acquisition of Marks Catalog"）。

マークスのエピソードも含めて、当時のＡＳＣＡＰとＢＭＩが楽曲の著作権をめぐって熾烈な争いを繰り広げていたことがうかがえる記述である。そして、このサザン・ミュージックこそが、ラルフ・ピアが設立した音楽出版社なのである。

二　ラルフ・ピアとメキシコ

ラルフ・ピアが最初にメキシコを訪れたのは一九二八年のことである。ビクター・トーキング・マシーン社がメキシコや中南米の市場で苦戦している理由を調査するためにピアを派遣したのだ。カントリー・ミュージック（このジャンル名はまだ存在しなかったが）史上、あまりに有名なブリストル・セッションズ――ジミー・ロジャーズとカーター・ファミリーが商業デビューするきっかけとなったレコーディングである――を前年に成功させたプロデューサーとして名を馳せたピアに、ビクターが白羽の矢を立てたのだろう（Mazor 159）。

ピアはメキシコに入るとすぐに設立したばかりの音楽出版社サザン・ミュージックの支社をメキシコシティーに置くようビクターに提案する。地域に根ざした作曲家とその地で契約するという、ブリストル・セッションズで成功したやり方をピアはここでも踏襲しようとしたのだろう。そして、あるコーヒーハウスでベラクルス地方のボレロを演奏していた作曲家のアグスティン・ララを「発見」したのだ。〈ソラメンテ・ウナ・ベス〉（"Solamente Una Vez"）、〈グラナダ〉（"Granada"）、〈マリア・ボニータ〉（"Maria Bonita"）などの曲を書いたメキシコの国民的作曲家の作風にはキューバ音楽の影響がみられ、メキシコの人々にとってもエキゾチックな魅力に満ちていた。音楽評論家バリー・メイザーがいうように、メキシコの人々にベラクルス地方の音楽を紹介することは、ヒルビリーやブルースを聞いたことがないアメリカ人にジミー・ロジャーズの歌と演奏を届けるのと同じことだった。地域に根ざしながら、その地域を超えて音楽を伝えることができる力のある歌手を見極める——ピアはアメリカで成功した手法をそのままメキシコにも適用し、ラテン音楽の収集に取り組み始めたのだ（Mazor 162）。

そして翌年、ピアとマークスの活動がテキサス州で交錯する。ピアはサンアントニオで滞在していたホテルの屋上で〈南京豆売り〉を耳にし、自分が扱うメキシコの楽曲がアメリカでもヒットする可能性に気付く。先に述べたように、〈南京豆売り〉はキューバの作曲家モイセス・シモンスが作曲し、リタ・モンタネルが歌い、アメリカではマークスの音楽出版社が権利を所持していた。のちに一九三一年にドン・アスピアス・アンド・ヒズ・ハバナ・カジノ・オーケストラが七週連続一位を記録したのを皮切りに、カリフォルニア・ランブラーズやレッド・ニコルズのバージョンも上位にランクインした結果、最終的に百万枚以上も売れる大ヒットとなり、アメリカ中にルンバ・ブームを巻き起こすのである。

〈南京豆売り〉をきっかけにアメリカに空前のラテン音楽ブームが訪れるが、その多くはラルフ・ピアが管理する楽曲であった。(1) 一九三九年だけでもピアは後述するアリ・バホーゾ作曲「ブラジルの水彩画」（"Aquarelo do Brasil" 一九四三年にザビア・クガートがビルボード誌で二位、ジミー・ドーシーが二位、四八年にレス・ポールが二二位）、マルガリータ・レクオーナ作曲「ババルー」（"Babalu" 一九四四年にザビア・クガートが二七位）、アルベルト・ドミンゲス作曲「フレネシ」（"Frenesi"

一九四〇年にアーティー・ショウが一位、四一年にウディ・ハーマンが一六位、グレン・ミラーが一六位）、そして「ペルフィディア」（"Perfidia" 一九四一年にザビア・クガートが三位、ジミー・ドーシーが九位、ベニー・グッドマンが十一位、グレン・ミラーが十一位、ジーン・クルーパが十五位）を出版しているのだ（Mazor 187）。[2] こうして一九三〇年代後半にアメリカ合衆国で本格化するラテン音楽のブームは、一体どのような政治的背景のもとで展開されたのだろうか。

三　ディズニーの「ラテン映画」

ラルフ・ピアと南米諸国の音楽との関係を考える上で非常に重要なプロジェクトがある。それは、『ラテン・アメリカの旅』（*Saludos Amigos* 1942）と『三人の騎士』（*The Three Caballeros* 1944）という、ディズニー社が第二次世界大戦中に製作した二つの映画作品である。厳密にはもうひとつ、『サウス・オブ・ザ・ボーダー・ウィズ・ディズニー』（*South of the Border with Disney* 1942）という関連作もあるが、これは『ラテン・アメリカの旅』の撮影時の舞台裏を収めたドキュメンタリーであり、通常の作品と同じ規模では公開されていない。

このプロジェクトには、そもそも大きな政治的な意図が込められていた。ナチス政権が南アメリカに影響力を及ぼしつつある状況を警戒したアメリカ政府が、ディズニー作品を利用してアメリカ的価値観を南米諸国に浸透させようとしたのだ（Hess 111）。もともとフランクリン・ローズヴェルト大統領は一九三三年の就任以来、中南米諸国に対するこれまでの強権的な態度をあらため、善隣政策

（Good Neighbor Policy）の採用を宣言していた。この政策のもと、一九四〇年八月に設立されたアメリカ大陸間問題調整局（Office of the Coordinator of Inter-American Affairs）が第二次世界大戦中のラテン・アメリカへの対外プロパガンダ政策を担うことになったが、ＯＣＩＡＡのトップに任命されたネルソン・ロックフェラー——スタンダード・オイル社創業者ジョン・ロックフェラーの孫である——は一九三〇年代にヴェネズエラで石油採掘に従事した際、この地域にナチスのプロパガンダ映画が広がりをみせていたことにいち早く気づいていたという（Mazor 204）。

一九四一年八月、ＯＣＩＡＡのバックアップにより、のちに「エル・グルーポ」と呼ばれるアニメーター、脚本家、それにミュージシャンで構成されるディズニー社のスタッフは映画制作の下調べも兼ねてブラジル、アルゼンチン、ボリヴィア、チリなど南米諸国へ出発する。実は、この時期に政府主導のプロジェクトに参加するにはディズニー側の事情もあった。『白雪姫』（*Snow White and the Seven Dwarfs* 1937）や『ピノキオ』（*Pinocchio* 1940）の制作過程で膨れ上がった負債により財政状況が悪化したディズニー社では、長時間労働や報酬をめぐり労使間に問題が生じ、五月にアニメーターがストライキを決行した（Watts 204）。問題が長引く可能性を憂慮したロイ・ディズニーの進言により、ウォルトは政府プロジェクトによる南米遠征を決断したのだ。

ディズニー映画では常に音楽が重要な役割を果たしてきたが、今回も作品にふさわしい挿入歌を現地で調達する必要があった。そして、最初の到着地リオ・デ・ジャネイロで一行が遭遇したのが、先述した〈ブラジルの水彩画〉とゼキーニャ・ヂ・アブレウ作曲の〈ティコ・ティコ〉（"Tico-Tico no Fubá"）である。帰国後の十二月にバーバンクのスタジオで作品の構想を練り始めたディズニーは、スタッフが南米で制作に励む実写パートと、チチカカ湖、アンデス山脈、ブエノスアイレス、そしてリオ・デ・ジャネイロを舞台にした「ドナルドのアンデス旅行」、「郵便飛行機ペドロ」、「グーフィーのガウチョ」、「ブラジルの水彩画」という四つの短編アニメーションを繋げ、上記二曲をフィーチャーした作品構成を決定した。そして、この二曲の国外使用に関する権利を管理していたのがラルフ・ピアだったのだ(Mazor 205-207)。

『ラテン・アメリカの旅』は一九四二年八月にブラジル、翌年の二月にアメリカで公開された。ブラジルはその直前に連合国に加盟したばかりであり、この作品はアメリカの善隣政策を象徴する作品となったのだ(Sadlier Ch.2)。〈ブラジルの水彩画〉と〈ティコ・ティコ〉はブラジルを舞台にした最後の短編の挿入歌に過ぎないが、全米で公開されると多くのミュージシャンに取り上げられ大ヒットを記録する。

ダーリン・J・サドリアが分析するように、作品自体は植民地主義的なレトリックとエキゾチシズムに溢れており、総じて南米のモダニティーより民俗性が強調される内容である(Sadlier Ch.2)。とはいえ、『ラテン・アメリカの旅』はアメリカ合衆国と南米諸国の双方の聴衆に熱狂的に受け入れられた。音楽制作の過程で現地の人脈や人気を重視するラルフ・ピアと、善隣政策の一環として南米を舞台にした作品を制作したウォルト・ディズニーの共同作業により、ブラジルの国民歌謡がアメリカに広まるきっかけとなったのだ。

一九四四年にメキシコで先行公開され、翌年にアメリカ合衆国でも公開された『三人の騎士』は、実写映像とアニメーションを合成したもっとも初期の作品としても知られている。ドナルド・ダック

〈アメリカ合衆国〉、ホセ・キャリオカ〈ブラジル〉、そしてパンチート〈メキシコ〉の三つのキャラクターを案内役として、複数のエピソードが展開される本作にもラルフ・ピアが管理する楽曲が数多く使用されている。なかでも印象的なのが、ピアが初めてメキシコを訪れた際に「発見」したアグスティン・ララの〈ソラメンテ・ウナ・ベス〉に英語詩がつけられ、〈ユー・ビロング・トゥ・マイ・ハート〉というタイトルで流れるシーンだろう。

また『ラテン・アメリカの旅』と同様、本作品でも情熱的な女性とのロマンスやリズムとダンスに溢れた日常など、南米のステレオタイプが随所に強調されているが、メキシコの「リロンゴ」とよばれるダンスを女性が踊るシーンで、ドナルド・ダックがジャズのステップで応答する場面がある。それは異なるリズムを刻む二つの文化が、それでも良き隣人としてともに踊ることができるという善隣政策を見事に表現した場面だといえるだろう。

四　ＭＧＭミュージカル

ディズニーが政府主導で南米を舞台にした作品を制作していたのとほぼ同じ時期に、ラテン音楽を大々的にフィーチャーした映画を世に送り出していたのがＭＧＭである。『世紀の女王』〈*Bathing Beauty* 1944〉、『姉妹と水兵』〈*Two Girls and A Sailor* 1944〉、『イージー・トゥ・ウェド』〈*Easy to Wed* 1946〉、『ホリデイ・イン・メキシコ』〈*Holiday in Mexico* 1946〉、『闘牛の女王』〈*Fiesta* 1947〉、『スイングの少女』〈*A Date with Judy* 1948〉、『オン・アン・アイランド・ウィズ・ユー』〈*On An Island with You*

ていた。
1948)、『ナンシー・ゴー・トゥ・リオ』(*Nancy Goes to Rio* 1949)など、この時期のMGM作品はラテン音楽がフィーチャーされているが、その楽曲の多くがラルフ・ピアの音楽出版社によって管理されていた。

これらの作品のなかで、ラテン音楽を象徴する存在として活躍したのがザビア・クガートである。スペインに生まれ、キューバで音楽教育を受けたクガートは一九二〇年ごろまでにアメリカに移住し、当初はロサンゼルス・タイムズなどに作品が掲載される漫画家としても活動していたようだ(Roberts 59)。実は先に紹介したエドワード・B・マークスは一九三八年に『ジ・アザー・アメリカズ』という中南米諸国の楽曲集を出版しているが、ザビア・クガートはこの本の挿絵を担当している。

クガートのアメリカ合衆国でのキャリアは一九三三年に転機を迎える。ニューヨークのウォルドルフ・アストリア・ホテルでレギュラー・バンドの控えとしてラテン・バンドが必要とされると、クガートに声が掛かったのだ。その後、ザビア・クガート・アンド・ヒズ・ウォルドルフ・アストリア・オーケストラはRCAビクターとコロンビアで多くのレコーディングを行うが、フレッド・アステアとリタ・ヘイワースが共演する『晴れて今宵は』(*You Were Never Lovelier* 1942)に出演したことがきっかけでハリウッド進出を果たす。

ラテン音楽の爆発的な流行は映画業界にも影響を及ぼし、そのことを見越したピアは〈クアント・レ・グスタ〉("Cuanto Le Gusta")や〈アルマ・ジャネーラ〉("Alma Llanerna")などの曲に英語詩をつける訳詞家を雇い、アメリカの音楽市場に照準を合わせていた。こうしてラルフ・ピアのラテン音楽のカタログをザビア・クガートが演奏するMGM映画が立て続けに製作されるのだ。

映画ではしばしばカルロス・ラミレスやリナ・ロメイなどスペイン語圏の俳優が歌唱を担当し、ラテン音楽の真正性を担保すると同時に観客に対する異国情緒も醸し出していた。中でもこの時期の南米のエキゾティシズムを象徴する俳優としてカルメン・ミランダを忘れるわけにいかないだろう。ポルトガルで生まれ、幼い頃にブラジルに移住したミランダは、一九三九年にアメリカのエンタテインメント業界に進出する。『遥かなるアルゼンチン』(*Down Argentine Way* 1940)でハリウッドデビューを果たすと一躍スターの地位を獲得し、一九四一年から四六年にかけて二十世紀FOXと契約して『ザッツ・ナイト・イン・リオ』(*That Night in Rio* 1941)、『ウィークエンド・イン・ハバナ』(*Week-End in Havana* 1941)、『ロッキーの春風』(*Springtime in the Rockies* 1942)、『ザ・ギャングズ・オール・ヒア』(*The Gang's All Here* 1943)、『グリニッチ・ヴィレッジ』(*Greenwich Village* 1944)などの作品に出演する。二十世紀FOXとの契約を終えると、ミランダは多くのMGM作品でザビア・クガートと共演を果たし、二人のコラボレーションから『スイングの少女』の挿入歌〈クアント・レ・グスタ〉という大ヒット曲が生まれたのだ。

カルメン・ミランダがアメリカで出演した作品のうち二十世紀FOXとMGMで異なるのは、前者の多くがハリー・ウォーレンやマーク・ゴードンなどティンパン・アレーの作曲家が音楽を担当したのに対して、後者はラルフ・ピアやエドワード・P・マークスが管理する現地の作曲家の曲が使用された点である。いうまでもなく、それはピアがラテン音楽の権利を所持していたからこそアメリカ国内でスムースに使用できたのだが、この違いは作品にいかなる効果をもたらしているだろうか。

五　ステレオタイプとコピーライト

冒頭で述べたとおり、ラルフ・ピアはルーツ・ミュージックのビジネスを通じてキャリアを築いてきた人物である。それはティンパン・アレーとは異なるサウンドやカルチャーに注目しながら、メインストリームの観客を意識してレコードを制作するプロセスだといえるだろう。その際、ピアがこだわっていたことのひとつが、現地で評判のいいミュージシャンを起用するという手法であることはすでに述べた。それは文化のオーセンティシティーを提示する上で非常に重要であり、中央の身勝手なステレオタイプで周縁のイメージが固定される状況を周到に回避する。だがそれとは別に、ピアはルーツ・ミュージックの商品化に関して新しいビジネスモデルを考案した人物としても知られている。彼は早い段階でレコード販売よりも著作権管理の方がはるかに儲かることに気づき、音楽出版社の経営を始めたのだ。しかも従来の出版社が作曲家と契約して楽曲を購入し、ソング・プラガーと呼ばれる宣伝担当者に報酬を支払うことで曲を広めていたのに対し、ピアはコピーライトを管理し、レコードの売り上げなどから印税収入を得るというシンプルなビジネスモデルに固執した。逆にいうと、ピアにとってコピーライトは決定的に重要であり、それが彼自身のビジネスを支えていたといえる(Peterson 38)。

だが、この手法はブルースやヒルビリー、あるいはラテン音楽など「周縁」の音楽にとってそれほど自明なことではない。なぜならルーツ・ミュージックの多くは作者不詳のパブリック・ドメインに属しており、そもそもコピーライトが存在しないからだ。ピアは必然的にミュージシャンにオリジナルの曲を作曲するよう促すことになるが、それはいかにも民謡風の楽曲を新たに創作することを意味している。こうしてラルフ・ピアの戦略には地域文化のオーセンティティーを担保すると同時に、ステレオタイプを再生産するようなインセンティブが組み込まれているとひとまずまとめることができるだろう。そしてそれは、ピアが一九二〇年代以降、実際に中南米諸国を訪れて獲得したラテン音楽のコピーライトについても同じことがいえる。カルメン・ミランダの出演作品で比較するならば、ハリー・ウォーレンのような作曲家が恣意的なステレオタイプを用いてラテン・アメリカを描写することはないが、現地の作曲家にその特質を内面化するような動機付けが与えられていたことは否めないだろう。

アメリカにおけるラテン音楽の全国的な流行は一九三〇年代以降に本格化する。エドワード・B・マークスが手がけた「南京豆売り」を契機としてルンバ・ブームが起こり、第二次世界大戦から太平洋戦争開戦前後に圧倒的な盛り上がりをみせるのだ。また、それはナチスの台頭を警戒するアメリカ合衆国が中南米諸国との絆を強めるローズヴェルト大統領の「善隣政策」を背景に生じた文化交流でもあった。

アメリカ合衆国が歴史上、南アメリカとの地政学的枠組みを初めて認識したモンロー・ドクトリンの時代の代表的なカルチャーがミンストレル・ショウだとすれば、第二次世界大戦前後のラテン表象はそれとは異なり——南北戦争以前の多くの芸人は実際に南部を訪れたこともなかった——現地のミュージシャンや音楽家を起用している点でたしかに文化的真正性は保証されている。しかし、ローズヴェルト大統領の善隣外交のもとで展開されるピアのコピーライトへのこだわりは、果たしてモンロー・ドクトリン期の、あるいはセオドア・ルーズヴェルトの棍棒外交・時期と比較してより支配的でない、対等な「隣人」関係を育んだといえるだろうか。ピアの著作権管理上の戦略とそれを使用した同時代のディズニーやMGMの作品を精査することで浮かび上がるのは、「周縁」のステレオタイプが別のかたちで内面化され、再生産されるインセンティブの導入であり、そのことによって「周縁」のイメージがなかば自発的に固定化されるプロセスである。こうして「良き隣人」の文化外交は、アメリカ合衆国の音楽産業を舞台にさらに巧妙にエキゾティシズムを商品化しつづけるのである。

◉註

(1)この時期のアメリカ音楽業界にラテン音楽がどのように流入したかを計測する手段のひとつとして当時のスター、ザビア・クガートの曲でランキングに入った数を年ごとに並べてみると、一九三五年に三曲、三六年に一曲、三九年に一曲、四〇年に四曲、四一年に五曲、四三年に二曲、四四年に二曲、四五年に一曲、四六年に一曲、四九年に一曲となり、太平洋戦争開戦前後にそのピークを迎えていることが窺える。

(2)順位は *Joel Whitburn's Pop Memories 1890-1954* を参照のこと。

◉引用文献

"Acquisition of Marks Catalog Adds 15,000 Numbers to BMI." *Broadcasting, Broadcast Advertising* 19.12 (December 15, 1940): 14. Print.

Filene, Benjamin. *Romancing the Folk: Public Memory & American Roots Music*. Chapel Hill: U of North Carolina P, 2000. Print.

Galm, Eric A. "Baianas, Malandros, and Samba: Listening to Brazil through Donald Duck's Ears." *Global Soundtracks: Worlds of Film Music*. Ed. Mark Slobin. Middletown: Wesleyan UP, 2008. 258-280. Print.

Friedwald, Will. Linernotes, *Maracas, Marimbas, and Mambos: Latin Classics at MGM*. Turner Entertainment 1997. Print.

Hernandez, Deborah Pacini. *Oye Como Va!: Hybridity and Identity in Latino Popular Music*. Philadelphia: Temple UP, 2010. Print.

Hess, Carol A. *Representing the Good Neighbor: Music, Difference, and the Pan American Dream*. New York, Oxford UP, 2013.

Marks, Edward B. "Growing Importance of Latin American Music." *The Billboard* 50.53 (December 31, 1938): 76-77.

"The Marks History," http://www.ebmarks.com/about/ accessed Jan. 20, 2016.

Mazor, Barry. *Ralph Peer and the Making of Popular Roots Music*. Chicago: Chicago Review Press, 2015. Print.

Peterson, Richard A. *Creating Country Music: Fabricating Authenticity*. Chicago: U of Chicago P, 1997. Print.

Roberts, John Storm. *The Latin Tinge: The Impact of Latin American Music on the United States*. New York: Oxford

UP, 1999. Print.
Romero, Ricardo ed. *The Other Americas: Album of Typical Central and South American Songs and Dances*. New York: Edward B. Marks, 1938. Print.
Sadlier, Darlene J. *Americans All: Good Neighbor Cultural Diplomacy in World War II*. Austin: U of Texas P, 2012.
Traiman, Steve. "What a Difference A Song Makes." *The Billboard* 106.41 (October 8, 1994): 8-11. Print.
Watts, Steven. *The Magic Kingdom: Walt Disney and the American Way of Life*. Columbia: U of Missouri P, 1997.
Whitburn, Joel. Ed. *Pop Memories 1890-1954: The History of American Popular Music*. Menomonee Falls: Record Research Inc. 1986.
西村秀人「第二次大戦中に製作されたディズニー映画とラテンアメリカ音楽の北米における普及」『イベロアメリカ研究』22.2 (2002): 81-88.

第五章

「長崎の鐘」と(ラテン)アメリカ
モンロー・ドクトリンの音楽的地政学

舌津智之

私は、この「長崎の鐘」を作曲する時、サトウハチローさんの詞の心と共に、これは、単に長崎だけではなく、この戦災の受難者全体に通じる歌だと感じ、打ちひしがれた人々のために再起を願って、「なぐさめ」の部分から長調に転じて力強くうたい上げた。

——古関裕而『鐘よ鳴り響け』(183)

一 モンロー・ドクトリンとラテン音楽

一八二三年にその端を発するモンロー・ドクトリンが、「一八九八年以降、国家の外交政策をめぐる主要な象徴として再浮上した」(Sexton 216)ことは、広く認識されている。すなわち、米西戦争へと邁進した合衆国は、世紀転換期を経て、ヨーロッパの支配から西半球を自立させるという大義のもと、事実上は自らの帝国主義的拡張政策を押し進め、カリブ海を拠点に遥かフィリピンやグアムなど、太平洋地域にまでもその軍事的・経済的・文化的支配権を一気に広げていったのである。

このプロセスにおいて最も強く米国の影響下に置かれることとなった国のひとつは、むろん、米西戦争の結果スペインから「自立」したキューバである。二〇世紀に入り、アメリカ大陸では南北の交流が急速に進むこととなるが、言語も文化も異なる他者同士の相互理解――そこには、生産的であれ破壊的であれ、誤解も含まれている――を促す重要な役割を担ったのが、キューバをその強力な発信源とするラテン音楽である。とりわけ、米国経由で世界規模の流行をみたルンバは、ほぼリアルタイムで日本にも輸入され、独自の発展を見せていた。そこで本稿は、日中戦争前から戦後占領期に至るまでの時代、和製ラテン歌謡がいかなる系譜を形成していたのか検証しつつ、アジアにも波及したモンロー・ドクトリンの行為遂行的効果を確認することで、日米関係が孕む根源的な二面性に光を投じてみたい。まずは、日本の事情へと話を広げる前に、ルンバをめぐる音楽的地政学の大枠を整理することが本論の前提作業となるだろう。

我々が一般にルンバと呼んでいる音楽は、実はルンバではなくキューバではソン（*son*）と呼ばれる音楽ジャンルで、「スペインのメロディーとアフリカのリズムの融合」を特徴とする。「北米人たちはソンに魅せられ、これをしばしばルンバと勘違いした」が、キューバにおける本来の「ルンバ」とは、「もっぱら性的なパントマイムとして男女が演じる舞踏」のことを指す。北米で最初にヒットしたいわゆるルンバの代表曲は、一九三〇年の「南京豆売り」だが、このレコードを売り出す際、ソンだと英語の「歌」(song)とまぎらわしいので、とりあえずキューバ風にルンバとジャンル名が付されて以来、音楽の実体と名称にねじれが生じることとなった(Pérez 199)。「ソンは、抜きん出て強くヨーロッパの影響を受けたジャンル」でありながら、その一方で、「元々はもっぱらアフリカ系キューバ人とその混血の人々と連想づけられ、(黒人・白人の)中産階級キューバ人からは「野蛮」かつ「堕落」したものとして見下されてきた、ストリート・ミュージックの一ジャンル」である(Moore 178)。このソンに由来するいわゆるルンバは、ジャズの発展に伴い、西洋白人音楽の強い影響下で確立されたものなので、キューバの伝統音楽というよりも、(スペイン性を内包する)キューバと合衆国との相互交渉から生まれた音楽であると言わねばならない。

こうした地政学的力学を最も顕著に体現するのが、ルンバ・キングといわれたこのジャンル最大の推進者、サビア・クガートである。彼は、米西戦争後の一九〇〇年にスペインで生まれ、幼くして一家でキューバへ移住しているので、出自としては東半球に一応のルーツを持っている。彼は、キューバでクラシックのバイオリンを学び、一二歳にしてハバナの国立劇場でオーケストラに加わるほどの頭角を現し、一九一五年、ニューヨークへ渡って音楽活動をはじめる。その後、クラシックからポピュラー音楽へと転向したクガートは、三〇年代に脚光を浴び、全米にルンバを広めることとなる(Firmat 188)。まさに、新大陸における南北の交通ないしは合衆国による西半球の囲い込みを象徴する音楽家であった。クガートのみならず、デシ・アルナスなど、「肌の色が明るいカリスマ的なミュージシャンたちは、非黒人性と熱帯への逃避、そして健全化された異国趣味こそがキューバ性であるというイメージないしはステレオタイプを生み出す結果をもたらした」(Abreu 1)。つまり、彼らの活躍とは、「アフリカ系キューバ人の表現文化をめぐる名称と一般的連想を借用し、それを新たな文脈、意味と機能に合わせ、根源的に改変された様式として「再発明」する」(Moore 178)という行為であった。このうねりは、メインストリームの米国大衆音楽の輪郭をも変えていく。当時、ティン・パン・アレイで活躍していたコール・ポーターもクガートに魅せられ、ラテン風のリズム感を打ち出しつつもラテン文化とは関係のない歌詞をつけた「ビギン・ザ・ビギン」(一九三五年)をヒットさせ、これが今度はクガートの楽団によってインストルメンタル・ナンバーとして演奏されることにもなった(Campbell 137)。こうした過程を経ることで、「北米の嗜好によって商業化を余儀なくされたルンバ、コンガ、マンボにチャチャチャは、キューバ人の作曲家や音楽家たちの手が届かないレベルにまで変容することとなった」(Pérez 216)。

ルンバに代表されるラテン音楽が流行した背景には、米西戦争後の国際情勢に加え、一九三〇年代以降のいわゆる善隣政策という政治的な流れがあったことは間違いない。その点、ラテン音楽とはまさに南北アメリカを統合するモンロー・ドクトリンの申し子であると言ってよい。それは、アンヘル・リベラの言葉を借りるなら、「合衆国の文化と、新たに再発見された「良き隣人」の活力に満ちたエキゾチックな他者性とをめぐる、複雑かつ象徴的な相互作用」(Rivera 87)であった。キャロル・ヘスが「音楽的汎アメリカ主義」と呼ぶこの現象は、なるほど、善隣政策の一環として合衆国政府の後ろ盾を得ていたが、同時に、「文化外交を進める政府の組織とは縁のない、驚くほど多くの作曲家や批評家が、一九三〇年代から一九四〇年代にかけ、ラテンアメリカ音楽に反応を示した」(Hess 7)のもまた事実である。そして、以下に詳述する通り、同時代における日本の大衆音楽シーンも、この

「音楽的汎アメリカ主義」と決して無縁ではありえなかった。

二　和製ルンバと転調の政治学

ルンバがアメリカ大陸で台頭した一九三〇年代前半から、この音楽は日本でも(当初は限定的ながら)着実に受容されていた。ビクターのCD、『リズムの変遷——日本ラテン傑作選 1931-1957』(一九九九年)の冒頭に収録されている和製の「南京豆売り」は、一九三一年に録音されている。あらゆる海外音楽の取り込みと同じく、ルンバの国内受容も、まずは原曲に日本語の歌詞を付したカバー版が作られる過程から始まった(1)。とりわけ注目したいのは、一九三三年のアステア＝ロジャース映画の挿入歌として書かれた同名の原曲をカバーする小林千代子の「カリオカ」(一九三四年)や、キューバの作曲家エルネスト・レクオーナの古典的名作「シボネイ」(一九二九年)を川畑文子が日本語で歌った「思い出のハヴァナ」(一九三四年)、そしてクガートの「チャイニーズ・ルンバ("Chino Soy")」(一九三五年)を「エノケン」こと榎本健一が宏川光子とデュエットした「支那のルムバ」(一九三六年)など、曲調が途中で短調から長調へと転ずる一連のルンバ作品である。マイナーコードで始まりメジャーコードへ移行するという転調の形式は、日本の大衆音楽に古くからあった伝統ではない。それは、ラテン音楽の受容と軌を一にする一九三〇年代の潮流として初めて顕著になるスタイルであり、戦後、和製ルンバの水脈が生成される中で、次第に日本独自の音楽風土の中へ取り込まれていったものではあるまいか。

一九三〇年代から四〇年代にかけ、国境をこえて広まった商業音楽としてのラテン・ナンバーは、短調から長調へ、という音楽形式を世界中の聴き手に強く印象づけていた。むろん、終始短調あるいは長調のまま転調しないルンバの楽曲も少なくないし、ルンバ以前にタンゴでも同様の転調は時に見られるが、ザビア・クガート楽団のテーマ曲「マイ・ショール」(一九三三年)がそうであったように、憂いを含んだ空気が一気に明るく晴れ渡るような感覚をもたらす転調の華やぎが、ルンバ音楽の大きな魅力の一部を成していることは疑いをいれない。このような構造を持つ楽曲を本稿では長調転調歌と呼び、その系譜上に戦後日本の復興を象徴する一九四九年のヒット曲、「長崎の鐘」を位置づけてみたい。本稿のエピグラフに引いたこの歌の作曲者、古関裕而の自己解説によると、彼は、日本の敗戦後、「打ちひしがれた人々のために再起を願って、「なぐさめ」の部分から長調に転じて力強くうたい上げた」のであって、作品の転調に自ら重要な意味づけを行っている。また、戦争をめぐる流行歌を分析する新井恵美子も、「長崎の鐘」の後半、「曲は長調になり明るく希望に向かって行くような感じがみんなに受けた」(156)と、この歌において転調が大きな意味を持ったことにふれている。すなわち、「長崎の鐘」に代表される日本の長調転調歌は、ラテン音楽の構造を戦後復興の文脈に換骨奪胎することで発展したのではないか、という仮説の検証を本稿は目指すこととなる。

そこで以下、「長崎の鐘」に先行する日本の主だった長調転調歌の系譜を、戦前に遡ってたどってみることとする。先にふれた最初期のカバー版ルンバ作品の中で、歌詞の面から主題的に注目されるべきは、榎本健一が一九三六年に歌った「支那のルムバ」である。これは、「南京娘」との恋の戯れをユーモラスに描いた作品だが、同じ一九三六年には、サトウハチローの作詞でルンバの古典をカバーする「エノケンの南京豆売り」も録音されている。中国経由で日本へ入ってきたピーナッツが「南京豆」と呼ばれていたのは偶然だとしても、これら最初期の和製ルンバ作品が「支那」や「南京」をテーマにしていたことの政治性は無視できない(2)。クガート作品を翻案した「支那のルムバ」は、三年後の一九三九年、「姑娘《クーニャン》可愛いや」という題名と別の歌詞を付され、岸井明と平井英子によって歌われた。たどたどしい口調で平井が演じて歌う中国娘は、やはり「南京育ち」で、「桜咲く国」に憧れている。この歌は、「姑娘《クーニャン》可愛いやお嫁にほしい」(岸井)、「いいえ姑娘《クーニャン》まだ年若い／けれど仲良く致しましょうね」(平井)、「広い大陸、新天地」(平井・岸井)と掛けあう男女のデュエットで結ばれている。これは、アジア内部におけるオリエンタリズム、あるいはアメリカの帝国主義的「善隣」政策の反復であると言わざるをえない。この文脈で想起しなければならないのは、とりわけ満州事変以降、日本の外交政策が、ほかでもないモンロー・ドクトリンにそのモデルを求めていたことである。中嶋啓雄が「モンロー・ドクトリン、アジア・モンロー主義と日米の国際秩序観」と題する論考で検証している通り、「西半球におけるアメリカの排他的論理の正当化にしばしば利用されてきたモンロー・ドクトリンを通じて、日本の東アジア・東南アジアにおける侵略行為を正当化しようとした」(63)のが大東亜共栄圏という概念であったことは強調に値する。

だが、「長崎の鐘」の直接のルーツとなる戦前の長調転調歌としては、藤山一郎によって歌われた「東京ラプソディ」(一九三六年)を挙げるべきだろう。この歌は、ルンバから明らかな音楽的影響を受けた作品ではないものの、日本の流行歌史上、転調のダイナミズムを広く一般大衆に認知させた最初のヒット曲であると言ってよい。高音に飛んで長調へ移行する「楽し都、恋の都」という転調部の高揚感と開放感が、この歌の核心的な魅力となっているからである。作曲者である古賀政男は、ギターやマンドリンへの関心からスペインの音楽に精通していたことはよく知られており、「東京ラプソディ」の旋律もスペイン民謡の「剽窃」だとしばしば指摘されてきたが、そもそも、ルンバに特徴的な短調から長調への転調という形式は、スペイン的な哀愁と情熱の二重性にその源流を見出すことができる。古賀は、一九二九年十月二六日にギター奏者アンドレス・セゴビアの来日コンサートを聴き（「セゴビア」23）、「そこからインスピレーションを得て一気に詞と曲を書きあげた」結果が「影を慕いて」となり(24)、これは一九三二年、藤山一郎の歌でヒットを記録する。ちなみにこのコンサートでセゴビアが演奏した楽曲のうち、「影を慕いて」でも言及されるトレモロ奏法を用いているのが、長調転調の形式を打ち出す「アルハンブラの思い出」であった(15)。つまり古賀は、新大陸経由というよりも、スペイン本国の音楽伝統から転調のスタイルを直接学んだ可能性が高い。ともあれ、「東京ラプソディ」は、藤山一郎と転調歌の連想を最初に確立した作品であり、その意味において、戦争をはさみ約十年の時間差があるとはいえ、同じ東京賛歌でもある「夢淡き東京」（一九四七年）と並置されるべき楽曲にほかならない。

「東京ラプソディ」と「夢淡き東京」の二曲を比較してみると、まず、両者の歌い出しの歌詞の類似性が目に留まる。「花咲き花散る宵も／銀座の柳の下で」という前者の舞台設定は、後者における「柳青める日／つばめが銀座を飛ぶ日」と響きあう。季節は、それぞれの樹木の描写から、（希望を示唆する）春から初夏であることが読み取れる。また、「待つは君ひとり」で「逢えば行く喫茶店《ティールーム》」という前者の都会描写は、やはりモダンな都市空間を描く「誰を待つ心／可愛いガラス窓」という後者の一節に呼応する。さらに、「夢淡き東京」と「長崎の鐘」を比べると、両者は、同じ作詞家（サトウハチロー）、作曲家（古関裕而）、歌い手（藤山一郎）のトリオで作られた作品であることに気づく。換言するならば、「長崎の鐘」をリアルタイムで聴いたリスナーが、二年前のヒット曲である「夢淡き東京」を心のどこかで想起したとしても不思議はない。これら二曲は、ともに長調転調歌であるという以上に、リズムやメロディーがとくにラテン音楽性を帯びている作品ではないが、作曲を担当した古関は幼少期からレコードに親しみ、音楽家として国際舞台でも活躍し、行進曲を得意としたことから米国のフィリップ・スーザと比較されるなど、アメリカ大陸を含む海外の音楽に造詣の深かったことは言うまでもない。[3]「夢淡き東京」が中間部で長調に転ずる部分の歌詞を聞くと、「かすむは春の青空か／あの屋根はかがやく聖路加か」と、高く空へと視線の向かっていることがわかる。この「青空」は、「長崎の鐘」の冒頭に描かれる「こよなく晴れた青空」へと連続しているし、サトウハチローは、「リンゴの唄」（一九四六年）でも「黙って見ている青い空」を印象的に描き込んでおり、これは戦後の希望を象徴するモチーフとなっている。また、医者の代名詞ともなっている聖書のルカに由来する「聖路加」を歌詞に歌い込む「夢淡き東京」は、キリスト教的心象風景を示唆しつつ、戦争という傷からの治癒や恢復のイメージを押し出している点で、「長崎の鐘」の宗教的メッセージを先取りしているとも言える。

　ここで再び音楽ジャンルとしてのルンバの系譜に立ち返ってみると、戦時中は当然、男女の恋愛や享楽と結びつく「軽佻浮薄」な音楽は一切、放送や発売が禁止されたため、三益愛子の「おやおやルンバ」、由利あけみの「ルンバ東京」、楠木繁夫の「ルンバ 1940」あたり——いずれも一九三九年に録音された明るい長調歌である――を最後に、和製ルンバの伝統もしばらくは空白の時代を迎えることとなる。そして戦後、この沈黙を打ち破り、「情熱に燃えて咲く」「乙女の夢の花」に託し、「切ないこの胸をきざむリズム」を歌い上げたのが、二葉あき子の「バラのルンバ」(一九四八年)である。これは、服部良一の作詞作曲(ただし作詞は「村雨まさを」のペンネーム)による長調転調歌だが、軽快さやユーモアを特徴とするそれまでの和製ルンバとは一線を画し、抒情や熱情に訴える格調高さが際立つ作品である。ここで、同時代の間テクスト的交渉として注目すべきは、長調に転調する後半部で、「清らかな白薔薇は若き日の淡き夢」と歌われる箇所である。これは、前年に、「淡き夢の町」を歌った転調歌、「夢淡き東京」にオマージュを捧げるしぐさではあるまいか。そして、転調の構造をルンバというラテン音楽ジャンルと明示的に連想づけた「バラのルンバ」を知る聴き手であれば、この歌の翌年にヒットする「長崎の鐘」の転調に、少なからずラテン的な連想を重ねえたはずである。

思えば、「長崎の鐘」が発表された一九四九年は、ある意味、日本におけるラテン音楽ルネッサンス元年であった。同年九月には、戦後のラテン音楽ブームを牽引することとなる東京キューバン・ボーイズが結成されている。このラテン楽団のリーダーである見砂直照によると、そもそも戦前は「ラテン音楽」という呼び名さえなかったが(青木 148)、洋楽統制の解けた戦後、彼はラジオの進駐軍放送を聴いてザビア・クガートに惚れ込み、自ら楽団の結成に至ったという(154)。加えて、藤山一郎とラテン歌謡との密接な関係も忘れてはならない。「長崎の鐘」は一九四九年の七月に発売されたが、同じ七月には、藤山が長調転調歌である「カスタネットタンゴ」をカバーしている。オリジナルは、服部良一の作曲により、藤川光男が歌った一九三五年の作品である。タンゴは、音楽的起源からいっても、日本での受容史においても、ルンバより古い歴史を持っているが、曲調は基本的に短調であり、長調へ転調することは少ない(4)。そのような中、「カスタネットタンゴ」は例外的な転調歌である。実のところ、藤山一郎は特筆されるべき和製タンゴの歌い手であり、戦前から「赤い花」(一九三三年)、「恋のそよ風」(一九三六年)や「恋の饗宴」(一九三六年)、戦後にも「銀座セレナーデ」(一九四六年)といったタンゴ調の作品を発表している。ただしカスタネットはヨーロッパ起源の楽器なので、「カスタネットタンゴ」がコンチネンタル・タンゴをイメージしているなら、厳密にはそれをラテン音楽と呼ぶべきではないが、もとより和製タンゴに旧大陸と新大陸の音楽的な区別があるとは思われない。そもそも、ルンバ・キングと呼ばれたザビア・クガートの音楽も、「キューバに加え、スペイン、メキシコ、アルゼンチン、ブラジルに、言うまでもなく合衆国の影響を受けた音楽スタイルのごった煮」(Moore 179)であり、明瞭なジャンル分けには馴染まない。藤山一郎はまた、スペイン起源の舞曲であるボレロにヒントを得た「懐かしのボレロ」(一九三九年)を歌ってもいるが、ボレロというのはラテン音楽の源流でもあった。こうしてみると、「長崎の鐘」は、なるほどそれ自体を切り取ってもおそらくルンバには聞こえないとしても、上に論じた歴史的文脈――曲調、歌詞、歌手をめぐる多角的なネットワーク――のうちにこれを位置づけるとき、そこには西半球の音楽文化を透かし出すのに十分な背景が見えてくる。

三 「長崎の鐘」と半球の相克

前節では、「長崎の鐘」の(ラテン)アメリカ性を、日本における長調転調歌の系譜のうちにあとづけたが、本節では同じ歌が西半球から逸れ、むしろ東半球へと接近するベクトルについて考える。その際に鍵となるのは、歌の言葉に込められた宗教的なレトリックの政治的射程である。それはむろん、長崎という土地の伝統に由来する必然ではあるが、本稿では伝統より個人的才能の意味を掘り下げる。「長崎の鐘」は、詞を書いたサトウハチローと、その「原作」となる手記を著した永井隆という、二人の非凡な感性によって初めて生まれえた作品だからである。

岩手県北上市にあるサトウハチロー記念館には、佐藤八郎が愛用していた署名入りの『古今聖歌集』が展示されており、「母のはると、姉の喜美子は敬虔なクリスチャン」であり、「讃美歌を通じて楽譜に親しみ、読めるようになった」八郎についての説明文が添えられている。このように幼少期から教会体験のあったハチローが紡ぐ「長崎の鐘」のテクストは、表層的な文飾をこえた緻密な意味の重層性を秘めている。たとえば、「うねりの波の人の世に／はかなく生きる野の花よ」と、人の命を花に重ね見る暗喩には、一見何気ないフレーズに見える「野の花」の意味づけをめぐる聖書的な奥行きがある。まず、人を草に喩えた有名なイザヤ書の四〇章六節――「肉なる者は皆、草に等しい。永らえても、すべては野の花のようなもの」――という一節が思い起こされる。また、「自分の命のことで何を食べようか何を飲もうかと、また自分の体のことで何を着ようかと思い悩むな。命は食べ物よりも大切であり、体は衣服よりも大切ではないか」と教えるマタイ伝の六章(二五節)は、「野の花がどのように育つのか、注意して見なさい。働きもせず、紡ぎもしない。しかし、言っておく。栄華を極めたソロモンでさえ、この花の一つほどにも着飾ってはいなかった」(二八―二九節)と、清貧の美徳を説いている。

このようなキリスト教への近づきは、一面において、神道の政治利用によって靖国と特攻隊を正当化した軍国主義からの離脱を示唆しうる。それはしかし、決して米国への接近を意味してはいない。この歌に宿る日米の緊張関係を正しく理解するには、「長崎の鐘」のインターテクストとしてある永井隆の『長崎の鐘』を同時に見据える必要がある。この永井の手記には「米国批判は一言も含まれてはいなかった」ものの、「原爆に関する書籍は出版は許可されなかった」ため、「結局日本軍の加虐の歴史「マニラの悲劇」を付記することでようやくGHQは出版を許し」、それは「十万部の売り上げとなった」(新井 155)。しかし、原著と歌の具体的な呼応関係についてはこれまで詳しくは論じられていない。永井隆は、一九二八年に長崎医科大学へ入学し、卒業後も母校で放射線医学の研究を続けるかたわら、一九三四年にはカトリックに改宗して洗礼を受けているが、白血病を発症したのち被爆して重傷を負い、一九五一年に世を去るまでは、その被爆体験にもとづく一連の著述活動を行った人物である(永井元 770-73)。

サトウハチロー作詞の「長崎の鐘」は、原爆で妻を亡くした男の想いを歌っている。この設定は、永井の『長崎の鐘』に登場する市太郎というカトリック信者の状況とも重なっている。手記の語り手は、浦上天主堂の合同葬で読むつもりだという弔辞を市太郎に読ませる。ここで興味深いのは、日本の敗戦を聖母マリアとの関連において捉える以下のような記述である。

八月十五日終戦の大詔が発せられ、世界あまねく平和の日を迎えたのでありますが、この日は聖母の被昇天の大祝日に当っておりました。浦上天主堂が聖母に捧げられたものであることを想い起こします。これらの事件の奇しき一致は果たして偶然でありましょうか？……終戦と浦上潰滅との間に深い関係がありはしないか。世界大戦争という人類の罪悪の償いとして、日本唯一の聖地浦上が犠牲の祭壇に屠られ燃やさるべき潔き羔《こひつじ》として選ばれたのではないでしょうか？（『長崎の鐘』78）

（図1）「長崎の鐘」楽譜（浦上天主堂前、永川とも子氏撮影）

被昇天の概念は、聖母マリアがキリストによって天に召されたことを祝すカトリシズムの信仰にもとづいているが、「長崎の鐘」の歌詞に、「こころの罪をうちあけて」という、すぐれてカトリック的な告解のモチーフが織り込まれている理由は、上記のような「世界大戦争という人類の罪悪」を認知する信者の宗教意識によって説明されうるだろう。浦上天主堂の建設は、明治二八年（一八九五年）に始まっているが、完成したのは大正十四年（一九二五年）であり、実に三〇年の年月を要している。「信者たちは、貧しい生活の中から、醵金《きょきん》と労力奉仕をつづけた」(片岡 187)のである。「貧しき家の柱にも/気高く白きマリア様」と、「長崎の鐘」に歌われる所以である。浦上天主堂の前の通りの歩道には現在、「長崎の鐘」の歌詞と楽譜が刻まれているが(図1)、原爆投下の当日、永井の言葉を借りれば「犠牲の祭壇」と化した浦上の被害は甚大であった(5)。

さらに、サトウハチローの「長崎の鐘」のリフレインに強調される「慰め」と前向きな希望のビジョンは、同じ弔辞の以下の部分と響きあっている。

日本人がこれから歩まねばならぬ敗戦国民の道は苦難と悲惨にみちたものであり、ポツダム宣言によって課せられる賠償は誠に大きな重荷であります。この重荷を負い行くこの苦難の道こそ、罪人われらに償いを果たす機会を与える希望への道ではありますまいか。福なるかな泣く人、彼等は慰めらるべければなり。私たちはこの賠償の道を正直に、ごまかさずに歩みゆかねばなりません。嘲られ、罵られ、鞭打たれ、汗を流し、血にまみれ、飢え渇きつつこの道をゆくとき、カルワリオの丘に十字架を担ぎ登り給いしキリストは、私共に勇気をつけて下さいましょう。(80)

「原罪なくして宿り給いし聖マリア」(85)への祈りによって結ばれている『長崎の鐘』は、悲惨な戦禍をもたらした帝国の欲望を指弾する。「戦争はもうかる商売」だと考える、「潰さねばならぬ階級」の人間たちが、この先も「好戦的な宣伝」によって「若い純情な青年をそそのかして復讐などを教え込む」のではないかとの危惧は(74)、あまりにも今日的な問題としてまさに我々の目の前にある。

「長崎の鐘」をめぐる物語のこうしたカトリック性——すなわち、非・合衆国性——を指し示す重要なモチーフは、二番の歌詞で言及される「形見に残るロザリオ」である。このイメージの背後に宿るエピソードは、永井のエッセイ集『ロザリオの鎖』に詳しい。永井の妻は、研究者である夫の使命を誰よりも理解し、その成果が活字の論文になると、「専門術語の並んだ、読んでも理解できぬ文章」のうちに「夫の生命が、ちょうど、かつおぶしのように削りこんであるのを知」り、「涙さえ浮かべて読んでゆく」女性であったという。そんな永井家が、日々の暮らしの中で最も幸せを感じていたのは、「鐘楼から寄せ鐘がやさしく清く鳴り渡る」「日曜日の朝」に、「みんなそろって天主堂へミサ拝聴に参る時」にほかならなかった(『ロザリオの鎖』160)。しかし、原爆投下後、大学から自宅へ戻った永井が目にしたのは、「焼け尽した中に残った骨盤と腰椎」の「黒い塊」と、「十字架のついたロザリオの鎖」のみであった(162)。

キリスト教が主題とはいえ、「長崎の鐘」がプロテスタントの北米文化から意識的に距離を置いていることは、この妻の形見にふれる箇所を歌う藤山一郎の歌唱法によって補強されている。すなわち藤山は、録音されたバージョンにおいても、ステージ上でのパフォーマンスにおいても、必ず「ロザリオ」の「ロ」の音を巻き舌で発音しているのである。ラテン系の言語を特徴づけるこの発音を前景化することで藤山は、ヨーロッパに由来する長崎のキリシタン文化の長い歴史に象徴的な敬意を表していると言ってよい。(ちなみに「ロザリオ」や「マリア」が呼び覚ますカトリシズムのモチーフは、「長崎の鐘」から二年の時を経て、丘灯至夫が詞を書き、同じく藤山が歌った「長崎の雨」でも繰り返されることとなる。)

「長崎の鐘」が発表された一九四九年は奇しくも、フランシスコ・ザビエルの渡来四百周年にあたり、全国規模で記念行事が催されていた。浦上カトリック教会で開かれた記念式典には、病床の永井隆も担架で運ばれ参列し、「聖腕を拝見し、接吻」した(永井元 775)。この象徴的な年に誕生した「長崎の鐘」という楽曲は、(「救世主」を意味する)同じ綴りの名前(Xavier)を持つ二人のスペイン人に由来する聖と俗の文化——フランシスコ・ザビエルのキリスト教とザビア・クガートのラテン音楽——のエッセンスを同時に内包することで、いわば、西半球と東半球の双方をその内側に共存させている。

おわりに——ナガサキからフクシマへ

本稿の結びに、戦後を象徴する「長崎の鐘」が、二一世紀を生きる我々に対していかなる示唆を与えうるのか、すなわち、この楽曲が有する今日性とは何かに光を当てるべく、大衆音楽史における長崎と福島の連続性の一端を確認しておくことにしたい。「長崎の鐘」を作曲した古関は、その二年前に「雨のオランダ坂」(一九四七年)、二年後には「長崎の雨」(一九五一年)を世に問うており、原爆以降の長崎と縁の深い音楽家である。一方、古関自身は福島の出身であり、福島市の名誉市民でもある。

JR福島駅の東口駅前広場には、彼の生誕百年を記念して、二〇〇九年、オルガンを演奏する作曲家の銅像が作られた(図2)。実際、福島の人脈から生まれた古関作品は数多い。「あこがれの郵便馬

（図２）古関裕而記念碑（福島駅東口、筆者撮影）

車」（一九五一年）や「高原列車は行く」（一九五四年）などのヒット曲を古関とのコンビで生み出した作詞家の丘灯至夫は福島県の出身であったし、古関が曲を書いた戦時歌謡の「暁に祈る」（一九四〇年）や、高校野球のテーマソングとして知られる「栄冠は君に輝く」（一九四八年）を歌った歌手の伊藤久男もまた福島県人であった(6)。

こうして「長崎の鐘」の作曲者を育てた福島という土地が、二〇一一年以降、放射能問題をめぐり世界的な注目を集めることになったのは、歴史の皮肉である。三・一一の震災直後、「ネットや海外メディアでは、原発事故と「ヒロシマ、ナガサキ」を直結させる言論があふれていたし」、ほどなくして、「日本のマスメディア上でも「被ばく」という観点から原発事故と原爆を結びつける言論が増えていった」（直野 10）。事故の翌年には、ドイツの電子音楽バンドであるクラフトワークが来日し、世界の被爆地名を列挙するプロテスト・ソング「放射能」に新しく「フクシマ」の地名を加えたライブを行った。こうした流れの中、二〇一二年の紅白歌合戦に三輪明宏が初出場を果たし、「ヨイトマケの唄」（一九六五年）を歌った意味について以下、考察を加える。

本稿の主題とは一見関わりなく見えるかもしれない三輪の歌に関して注目されるべきは、「どんなきれいな歌よりも／どんなきれいな声よりも／僕を励まし、慰めた／かあちゃんの歌こそ世界一」という、今は亡き母を想う語り手の言葉である。ここで「励まし」と「慰め」を組み合わせるフレーズは、「長崎の鐘」のリフレインに歌われる「慰め、励まし」を反芻するものであることを見過ごしてはならない。三輪自身が長崎の出身であり、十歳のときに原爆を目の当たりにし、今なお当時の体験を語り継いでいることを思えば、この反芻が単なる偶然であるとは考え難い。さらに、三輪にとっての震災が、長崎の記憶と不可分であることは、彼が、続く二〇一三年の紅白で、「原爆の火の中を逃げて走った思い出」から生まれた「ふるさとの空の下に」を歌ったことからも明白である。六〇年代当初、「ヨイトマケの唄」がシングル版のレコードとなった際、B面にカップリングされたのが「ふるさとの空の下で」(オリジナル版のタイトル末尾は「に」ではなく「で」)であった。三輪は、この選曲について、みずからの公式ブログで、「福島や被災地で未だに苦しんでいる人達に、どんなに辛く苦しい状況でも、しっかり立ち直り生きていくことが出来る、日本人は凄い生命力、復活力を持っている、歴史がそれを証明している、そんなメッセージを伝えたくてこの歌にしました」と語っている(三輪)。「この長崎の青い空がいつも励ましてくれたんだ」という歌の言葉にも、「長崎の鐘」の「励まし」が密かに息づいているし、「長崎の青い空」は、「こよなく晴れた青空」を歌う「長崎の鐘」の冒頭部を想起させずにおかない。

「長崎の鐘」が、カトリシズムの前景化によって、原爆を落とした米国との距離感を暗示した一方で、冷戦期に作られた「ヨイトマケの唄」は、ロシア民謡に接近することで、西半球の覇権からは意識的に距離を取った。三輪(その頃は丸山)の歌は、ボニージャックスやダークダックスが活躍した歌声喫茶の同時代に日本語でも愛唱されていた「ヴォルガの舟歌」をふまえているように思われる。

「ヨイトマケ」とは、このロシア民謡に歌われた「それ捲け綱を」という重労働の作業を彷彿させるし、二曲の導入部を比較すれば、一方は「もひとつおまけにエンヤコラ」、他方は「もひとつエイコラ」と、どちらも肉体労働者の掛け声を前面に出している。「ヨイトマケの唄」が発表された三年前にはキューバ危機が勃発しており、ルンバの母国は当時、米ソ対立の象徴的磁場と化していたことに照らすなら、ロシアの歌への歩み寄りとはひるがえって、アメリカ的な資本主義と階級格差の病理に対する抵抗の身振りとなりうるだろう。

震災後に実現した三輪の紅白出場は、ＬＧＢＴに対する社会的受容の高まりなど、さまざまな要因が複合的に絡みあった結果と見るべきではあるが、「ヨイトマケの唄」を二〇一二年のステージで改めて歌った彼のパフォーマンスは、何よりもまず、ナガサキとフクシマの記憶をつなぎつつ、国家的暴力に抗う社会的弱者の連帯を訴えるものであったと読み解くことができる。三輪が登場する以前、紅白に出場した歌手の最年長記録は、藤山一郎の七八歳であったが、二〇一三年に「ふるさとの空の下に」を歌った三輪は、この記録に並び、さらにその後記録を更新することとなる。藤山が紅白で合計四回歌った「長崎の鐘」において、「気高く白きマリア様」を信ずる「貧しき家」へと向けられた階級的共感は、「貧しき土方」――この「差別語」により「ヨイトマケの唄」は長年、放送禁止となっていたのだが――を称える三輪の熱唱へと受け継がれたのである。

以上、モンロー・ドクトリンに由来する米国中心主義への接近と抵抗が、実は戦後日本の歌謡史のうちにも刻印されている状況を検証した。「長崎の鐘」から「ヨイトマケの唄」への間テクスト的連続性があぶり出すのは、絶望的に思われる状況の中にあっても、未来への希望を見出そうとする虐げられた人間の生命力であり、それは、戦後に加速した西洋化・グローバル化の流れを受け止めつつも、盲目的な米国化のプロセスには与しない日本人の「グローカル」な情動を前景化する。敗戦から七〇年が過ぎ、格差社会の容認と日米軍事同盟の強化へとひた走る今日の日本は、かつてない暴力的な資本主義国家に変貌しつつあると言わざるをえない。そのような中、ある種の大衆音楽作品は、国の政策を動かす力を持たないとしても、国益の恩恵を受けない一般庶民の個人的な苦楽に寄り添いながら、地球という名の惑星における自国の位置を相対化する思考力と想像力の深化を聴き手に促す民主的な可能性へと開かれている。

◉註

(1)以下、本稿で言及する戦前・戦中の音楽作品については、前述のCD『リズムの変遷』、国立国会図書館デジタルコレクションの「歴史的音源」(http://rekion.dl.ndl.go.jp/)、もしくはYouTubeにて視聴ないしは詳細情報の確認が可能である。

(2)李香蘭/山口淑子が歌った不朽の名作「夜来香」も、リズムは明らかにルンバの要素を取り入れており、日本と中国とルンバの相互関係は深い。

(3)古関が一九五七年に作曲した「東京の瞳」(野村俊夫作詞、山本富士子歌唱)は、終始長調で転調はしないものの、前奏からラテン・パーカッションを響かせるルンバ調の楽曲であり、古関がラテン音楽にも通じていたことを示す一例である。

(4)最初期の和製タンゴとされる河原喜久恵の「麗人の唄」(一九三〇年、サトウハチロー作詞)、淡谷のり子の「私此頃憂鬱よ」(一九三一年、古賀政男作曲)、あるいは松平晃の「涙のタンゴ」(一九三七年、服部良一作曲)など、いずれも短調で統一された楽曲である。

(5)キリシタンの迫害史を記録した文書によると、「昭和二〇年八月九日、一一時二分、原爆のため倒壊した浦上天主堂は、夜に入って炎上した。天主堂が倒壊したとき教会の中にいた西田・玉屋両神父と、信者数十名が天主堂と運命を共にした。浦上教会区一万二〇〇〇名の信者のうち、八五〇〇人がこの日、生命を失い、全村ほとんど焼野原と化した」(片岡 188)。

(6)福島市内の古関裕而記念館で販売されている古関作品の歌詞集には、地元にちなむ「福島音頭」(一九三一)や「磐梯吾妻小唄」(一九六〇)、そして竹久夢二との交流から生まれた「福島夜曲」(一九三二)などの作品についても解説が付されている(『古関裕而歌詞集』21-24)。

◉引用文献

Abreu, Christina D. *Rhythms of Race: Cuban Musicians and the Making of Latino New York City and Miami, 1940-1960.* Chapel Hill: U of North Carolina P, 2015. Print.

Campbell, Michael. *Popular Music in America: The Beat Goes On.* Fourth Edition. Boston: Schirmer, 2013. Print.

Firmat, Gustavo Pérez. "Cugat, Xavier." *Latin Music: Musicians, Genres, and Themes*. Volume 1. Ed. Ilan Stavans. Santa Barbara: Greenwood, 2014. 188-190. Print.

Hess, Carol A. *Representing the Good Neighbor: Music, Difference, and the Pan American Dream*. New York: Oxford UP, 2013. Print.

Moore, Robin. "The Commercial Rumba: Afrocuban Arts as International Popular Culture." *Latin American Music Review* 16.2 (1995): 165-198. *JSTOR*. Web. Jan. 2, 2016.

Pérez, Louis A., Jr. *On Becoming Cuban: Identity, Nationality, and Culture*. Chapel Hill: U of North Carolina P, 1999. Print.

Rivera, Ángel G. Quintero. "Migration, Ethnicity, and Interactions between United States and Hispanic Caribbean Popular Culture." Trans. Mariana Ortega Breña. *Latin American Perspectives* 34.1 (2007): 83-93. JSTOR. Web. Jan. 2, 2016.

Sexton, Jay. *The Monroe Doctrine: Empire and Nation in Nineteenth-Century America*. New York: Hill and Wang, 2011. Print.

青木誠『ぼくらのラテン・ミュージック——ものがたり日本中南米音楽史』リットーミュージック、一九九六年。

新井恵美子『哀しい歌たち——戦争と歌の記憶』マガジンハウス、一九九九年。

片岡弥吉「長崎の切支丹」、『キリシタン迫害と殉教の記録(上巻)』助野健太郎・山田野理夫編、フリープレス、二〇一〇年、一一九—一八九頁。

古関裕而『鐘よ鳴り響け』日本図書センター、一九九七年。

『古関裕而作品歌詞集』一般社団法人ふくしま応援、二〇一三年。

「セゴビア初来日から80年を経て」『現代ギター』四三巻一三号、二〇〇九年、一四―二五頁。

直野章子『被ばくと補償――広島、長崎、そして福島』平凡社新書、二〇一一年。

永井隆『長崎の鐘』、『永井隆全集　第二巻』サンパウロ、二〇〇三年、五―八五頁。

――『ロザリオの鎖』、『永井隆全集　第三巻』サンパウロ、二〇〇三年、一五五―二九三頁。

永井元編「永井隆年譜要旨」、『永井隆全集　第三巻』サンパウロ、二〇〇三年、七七〇―七七七頁。

中嶋啓雄「モンロー・ドクトリン、アジア・モンロー主義と日米の国際秩序観――戦前・戦中期における日本のモンロー・ドクトリン論を手掛かりに」、『アメリカ研究』四九号、二〇一五年、六一―八〇頁。

三輪明宏「ふるさとの空の下に」、『期間限定　三輪明宏　Official Blog』二〇一三年一二月二九日、ウェブ（閲覧二〇一六年一月五日）。

第三部　半球のつなぎ目としての太平洋

第六章

不確かな半球

世紀転換期ハワイにおける日本人劇場建設とモンロー・ドクトリン

常山菜穂子

はじめに

今もってほとんど知られていないが、太平洋の島ハワイには今から一五〇年以上前に、すでにアメリカ演劇文化があった。まず太平洋貿易と捕鯨業の経由地として、ついでサトウキビ・プランテーションがつくられ農業貿易によって栄えたハワイでは、本土から多くのアメリカ人が来るようになると住民や旅行者のために英語による娯楽が生まれる。一八五四年にサンフランシスコとホノルルを結ぶ定期航路が開通したのを機に、大勢の役者や芸人が訪れてはアメリカ本土で人気の演目を披露した[1]。ホノルルのダウンタウンには一八四八年に初の本格的な常設劇場であるロイヤル・ハワイアン劇場、一八九六年には大規模なロイヤル・ハワイアン・オペラハウス、一八九八年にオーフィアム劇場など大小とりどりの劇場や演芸場が開場した。もちろん、公演の規模も頻度も本土とは比べるべくもなかったが、ハワイはアメリカ人スターやストック劇団の有力な巡業先の一つだった。[2] これは、一八九八年の政治的併合を待たずして、ハワイがアメリカ演劇文化圏に組み込まれていたことを示す。

アメリカは十八世紀後半から十九世紀初頭に、「西半球の民族は互いに特別な関係にあり、世界の残りの部分とは異なるという見解」に基づく「西半球思想」を抱くようになったという(Whitaker 1)。一八二三年に発表された、のちに「モンロー・ドクトリン」として知られるようになる外交指針では以下のように述べられている。

われわれはこの西半球における動きには、必然的に、より直接的な関係を持っていますし、われわれがそれにかかわる理由は、啓蒙された公平な観察者の目には明らかであるに違いありません。

アメリカは自国を西半球に重ね合わせ、西半球における特権的地位を主張した。ヨーロッパが地球のもう半分を支配するのに対して、「西半球の指導者にして庇護者」(Murphy vii)を自認し、南アメリカ大陸や太平洋地域を含む半分に進出していったのである。ゆえに、東海岸で発展したアメリカ演劇文化が開拓の波と共に海岸線を越えて太平洋へと進出するにともない、ハワイの演劇文化もおのずとアメリカの領域に含まれていき、アメリカ演劇のモンロー・ドクトリン的展開とも言うべき現象を見せたのだ。

モンロー・ドクトリンの基盤には地球を東西の半球に分割して捉える世界観があるが、ここで問題となるのは、東西半球の境界線がはっきり決まっていなかった点だ。そのため、アメリカはいともたやすく東半球へ越境していく。モンロー・ドクトリンはこのあいまいな世界観に基づくゆえに汎用性が高く、その後十九世紀から二十世紀にかけて時代ごとの要請によって柔軟に解釈を重ねられて、アメリカ人が世界の中で自国を位置づける際の「もっとも広く共有された用語」とまでなる（前掲書vii）。モンロー・ドクトリンの文化的影響力を考察した批評家グレッチェン・マーフィの言葉を借りるならば、それは実に「不確かなuncertain」（viii）言説だったのである。

そうであるならば、ハワイにおける演劇文化の発展もまた、非常に「不確かな」ものだったに違いない。半球の境界線の流動性は太平洋の反対側からの越境を許し、アメリカ演劇文化が太平洋を西進したように東半球からも演劇文化が東進してきて、両者はハワイで出合うこととなった。アメリカは西半球という空間を同質性で満たす欲望をもって西へと乗り出したが、ハワイに同質のアメリカ社会は作られなかった。同様に、同質のアメリカ演劇も生じなかったのである。本論は、このような演劇文化の不確かな様相を、世紀転換期ハワイにおける日本人による演劇文化の考察を通して明らかにする。具体的には、ホノルルの二つの日本人専用劇場建設の経緯と意義を、ハワイで発行された初の本格的な日本語新聞である『やまと新聞』(3)の記事を通して追う。同紙は共同体を作っていく過程にあった日本人移民の思想が色濃く映しこまれたテクストであり、いまだ移民に関する出版物が稀少な時代にあって、当時の演劇文化を知る最有力の手掛かりとなる。さらに、こうした日本人の劇場と演劇文化を擁するハワイの演劇文化を発掘することが、アメリカ演劇研究にいかなる新しい視点を提供し得るか考える。

一　双円の世界観

アメリカにおける西半球思想の発展をたどったアーサー・ウィテカーは、モンロー・ドクトリンの根幹をなす世界観は「ヨーロッパからアメリカに持ち込まれたヨーロッパの地図に表れた、ヨーロッパの視点を通してアメリカを見る」という「十八世紀から十九世紀の伝統的な地図にみられる」「ある特定の観点によって少なからず培われた」と述べる（Whitaker 7, 161）。こうした「アメリカに持ち込まれた地図」の一つは双円図で、世界を半球に二分して、ユーラシア大陸、アフリカ大陸、オーストラリア大陸を含む「旧世界」を「東半球」と名付けて地図の右側に、南北アメリカ大陸を含む「新世界」を「西半球」として左側に配したものだった（前掲書 161）。双円図は見る人に地球が球体であることを瞬時に示してくれる半面、地球を二分して捉える感覚をも刷り込み、やがて、「あちら側」からの孤立と「こちら側」の同質化を図るという名目の帝国主義的欲望を育むこととなった。アメリカの人々は地図を見て視覚的に、かつ概念として自らが西半球に所属していること、そしてその西半球の覇者となることを認識したとも言えよう。

ところで、このような欲望をあらわにするとき、アメリカは西半球の果てをどこまでと想定していたのだろうか。「西半球」とは地球のうち本初子午線（経度〇度〇分〇秒）から西回りに西経一八〇度までの半分を指すが、赤道と地理極を始終点とする緯度に比して、経度には自然界に明確な基準がない。

そのため、古代ローマの賢人プトレマイオス（九〇年頃―一六八年頃）がカナリア諸島付近を本初子午線とする『地理学』を発表して以来、各地で自由に基準が決められてきた。地図は「文化的なかんずく政治的価値を記述して」おり、「地図にあたかも自然の一部のごとく書き込まれている境界は、現実には目に見えない、人工物」（黒田他 ii-iii）にほかならないのである。モンロー・ドクトリンが発表された一八二三年当時は、イギリスの『航海年鑑』（一七六五―一八一一年）によってグリニッジ天文台を基準とする指針がすでに広まっていたものの、そのグリニッジ子午線が、英仏を中心とする大国の覇権争いを経て国際的に採用されたのは一八八四年であった[4]。

一方、太平洋の対岸に位置する日本にも、洋書解禁と蘭学の広まりと共に、十八世紀末から十九世紀半ばにかけてヨーロッパ式の双円図が流入し、一七九二年には日本初の双円図である『地球全図』が司馬江漢によって出版された[5]。それまで使用されてきた楕円図と異なり、双円図は「大地が球形であることを直観的に訴えて、当時の人々に鮮明な刺激を与えたに違いな」（川村 163）く、アメリカ人とほぼ同時期に日本人も、ヨーロッパの地図を通して自国の地理的かつ地政学的位置を把握したのだった。ただし、日本製の地図でも本初子午線は確定しないままで、たとえば、『新訂万国全図』（一八一〇）や『新製輿地全図』（一八四四）といった双円図はカナリア諸島を、日本で初めて刊行された方図である『銅版万国輿地方図』（一八四六）はロンドンを、『万国輿地方図』（一八五〇）にいたっては京都を経度の初度としている。それほど、地球を西と東の半球に分けようとする作業は恣意的で柔軟な行為なのである。

したがって、アメリカは「こちら側」である西半球内の南アメリカ大陸に対して欲望を抱くと同時

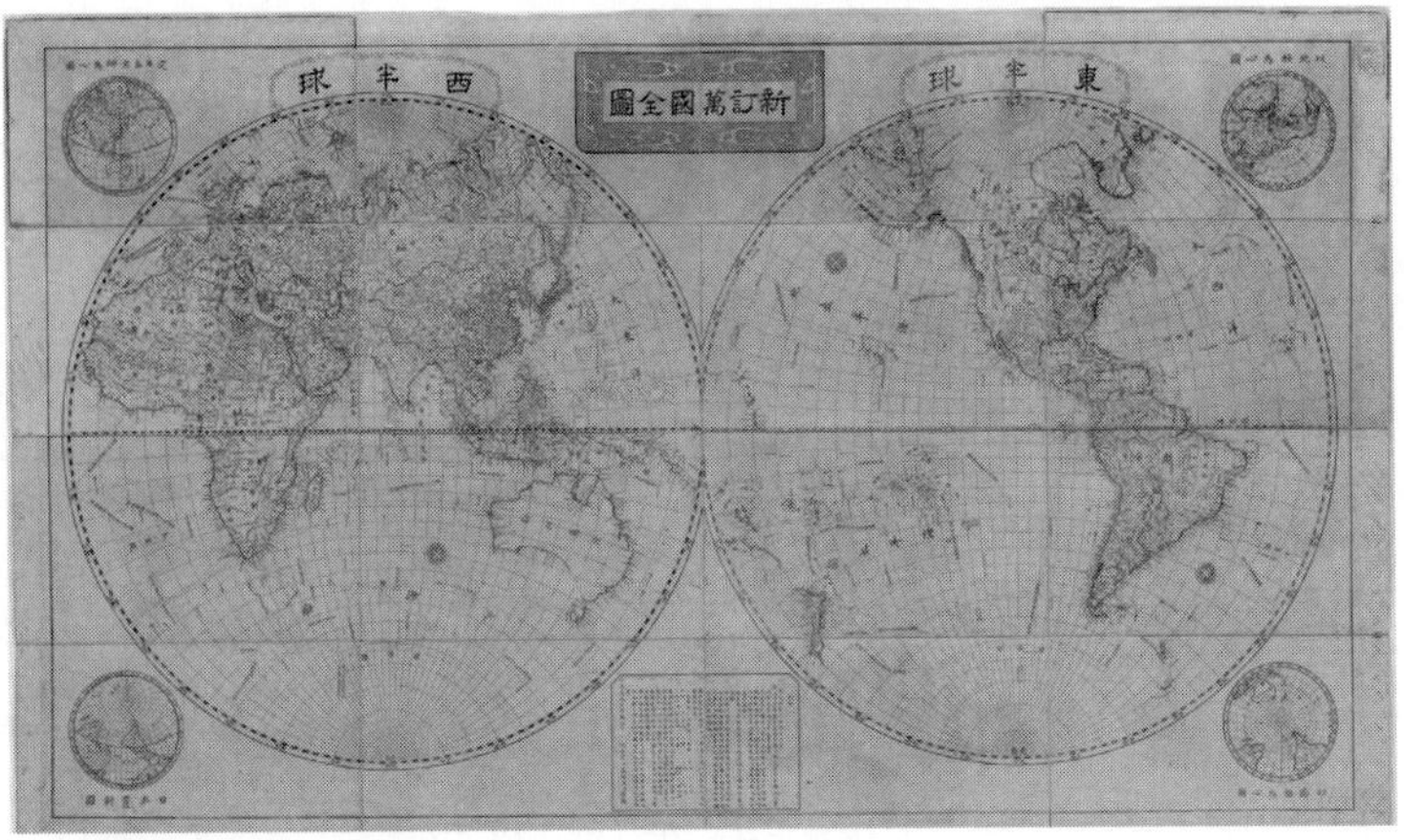

（図 1）『新訂万国全図』1810 年（国立公文書館デジタルアーカイブ）

に、半球の境界線をやすやすと飛び越える発想も持っていて、ハワイを併合したのと同じ一八九八年には「あちら側」の東半球のフィリピンへも触手を伸ばしていく[6]。ごく当然ながら、こうした越境行為は逆方向からも行われた。一八一〇年に幕府天文方の高橋景保は、近世日本を代表するような、当時の世界最高水準ともいえる『新訂万国全図』[7]を制作した（図1）。この地図で目を惹くのは、ヨーロッパの慣習を破って、南北アメリカ大陸を含む半球を「東半球」と称して地図の右側に、日本側の旧世界を含む半球を「西半球」と称して左側に配した点である。この地図は本初子午線のあいまいさどころか、半球の東西入れ替えすら可能だということを示唆しており、アメリカの膨張主義を支えた西半球思想を根底から揺さぶる。こうした半球の交換は図面の中心に日本を据えようとする工夫だったようだが（川村 201）、その結果、従来のヨーロッパ式双円図では左右の端に分断されていた太平洋が、地図の中央に連続する一面の大海として立ち現れた。このような地図を目にしたとき、日本人は半球の境界線を越えて太平洋の島ハワイへと乗り出す発想を確信しただろう。かくして、ハワイに異種混淆の演劇風土が生じたのである。

　では、その混淆性を特徴づける最大の要素であった日本人の劇場と演劇文化は、いかにして形成されたのだろうか。

二　アメリカ化のために

　いわゆる「元年者」と呼ばれる一三五人の最初の移民が一八六八年に到着して以来、日本人はサトウキビ畑で働きホノルルのダウンタウンに共同体を形成していった。するとすぐに、日本の旅一座が巡業のために北アメリカ大陸を往復する途中にハワイに立ち寄っては、歌舞伎や新劇、軽業等を上演するようになる。現在確認できる中で、そうした公演の最も早い記録は一八七〇年十一月十六日と十七日の二日間にわたって「大阪一座」がロイヤル・ハワイアン劇場で軽業を披露するという広告である（『ハワイアン・ガゼット』一八七〇年十一月十六日）。[8] また、ハワイに住む日本人による大小の劇団もでき、なかでも歌舞伎を上演した旭座と新劇の旭団は特に大規模だった。その後一九一五年頃に「芝居全盛時代」を迎え、「新派では大正会、改進団、国劇団、旧派では帝国座、浪花座、常盤座、文明座」があったという（川添 345-47）。まさに、「日本人芝居と曲芸とは抗争を始めたる様子にて両者とも負けず劣らず休まず止めずに興行する趣」（『やまと新聞』一八九七年三月九日）であった。[9]
　そのような中で、二つの常設の日本人劇場が建てられる。一八九九年一月に、マウナケア通りに二千ドルをかけて新築された初の専用劇場「旭座」に関する情報はほとんどない[10]。建物はおよそ一五m×四五・二五mの大きさで、一二〇〇人を収容する「一寸立派な建物」だった（一八九九年四月十三日）。座付きの一座「旭座」には四〇人ほどの役者が所属し、すべて日本から運ばれた大道具や衣装を使って日本とほぼ同じ演目を上演した。一つの演目は一週間から一〇日間続き、一か月に二演目を披露した。座席料は平土間が二五セント、桟敷席五〇セント、特別席が一ドル五〇セントで、一週間に七〇〇ドルの収益を得たとされる。旭座は建設から一年後に、チャイナタウンで流行したペストを予防するための焼き払いに巻き込まれて焼失するも、八年後の一九〇八年四月に同じ場所により近代的な旭劇場が開場した。こけら落としの翌日の『ハワイアン・スター』（五月一日）は「劇場は近代的な舞台設備と照明を備えており（中略）一五〇〇人の客席があり、舞台は街で一番大きい」と報じている。同日の『やまと新聞』によると、「劇場入口表門には無數の電燈眩きまでに點ぜられ場内一面薄赤のペンキにて塗られ」、「正面の舞臺は一切洋式に」仕立てられ「一点の批難を加ふべき所なし」といった様相であり、「ホノルヽに過ぎたる物が二つあるヤング、ホテルに旭劇場とまで唱へられたる程」の豪華さだった。

ここで気を付けなければならないのは、仮にこれら専用の劇場がなくとも、日本人がダウンタウンで興行場所を見つけるのはさほど難しくなかった点だ。一八九九年に『オースティンズ・ウィークリー』は「ホノルルのコスモポリタン性は二つの中国人劇場、三つの日本人劇場、完璧に運営されているボードヴィル劇場と第一級のオペラハウスがあり、しかもどれも繁盛しているところに見出せる」（十月七日）と賞賛している。事実、ホノルルには白人の劇場、中国人劇場、仮設テント、公共および私営のホールあったし、同時代の英語と日本語の新聞には聚楽館、戎座、大正館など日本人芝居を日常的に上演していたと思われる小規模施設の名称が幾度も登場する。そうだとすれば、公演のたびに上演場所を探すという多少の不便以外に、なぜ移民は専用の常設劇場を求めたのか。

その頃、一八八二年に中国人が帰化不能外国人とされると、ハワイの日本人移民は中国人との差別化を早急に迫られた。実際のところ、二つの民族は混在していた。先に述べたように、旭座はチャイナタウンのペスト焼き払いに巻き込まれて失われたが、この一件だけからも、ダウンタウンで日本人と中国人が隣り合って共同体を形成していた様子が窺える。互いの演劇文化も密接な関係にあり、たとえば、一八九四年に『パシフィック・コマーシャル・アドバタイザー』は、日本人が中国人劇場を借りて喜劇を上演したことを報じて、当局は貸借の許可を与えずに自分で日本人役者を雇って興行を行えばたいそう儲かったのにと、その人気ぶりを伝えた（七月二十四日）。あるいは、一八九六年に軽業の滝沢一座が日本から来た際には、中国人劇場で中国人芝居と同時に公演を行った（『ハワイアン・スター』四月二十日）。さらに旭座焼失後は、日本人は主に、一九〇三年にアアラ通りに建てられた中国人経営のホノルル座（のちのホノルル劇場）を使用した。これでは、アメリカ人が両民族を混同するのも不思議はなく、一八九三年に『デイリー・ブルテン』はロイヤル・ハワイアン劇場で行われた日本語劇を「芝居に関しては中国人のものと幾分似ていた」と評した（八月十九日）。また、一九〇二年に日本人興行主が仮設テントの劇場を建てようとした時は、白人住人たちが「日本人やら中国人やらが我々に交じるなんてあまりにひどい」と言って猛反発している（『イヴニング・ブルテン』一月二十四日）。

そこで、日本人移民は中国人とは異なる文明的な民族であることを示そうと、話し方や立振る舞いから飲食のマナー、服装など生活面の改革を励行し、劇場もそうした改良運動の対象となった。『やまと新聞』は「日本人芝居中に或役者は舞台よりゴーツデン、シアラアップなどの言を吐きしよし志かも女形で[11]」と役者の乱れた言葉遣いを諌めたり（一八九八年九月二十七日）、西洋人からの評価を意識して苦言を呈する投書を掲載した。

追ひ〳〵外国人も澤山見物に參りますがタトへ文明流とはゆかずとも少し場の改良をしたいものですがねーどふも無暗に飲食を爲たり酔ぱらつてクダをまいたり甚しきは腰肌を脱たりするなんザー誠に外聞が悪くつて困りますねー（一八九九年八月二十九日）

日本人にとって専用の「公演場」の設立は「日本人男女老幼に必要なるものなれば」、「吾人は一日も早く其公表運動して建築の日を待つものなり」（一八九八年五月二十六日）というほど切実な願いだった。なぜならば、近代的な娯楽施設こそは移民社会の文明度を測るバロメーターとなるからだ。一九〇三年に『やまと新聞』に掲載された長編寄稿文「日本芝居を觀る」において、その筆者は劇場の存在を移民社会の発展を重ね合わせる。

芝居の如きものは娯樂を興へる機關であるから最も後れて現はれるものであるが、今はそれさへ出來彼の如く盛大を極めるようになつたのである。布哇に於ける日本人の社會は遂々發達してきた証據ではないか。（一月十九日）

旭劇場こけら落とし翌日の記事も、「新築の旭劇場は確かに日本人町に一台光彩を添へ」る存在であり、「劇場其物は個人の所有なれ共娯樂機關の完備せざりし在留地に於て斯くの如き宏壮優美なる劇場の新築せられたるは同胞全体の面目である」と、劇場の開設を社会全体の繁栄と結びつけている（一九〇八年五月一日）。

そして、当然ながら、日本人移民にとって文明化することとはアメリカ化することを意味していた。風俗改良を奨励するにあたっては、「布米合併になりたる以上は日本人の品格卽ち風俗一般に対する改良を行ふべきは勿論のこと」（一八九八年八月九日）と述べてアメリカ社会に住むことを強く意識し[12]、公娼廃止もアメリカに倣うべきだと訴える（一九〇一年二月二十八日）。専用の常設劇場の建設は移民社会がアメリカ社会の一部となれるほど発展していることを証明するための手段であり、こうした動機からは、日本で演劇が発展する際とは明らかに異なる、強いアメリカ指向が窺える。このような移民による最初期の演劇活動ものちの日系アメリカ演劇発展の素地の一つであったとすれば、ハワイにおける日本人の演劇文化は、日本人が専用劇場で日本の作品を日本語で上演していたのだけれども[13]、多彩なアメリカ演劇の一部だったのだと言えよう。

三　二重の帝国

ところが、観客が日本人劇場に一歩足を踏み入れると、西洋風の外観とは裏腹に、そこは日本の劇場空間そのものが広がっていた。舞台には花道が設えられ、より近代的な旭劇場ですら「客席は和洋折衷」(『ハワイアン・スター』一九〇八年五月一日)で「中段階下丈を日本流の桟敷に充て」ていた(『やまと新聞』同)。一九〇三年の寄稿文「日本芝居を観る」は、当時の観劇体験を語る貴重な資料である。筆者は『忠臣蔵』の子供芝居を観に行った。劇場名は記されておらず、「劇場は左る日本人が組合つて、建てたのだといふが、一千人位の人は容れる事が出來る」とある。本格的な染物の大幕や綱幕が垂れ下がり、「ラムネ、果物、すし、肴は盛んに賣り廻られて居た」。「浴衣一枚に兵兒帯を締めた連中は、切りに談をしたり酒を汲みかわしたりして居る」。観客は相当自由に振る舞ったようで、旭劇場が開場した初日には、観客の一人が花道にのぼって「一杯機嫌の演説をやつたとやら／御神酒は大分廻はつていたが呂律は一向廻はらなかつたとやら」という(一九〇八年五月一日)。『ハワイアン・スター』は、芝居を気に入ったら帽子や上着を投げたりお捻りを渡したりする日本の慣習を紹介しているが(一九〇二年五月二十一日)、恐らくハワイでも同様の様子が見られただろう。劇場を観察した「日本芝居を観る」の筆者は「そう云ふ自分も亦暫くは身の日本を距る三千數百哩の太平洋上の一孤嶋に客たる事を忘れて、丸で日本に居るような氣がしたのであつた」と感慨深げに語る。劇が始まると、「之れを見て居る観客の心はもう布哇の熱天地にあるのではな」く、「此時に當つてホノル、が日本に移つたのか、日本のホノル、に轉じて來たのか」分からないほど没頭した。もはや、観客は「懐國望郷の人でハない。現在彼等は故國に居るのである」。このように、ハワイの日本人による演劇文化は強いアメリカ指向を示しながらも、劇場には「見廻す所何一つとして日本的ならぬものはない」のだった。

日本人劇場は移民の揺れる自我を映し出す。旭座や旭劇場を建てたのはいわゆる「一世」である。労働者として渡来した一世の多くは、政治・経済・社会的機会を求めてアメリカへの同化を模索しつつも、帝国臣民としての国籍を保持し「在留民」と自称し続けた。米山裕は、一世とは後世の二世、しかも太平洋戦争中にアメリカに残ることを選んだ二世がおのれの選択の正当性を示そうと、前世代とのつながりを強調するために作ったカテゴリーであると述べる。二重のアイデンティティは太平洋上に引かれたはずの半球の境界線があいまいなことに起因する。モンロー・ドクトリンによってアメリカは旧世界からの孤立と西半球の支配を標榜したが、ヨーロッパから分離して西へと拡大していった先のハワイで、いったい移民はアメリカ人なのか、そもそも誰から誰までがアメリカ人なのかという根源的な問いが沸き起こった。

加えて、日本人劇場は移民個人のレベルを越えて、広くハワイにおける帝国の多層性を示唆する。演劇は外部条件の影響を大きく受ける社会的な芸術形態であり、日本人劇場と演劇文化もハワイ日本人社会、ひいては本国と強く結びついていた。とりわけ、日本が日清・日露両戦争を通して帝国主義的覇権を広げていく際には即座に反応を示した。一九〇四年には、武田一座が『日露戦争』と題する作品を上演して軍資金を募った（『ハワイアン・スター』三月二十一日）。同年四月二七日、『やまと新聞』には旭座一座が「義献的大芝居」を上演中である旨の広告が大々的に載った。この芝居はすでに人気を博していたのだが、その理由を「是れは軍事献金といふ触れ出しに愛國的同情もあることであろう」と分析している。続く五月四日には、六日間の興行で米ドルにして三〇〇ドル二〇セントもの寄付を行うことができたとの決算報告を行って、役者たちは芝居を通して大日本帝国の膨張に貢献したと高く評価した。

苟も身は藝人にてありながら殊に三千餘哩も隔てたる外國に來りて母國の爲めに義献的興行をなし軍國民の義務を尽すに至つては實に感服の外なきなり、日本にある同胞殊に右俳優連の父母關係者にして此の消息を聞かば必らず涙を溢して喜ぶことならん

ついで「國の爲め尽すと云ふ点に於ては戰場に赴く兵士と其働き手柄は同一なりと云つて宜しきなり」と述べて、役者は帝国軍人と同じ貢献をしたとまで讃えている。

日本人劇場建設と演劇文化の形成は、日本人がアメリカ化できるほど高い文明を有する証明であると同時に、大日本帝国の膨張の証でもあった。寄稿文「日本芝居を観る」において、まず筆者は「一度芝居まで出來した社會ハ、却々崩さうとて崩れるものではない、その地盤は既に固ひのである」と述べて日本人劇場建設に移民社会の発展を見出したうえで、さらに話題を日本の帝国主義の進展へと広げていく。

自分はあの小さき役者等は日本膨張の歌を歌つて居るように感ずるを禁じ得なかった、百の論説、千の辯説よりも、如何に雄辯に如何に勢力に滿ちて彼等は日本の南進を語って居るか

「膨張的國民」と「豪壺なる大和氏族の子の勞働」が「娯樂を求むる芝居も出來た」ほどのハワイ日

本人社会を作り上げた。「日本の出店としか思はれない」町と生活は本国の政策の正しさを示しており、「而して将來膨張の方針はチャント布哇日本人芝居の子供役者が示して居る」という。これはまるでアメリカ帝国の内に日本の帝国が出現したようなものであり、喫緊の必要のない娯楽施設である日本人劇場は帝国の発展を示す究極の象徴なのだった。日本人の劇場と演劇文化は、アメリカが西半球で目指したモンロー・ドクトリン的膨張の脆弱さと太平洋における権力構造の多層性を暴きだす。

四　アメリカ演劇研究と半球思考

実のところ、ハワイの演劇発展史の中で、旭座と旭劇場の建設はとりわけ重大な節目という訳ではない。先に述べたように、ホノルルのダウンタウンには公演を行う施設はいくつもあったし、日本人専用の常設劇場ができる前後を比べてみても公演の規模や頻度、演目、演者の内訳などに格段の違いは生じていない。しかし、これらの劇場建設の考察を通して今回明らかになったハワイの不確かな演劇状況は、従来のアメリカ演劇研究に二つの新しい論点を提供するだろう。

まず、アメリカ演劇とは何かという定義づけに関する問題を提起する。そもそも、ハワイに生じた日本人の劇場と演劇文化はアメリカ演劇なのか、それとも日本演劇なのか。アメリカへの同化を図ろうとする専用劇場設立の動機は、世紀転換期の日本人による演劇文化をアメリカにおけるアジア系演劇の系譜の嚆矢に位置づけることを可能にする。ひるがえって、日本的な伝統を固く保持して本国の帝国主義的膨張に肩入れする様相を考え合わせれば、上演場所が太平洋の島に移っただけで、やはり日本文化だったのだとも思える。この二重性ゆえに日米双方の演劇史から抜け落ちてしまい、学術研究の対象ともされて来なかった。アメリカ演劇研究の分野では、アジア系演劇といえばマイノリティの復権が盛んになった一九七〇年代以降のものが主な関心事であり、ハワイの日本人および日系人による演劇の研究は、第二次世界大戦以降に発展した、ハワイ独特の風土と歴史、民族性を主題とする「ローカル劇」が中心だ。(14) 日本の演劇研究でも、たとえば川上音二郎のように日本から海外巡業へ出た役者や芸人の記録を洗い出して分析する成果は見受けられるが、ハワイに根付いた日本人が日本語で行った芝居や曲芸の公演に関してはあまり言及されていない。このように日米の狭間で宙づり状態に取り残された日本人の演劇文化を内包するハワイの演劇文化は日米の国境を超越した存在であり、いったい、どこからどこまでがアメリカ演劇なのかと問いかけてくる。

さらに、ここでは、とりあえず、日本人による演劇文化をアメリカ演劇の一部として捉えることとして、その場合、今まで語られてきたアメリカ演劇のヨーロッパ起源説に疑問を呈することとなる。アメリカ演劇の発展は旧世界、とりわけ旧宗主国イギリスとのポスト植民地主義的な関係から語られてきた。十八世紀から十九世紀を通じて、宗主国から「文化の恩恵」としてもたらされた演劇伝統を模倣し、そこから独自の演劇文化が生まれて東海岸から西へと波及していったというのである。しかし、このような東から西へと向かう動きと並行してハワイに日本人の演劇文化が発生していた事実は、アメリカ演劇が太平洋対岸から東へと向かう力によっても形成されていたことを示している。従来の大西洋横断的な発展を中心とするアメリカ演劇史観とは異なる、太平洋横断的な系譜の発見である。

日本人の演劇文化を擁する世紀転換期ハワイの不確かな演劇状況は、アメリカ演劇をモンロー・ドクトリンの根幹をなす半球という枠組みから俯瞰して初めて浮上した。しかも、それは従来のアメリカ演劇のどのジャンルにも属さない存在として立ち現われ、アメリカ演劇のたぐい稀なる多様性を明らかにすると共に、アメリカ演劇とは何かと根源的な問いを投げかけてくるのである。

◉註

（1）十九世紀ハワイにおけるアメリカ演劇の発展については Angell, Lowell. *Theatres of Hawai‘i*. Charleston: Arcadia, 2011; Choy, Sammie. “The Opera House and the Orpheum: Elite and Popular Theater in Early 20th century Hawai‘i.” *Hawaiian Journal of History* 36 (2002): 79-103; Hoyt, Helen P. “Theatre in Hawai‘i, 1778-1840.” *Annual Report of the Hawaiian Historical Society* (1960): 7-18; Stoddard, Charles Warren. “The Drama in Dreamland.” in *The Island of Tranquil Delights: a South Sea Idyl, and others*. Boston, H.B. Turner, 1904. 189-214 および *Hawaiian Almanac and Annual* 掲載の各記事 (Dunn, Allen. “Honolulu’s Developing Dramatic and Musical Talent.” 1905: 124-130; H.L.S. “Reminiscences of Theatricals in Honolulu.” 1881: 34-39; Lewers, W. H. “The Drama in Honolulu – a Plea.” 1920: 113-120) を参照。

（2）ハワイに立ち寄ったアメリカ人演劇関係者の旅行記には Daniel E. Bandmann, *An Actor’s Tour, or Seventy*

Thousand Miles with Shakespeare (1886), Michael Bennett Leavitt, *Fifty Years in Theatrical Management* (1912), Joe Taylor, *Barnstormer: His Travels, Troubles and Triumphs, during Fifty Years in Footlight Flashes* (c1913) などがある。巡業に来た主な役者のリストは H.L.S. 37 と Stoddard 196 を参照。一八五四年には、のちの名優エドウィン・ブース（一八三三―九三）が一ヶ月にわたって公演を行い、即位したばかりのカメハメハ四世の御前でリチャード三世を演じている（当時の新聞記事によれば、両リストで一八五二年となっているのは間違い）。

(3)『やまと新聞』は安野伸太郎が主幹を務めるやまと新聞社（ホノルル市）によって一八九五年に『やまと』として始まり、翌年から同名にて刊行された（その後は相賀安太郎に受け継がれ一九〇六年に『日布時事』、一九四二年に『布哇タイムズ』と改名）。確認できる最も古い記事は一八九五年十月十九日発行分で、「セントルイス神學校生徒」が「芝居を催す」との告示がある。以後、同紙からの引用は発行年月日を記載する。

(4) 日本がグリニッジ子午線を正式採用するのは一八八六年、アメリカは一九一二年のことである。現在では、日本初子午線はグリニッジ子午線の約一〇〇メートル東を通るＩＥＲＳ基準子午線とされている。

(5) 日本における双円図の系譜については川村 162-72, 200-04, 211-13 頁、近世日本で出版された各種の世界図は国土地理院古地図コレクション（http://kochizu.gsi.go.jp/HistoricalMap/）を参照。

(6) 下河辺美知子はモンロー・ドクトリンの原文で使われた「こちら側」と「あちら側」を指示する単語を詳細に分析したうえで、「モンローが演説して以来、二十一世紀の現在までアメリカ外交の場面で発せられた言葉の中で、「あちら側」はその時々の国際情勢によって拡大・縮小してきたが、「こちら側」もまたアメリカ合衆国が置かれた状況によって変動している」(66)と述べて、ドクトリンがこんにちに到るまで、アメリカの対外的欲望を含んで再解釈され続けていることを明らかにする。

（7）国立公文書館デジタルアーカイブ（https://www.digital.archives.go.jp/DAS/meta/listPhoto?LANG=default&BID=F1000000000000000116&ID=&TYPE=large&IMG_FLG=on&NO=）に収録。四十年後の一八五〇年に白井通気が『新訂万国全図』とほぼ同じ内容のものを同じ題名で出版した時には、東西半球の配置はヨーロッパ式に戻された（川村 204）。

（8）一八七三年二月五日と十二日の同紙には“Osaka Japanese Troupe”による軽業公演の広告がある。一八七〇年代の日本人による演劇の興行記録は英字新聞に掲載されたこの二点しか確認できなかったが、日本語の新聞が発行されていない時期であったことを鑑みれば（最初の日本語新聞『日本週報』は一八九二年発行）、実際にはより多くの公演が行われていたと推察できる。

（9）『布哇日本人年鑑』（布哇新報社）の巻末には附録として「在布日本人々名録」があり、各島の市町村に在住する俳優、興業元、歌舞伎衣装元、劇場支配人など演劇関係者の氏名と出身県名、および発行年によっては住所が多数確認できる。

ハワイの日本人による初期演劇活動については Angell, Lowell. “Theaters in the Aala District.” in Michael M. Okihiro, ed. *A'ala: the Story of a Japanese Community in Hawai'i*. Honolulu: Japanese Cultural Center of Hawai'i, 2003. 32-34、田坂ジャック著「思い出の写真で綴る古き良き時代のホノルルの劇場と映画館」『イースト・ウェスト・ジャーナル』（ホノルル）二八号六四二巻（二〇〇三年八月）、20-26 頁および『ハワイ文化芸能一〇〇年史――日本人官約移民一〇〇年祭記念』（イースト・ウェスト・ジャーナル社、一九八五年）、ハワイ日本人移民史刊行委員会「映画・芸能の発展史」、同編『ハワイ日本人移民史』（布哇日系人連合協会［ホノルル］、一九六四年）、518-22 頁などを参照。

(10)ハワイにおける日本人移民の発展を記した藤井秀五郎著『改訂増補・新布哇』(文献社、一九〇二年)には、旭座とその興行状況について二ページにわたる記述があり、それがほぼ唯一の資料である。また、一八九九年五月二日の『やまと新聞』は「今日に至りては立派なる演劇場を設置せるに至れり豊に喜」んだ上で、「酒肴を持参する事」の是非を問うている。劇場の位置を含む世紀転換期のダウンタウンの様子は『デイキン火災保険地図』Daikin Fire Insurance Maps (http://digicoll.manoa.hawaii.edu/maps/index.php?s=) を参照。

(11)舞台上の女形は“God damn, shut up”と暴言を吐いたのだと思われる。

(12)『やまと新聞』上で風俗改良を呼びかける記事は、一八九八年八月十二日のハワイ併合前後に多く見られる(一八九八年八月二日、九日、九月五日、二十一日、二十七日、二十九日、十月一日など)。

(13)日本人による芝居や曲芸の広告が英字新聞にも掲載されていることから、外国人の客もそれらの公演を観に来ていたことは確かだろうが、世紀転換期の日本人劇場で英語や中国語による作品が上演された劇評や広告などの記録は確認できなかった。

(14)たとえばCarroll, Dennis. “Hawai‘i’s ‘Local’ Theatre.” *The Drama Review* 44.2 (2000): 123-52および臼井雅美著「ハワイ・ローカル劇の世界――Kumu Kahuaへの道のり」『主流』六三号(二〇〇一年):67-83頁を参照。

●引用文献

Murphy, Gretchen. *Hemispheric Imaginings: the Monroe Doctrine and Narratives of U.S. Empire*. Durham: Duke UP,

2005.
Whitaker, Arthur Preston. *The Western Hemisphere Idea: its Rise and Decline*. Ithaca: Cornell UP, 1954.
https://archive.org/stream/westernhemispher00whit#page/n15/mode/2up. accessed 1/10/2015. web.
川添善市『移植樹の花開く』「移植樹の花開く」刊行会、一九六〇年。
川村博忠『近世日本の世界像』ぺりかん社、二〇〇三年。
黒田日出男他編『地図と絵図の政治文化史』東京大学出版会、二〇〇一年。
下河辺美知子『グローバリゼーションと惑星的想像力――恐怖と癒しの修辞学』みすず書房、二〇一五年。
米山裕「「日系アメリカ人」の創造――渡米者（在米日本人）の越境と帰属」西川長夫ほか編著『20世紀をいかに越えるか――多言語・多文化主義を手がかりにして』平凡社、二〇〇〇年。一二〇 - 四三頁。

◉新聞

Austin's Hawaiian Weekly Oct. 7 1899.
Daily Bulletin August 19, 1893.
Evening Bulletin Jan. 24 1902.
Hawaiian Gazette Nov.16, 1870.
Hawaiian Star April 20, 1896; May 21, 1902; March 21, 1904; May 1, 1908.
Pacific Commercial Advertiser July 24, 1894.

第七章

航空時代とアフリカ系アメリカ文学の惑星

ウォルター・ホワイトのアイランド・ホッピング

竹谷悦子

はじめに

本論は、一九四〇年代アフリカ系アメリカ文学に起きた時空間パラダイムシフトへの再訪の招待である。

三次元の球体を二次元の平面に表現する地図—とりわけ、十六世紀以降、標準的な地図投影法となるメルカトル図法は、今日に至るまで私たち文学研究者の世界観に驚異的な弾力性を保ちながら影響を与え続けている。メルカトルの世界像は、いたって明晰である。任意の二点を直線で結べば等角航路になることから、羅針盤さえあれば、道標のない海洋を横断し、確実に目的地に至ることができる。本初子午線と赤道を基準にすれば、地球上のいかなる場所も、経度と緯度からなる座標系により数値的に表現可能である。

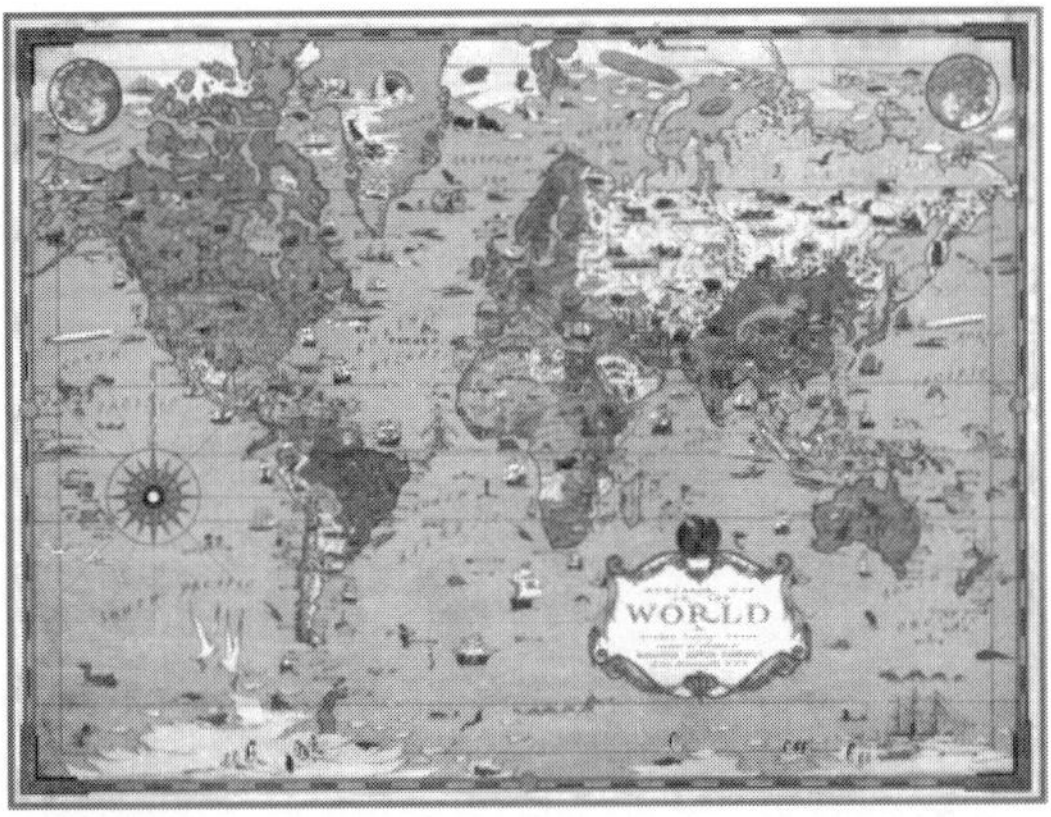

（図1） Mercator map of the world. Courtesy of the David Rumsey Map Collection.

本初子午線の位置は、十六世紀以降、ヨーロッパの海運国のあいだで若干のずれがあったが、それでも中央には大西洋があり、右と左には東半球と西半球という二つの半球が、そのなかにはそれぞれ旧大陸と新大陸（アメリカ）が描かれるという世界像は、そのまま実体であるかの錯覚を与え続けてきた（図1）。西半球・アメリカ大陸を地理的言語とするモンロー・ドクトリンの言説もこの空間認識から書き起こされている。近年のポール・ギルロイによる「黒い大西洋」（The Black Atlantic）というコンセプトもまた、メルカトル図法によりコード化された近代の世界観に依拠しかつ同時に抗いながら理論化された批評の準拠枠であることは留意されてしかるべきである。ギルロイは、黒人により経験されたトランスナショナルな近代性を理解するために、中間航路（奴隷貿易の大西洋航路）を航行する「船」のイメージを「クロノトープ（時空間）」として援用するが、これを支える装置は、ビル・アシュクロフトやパル・アルワリアも示唆するように、メルカトルの時空間である。[1]

メルカトルの世界は、しかしながら一九四〇年代アメリカで、その伝統的なナラティブの力を急速に失う。それに取って代わって現れたのが、リチャード・エデス・ハリソンの「ひとつの世界、ひとつの戦争」(One World, One War)に代表される新しい地球の姿である。[2] 正距方位図法(地図の中心からの距離と方位が正しく表され、地球全体が真円で表される投影法)による「ひとつの世界、ひとつの戦争」は、北極点を中心に置くことで、経線が等角度で放射する直線、緯線が等間隔の同心円として表される。ハリソンの地図は、中心点から世界各地への最短距離(大圏航路)と方位の表象からなる時空間であり、それゆえに海図ではなく、航空図に適している(図2)。歴史家アラン・ヘンリクソンは、このハリソンの地図とともに台頭してきた時空間パラダイムを「航空時代のグローバリズム」(air-age globalism)と呼んでいる。

それにしても、二つの半球からなるメルカトルの時空間はなぜ突然崩壊したのか。ヘンリクソンは、その原体験を一九四一年十二月七日のパール・ハーバー攻撃の衝撃に見ている。[3] 真珠湾攻撃は主に航空母艦と零式艦上戦闘機による空襲であったが、それが「奇襲」として認識された一因として、メルカトル図法が作り出す空間認識の錯誤があった。メルカトルの地図は、ハワイと日本という二つの島嶼をそれぞれ西半球と東半球の辺境に布置しており、その距離は概念的には極限まで、つまり、ほぼ地球一周の距離にまで伸張されており、攻撃可能な射程にはないという先入観を植えつけるのに

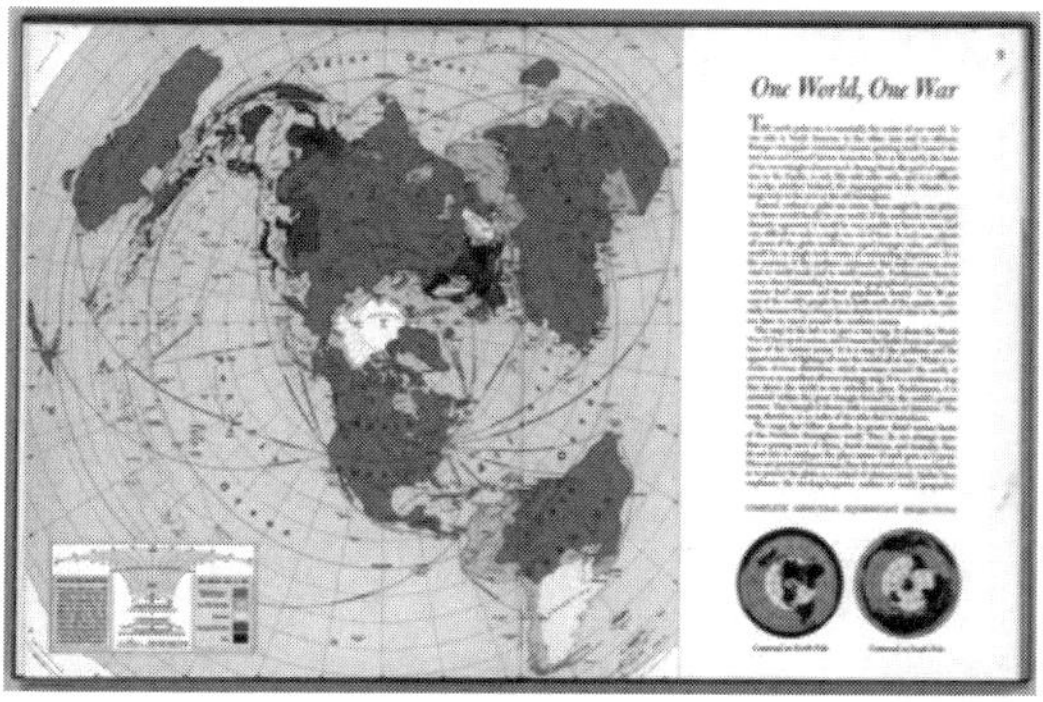

(図2) "One World, One War." Courtesy of the David Rumsey Map Collection.

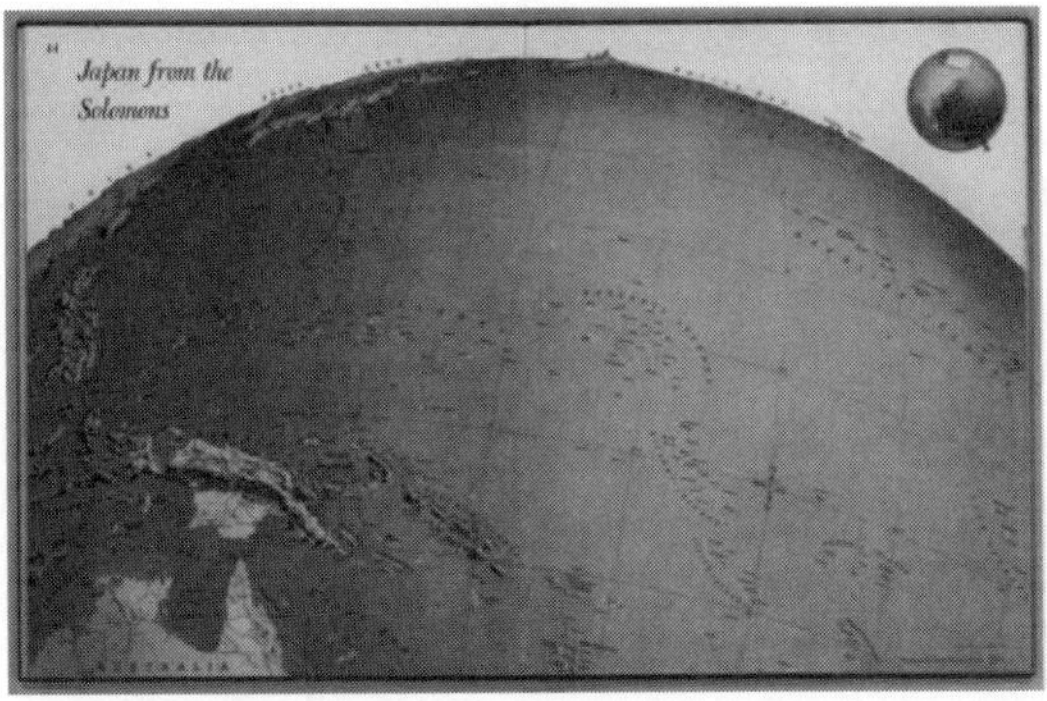

（図3）“Japan from the Solomons.” Courtesy of the David Rumsey Map Collection.

一役買っていた。しかしメルカトル図法では、そもそも両端である東経一八〇度と西経一八〇度は、実は同じ場所である。ハワイのアメリカ海軍の太平洋艦隊と基地に対する空襲は、メルカトルの地図テクストの表象不可能な空白を空路横断して行われたかのようなイリュージョンを生み出した。そのような錯覚を生みだす時空間は、第二次世界大戦という非常事態においては即刻、改訂されなければならなかった。

　ハリソンのポスト・メルカトルの地図は、伝統的な地理境界線とみなされてきた半球や大陸というコードを疑問に付しただけではない。この惑星が一つの球体であり、一続きであり、航空機が（戦時にあっては航空戦力が）革新的なモビリティーを生み出すことを表現するものである。成層圏に視点をおいた透視図法によるハリソンの地図「アラスカから日本」（Japan from Alaska）は、アメリカ大陸から北太平洋に弧状に連なって延びるアリューシャン列島を経由する航空路が、「大日本帝国の中心に切り込ん」でいることを示すものである。[4] 地図「ソロモン諸島から日本」（Japan from the Solomons）は、メルカトルの平面図では広範囲に分散しているかにみえる南太平洋メラネシアの島嶼群が、上空の飛行機から見ると、相対的にアジアに近接・隣接していることを視覚化するものである（図3）。[5] ハリソンの地図は、このように太平洋上の島嶼の戦略的価値をクローズアップし、そのことで戦争の形態を変えていった。第二次大戦中の太平洋戦線において、米軍は島伝いに侵攻し、日本本土を爆撃できる航続距離にある島々まで到達するという「アイランド・ホッピング」(Island Hopping、飛び石作戦)を実行する。占領した島には滑走路が建設され、海洋に点在する基地が航空機で接続され、米軍の圧倒的な航空戦力を構築していった。敵の輸送船を爆撃し、物資の補給や部隊の移動を遮断し、敵の拠点である島々を次々と孤立させる一方で、米軍は数多の中継点をもつ、人・兵器・資源の強靱な補給ネットワークを作っていった。それはもはや、任意の二点を結ぶ等角航路―時間がかかっても確実に到達できる、二つの半球からなるメルカトルの時空間のなかで遂行される戦争ではなかった。

本論は、この時空間パラダイムシフトにより、アフリカ系アメリカ文学の地理的想像力に加えられた変更を検証するものである。ウォルター・ホワイト(Walter White)は、文学史においては、小説家としてよりも、「全米黒人地位向上協会」(NAACP)の公民権運動指導者として記憶されることが多い作家であるが、変容する惑星の時空間、「航空時代のグローバリズム」の座標系を移動した先駆的なグローブ・トロッターとして再評価されてよいだろう。ホワイトは市民の海外渡航が事実上禁止されていた第二次大戦中、二度にわたり航空旅行をしている。本論はそれらの経験から生み出された作品群を分析し、アフリカ系アメリカ文学の想像力が半球思考を超克し、そして(奴隷)船をクロノトープとする「黒い大西洋」とは異質の、新しい空間認識を形成していったプロセスを解明するものである。

一　空の時代のブラック・アトランティック

一九四四年一月、ホワイトはニューヨーク州南東部に位置する大西洋に浮かぶ島ロング・アイランドのラガーディア空港から、米国陸軍の航空輸送司令部（ATC/Air Transport Command）の英国行き飛行機に乗り込む。[6] ホワイトの『風立ちぬ』（*A Rising Wind*, 一九四五年）によれば、この大西洋横断飛行の構想は、英国のアメリカ赤十字社で働くアフリカ系アメリカ人から受け取った一通の手紙から始まる。米軍の検閲にもかかわらず、手紙の行間からは、黒人部隊の海外派遣と一緒に英国に輸出されたジム・クロウ（人種隔離と差別）の存在を読み取ることができた。ホワイトは、この「ミシシッピからミッドランド［イングランド中部地方］に移植された人種感情とパターン」の緊急調査のため、『ニューヨーク・ポスト』紙の従軍記者として米国陸軍省から渡航許可を取り付ける。[7]

文学史的には、この三ヶ月半に及ぶヨーロッパ・北アフリカ戦線における黒人部隊のルポルタージュとして位置づけられる『風立ちぬ』ではあるが、同時にこれが黒人作家による最初の意識的な「航空時代」の書となっていることは見逃されてはならない。作品は冒頭から、航空機によりもたらされた時空間の変革から書き起こされている。ダグラスC-54スカイマスター輸送機に乗り込み、カナダのニューファンドランド島の基地を経由したのち、大西洋の対岸アイルランドまで、「ぐっすり眠っているあいだ」に一飛びするという時空間移動を経験したホワイトは、次のように述懐する。

ぼくは、今まで他人がこのような経験をしたことを書いているのを読んだことがあったが、時空間が事実上解体するという経験は精神的衝撃だった。だがぼくはそのときこう考えた。なぜ驚かねばならないのだ。ある意味で、これからする旅行は全部このことについてではないのか、と。

第二次大戦の陸軍ＡＴＣの航空ネットワークにより変容した時空間では、距離が本来の単位であるマイルではなく、別の次元である時間によりすべて表象可能になる。ホワイトは、ニューヨークを中心点とした正距方位図法の世界観のなかで、「今やイングランドはニューヨークから二〇時間たらずで、インドはマンハッタンから六〇日間ではなく、六〇時間だし、アフリカはイングランドとほとんど変わらないくらいだ」と述べる。[8]『風立ちぬ』は、伝統的な時空間が「事実上解体」し、船をクロノトープとするメルカトルの座標系が瓦解したのちに顕在化してくる航空時代の「黒い大西洋」のヴィジョンとして読むことができるだろう。

しかし、ここに機密解除されたイギリス政府文書を持ち込むと、『風立ちぬ』はまったく異なる位相のテクストとして立ち現れる。ロンドンの外務省ファイルには、ホワイトがアメリカから「イングランドとアイルランド、その後フランス領赤道アフリカ、リベリア、アルジェリア、モロッコ、リビア、シチリア、ナイロビ」、そしてそこから「イラク、ペルシア、トランスヨルダン、シリア、ロシア、インド、中国」に至る世界周航の航空旅行を企図していたこと、さらに「人種の見地からのグローバルな戦争」をテーマとした作品を書こうとしていたことが、記録されている。[9]

ホワイトの壮大な空の旅の計画は、明らかに、ウェンデル・ウィルキーが行ったＡＴＣの爆撃機

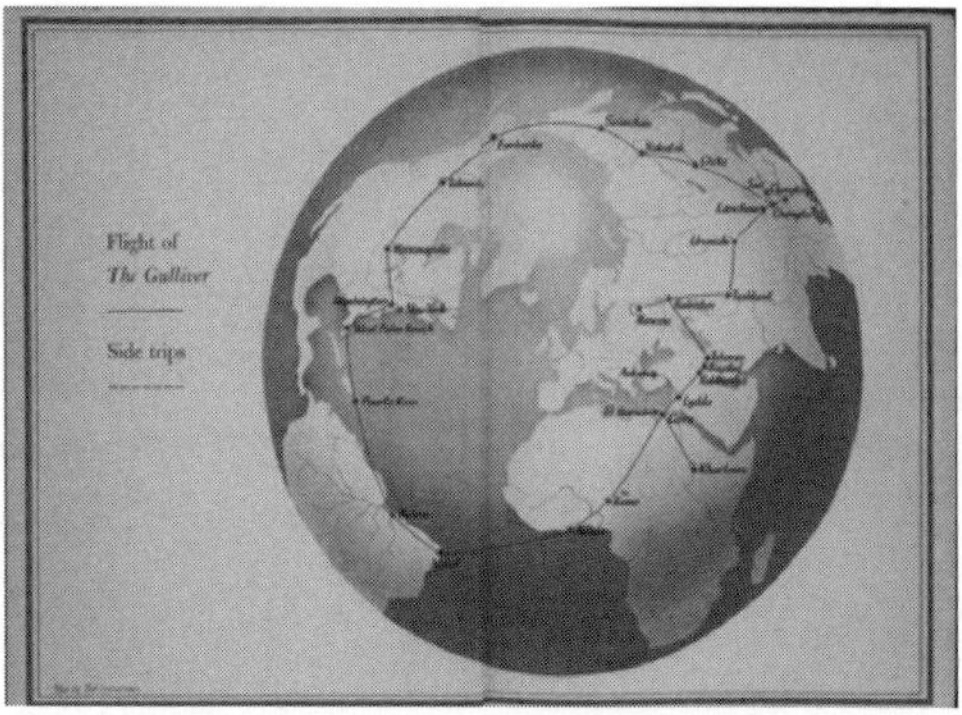

（図4） Flight of *The Gulliver*. Courtesy of the Norman B. Leventhal Map Center at the Boston Public Library.

「ガリバー」による四十九日間世界一周旅行にインスピレーションを得ている。一九四〇年の共和党大統領候補であったウィルキーは、一九四二年、民間人としてそしてフランクリン・ローズヴェルト大統領の特使として、第二次大戦中の連合国の連帯ならびに「連合軍による制空権の掌握」を誇示するため、三万一千マイルの世界一周飛行をしている。[10] ベストセラーとなったウィルキーの旅行記『ひとつの世界』（*One World*, 一九四三年）の見返しには、赤道を二度交差し、地球を一周した「ガリバー」の飛行ルートを表示する地図が描かれている（図4）。円環をなす航空路は、「自由は分かち難い（indivisible）言葉である」というウィルキーの信条を表明するものであった。[11]

このような空の時代の感性は、にわかにローズヴェルト政権に浸透していた。副大統領ヘンリー・ウォレスは、一九四四年にATCのスカイマスターで、二万七千マイルの空の旅でソ連と中国を歴訪している。旅行記『ソビエト・アジア特命』（一九四六年）には北極を中心とした正距方位図法の地図が挿入され、ウォレス一行の空路—彼が「北大西洋の虹」と呼んだベーリング海経由の大圏航路が描かれている。[12] 大統領夫人エレノア・ローズヴェルトは南太平洋へ、総計二万五千マイルに及ぶフライトを一九四三年に行う。彼女はオーストラリアとニュージーランドを訪問し、さらにガダルカナルを含む太平洋戦域の島々で戦うアメリカ兵を慰問している。[13]

この「航空時代のグローバリズム」の文脈にあって、私たちが問わねばならないのは、なぜホワイトの世界一周旅行の計画が実現しなかったのか、なぜその計画が大英帝国の機密文書にひっそりと残されているのか、ということである。イギリス外務省は、ホワイトを決して歓迎してはいなかった。それは彼が英領インドで投獄されていた国民会議派のマハトマ・ガンディーやジャワハルラール・ネルーとの会見を求めていたからである。[14] 外務省は「ホワイトの旅行と調査が、[英米]同盟国のどちらにとっても恥をかいたり面倒なことになったりしないように」予防措置を講じて、(時には米国当局との連携のなかで)阻止していったと、歴史家トーマス・ハッチーは述べている。[15]

ここで改めて、ホワイトの旅行の着想の原点であった『ひとつの世界』の地図を眺めるとき、私たちは「ガリバー」が描く円環に微妙な歪みがあることに気づくだろう。「ガリバー」は、連合国インドの上空を飛行することもなければ、着陸することもしなかった。中国へは、ソ連のシベリアから、ウィルキーの表現を借りれば「裏口から」、入国していることを、地図ではっきりと認めることができる。[16] ガンディーやネルーが、帝国イギリスの撤退を要求した「インドを立ち去れ」(Quit India)決議を採択したことで逮捕されるという事件が起きたのは、ウィルキーの出発直前であった。決議はインドの独立宣言となり、それは宗主国イギリスにとって東南アジア戦域での日本軍との戦争を不利にするものにほかならなかった。国民会議派の指導者たちは、刑務所に収監されたが、その場所を特定することはできなかった。[17] このとき、ローズヴェルト政権は相互不干渉の原則を貫き、大英帝国の内政を黙認する道を選び、ウィルキーの訪印に拒否権を発動した。こうして、「ガリバー」が描く「ひとつの世界」からインドが消え、分かち難い言葉であるはずの自由がカラーライン(color line)により分かたれた[18]。

イギリス政府の機密文書に残されていたホワイトの二つの構想(航空機による世界一周と「人種の見地からのグローバルな戦争」の書)は、この未完の自由への革命、カラーラインを超克する空の時代のグローバリズムの希求の表出であったとも考えられるだろう。インド現地での大量投獄と拘束の情報は、大英帝国の検閲にもかかわらずアメリカのメディアに漏えいした。『タイム』誌は、危機発生後の三ヶ月のあいだに六万人以上が拘置され、(かつてのアメリカの奴隷制を想起させるような)鞭打ちの刑罰が少なくとも九百五十八人に行われたことを報じている[19]。監獄の囚人となったガンディーやネルーらの指導者たちは、連合国の中心に横たわる隷属(bondage)への強制を象徴するものにほかならなかった。

しかしホワイトは、遂にインドの地に降り立つことはなかった。イギリスの外務省は、ウィルキーがインド訪問を断念した以上、ホワイトにだけ便宜を図ることは賢明ではないと釈明しようとした[20]。渡印の許可を得られないまま英国に六週間足止めされたホワイトは、三月に北アフリカ戦域へと飛び立ったが、しかし決してインドを諦めたわけではなかった。彼は地球を逆回りして、太平洋戦域の方面からインドに飛ぶことを固く決意していた[21]。そしてこの決意が、次のセクションで論じるように、アフリカ系アメリカ文学の地理的想像力に、本論が「島嶼ブラック・パシフィック」(The Archipelagic Black Pacific)と呼ぶ時空間の地平を切り開くことになるのである。

二　太平洋諸島のアイランド・ホッピング

一九四四年十二月、ホワイトは空の旅を再開するべく、サンフランシスコからハワイへと飛び立つ。英国当局は、ホワイトの飛行計画―「一月十五日頃、重慶[中国]からインド亜大陸に到着し、最初にビルマ前線、それからアッサム、カルカッタ、デリー、ムンバイ、カラチ、そこからモスクワを訪問する」ことを情報として掴んでいた。[22]英国政府はホワイトに、「収監されている国民会議派の指導者たちに会うことはできない」と忠告したうえで、不測の事態に備えて東南アジア司令部に打電した。ホワイトはその限りなく白い肌ゆえ「外見はヨーロッパ人」であるが、有色人種の擁護者で「『人種関係からみたグローバルな戦争』についての本のために取材している」と。[23]

渡印への試みが再度頓挫し、インド・中国大陸が閉ざされた結果、ホワイトの旅は太平洋戦域に限定されることになった。ホワイトは従軍記者として、海軍航空運輸隊(NATS/Naval Air Transport Service)とともに、総距離三万六千マイルに及ぶアイランド・ホッピングのフライトを敢行した。[24]米軍により占領された島々は航空機のネットワークにより連結されていた。ボーイングB-29スーパーフォートレス爆撃機が、原爆(これをトルーマン大統領は「空から降る破滅の雨」と呼んだ)[25]を搭載してテニアン島の滑走路を離陸したのは、ホワイトが島を訪れたわずか六ヶ月半後のことであった。

ヨーロッパ・北アフリカ戦線従軍の時とは異なり、ホワイトの太平洋飛行が『風立ちぬ』のような著書に結実することはなかった。それは軍隊内のジム・クロウにかかわる問題を新聞記事にすることを禁止する軍事検閲のせいばかりではなかった。有色人種との接触を抑制し、「『人種関係からみたグローバルな戦争』についての本」の構想それ自体を困難にするような、従軍記者への軍の規制があった。太平洋戦域では「日本兵の捕虜の身元が特定できるような写真」「捕虜のインタビューおよび捕虜からの引用」「捕虜の内訳(日本人、朝鮮人、チャモロ人)」「所期の目的の達成以前に、米軍の占領に対する島民からの好意的な反応を予想して書くこと」は禁止されていた。(26)

散逸し断片化されたかたちで現在でも残っているホワイトのテクスト群は、米軍のアイランド・ホッピングとNATSの航空ネットワークが織りなす点と線により立ち現れてくる時空間を移動し、検閲と禁止の隙間をすり抜けながらホワイトが素描した「島嶼」ブラック・パシフィックを浮き彫りにする。それはもはやアメリカとアジアを結ぶ「環」太平洋のブラック・パシフィックではなかった。(27)そしてそこに描かれる戦争もまた、もはや環太平洋「国家」である米国と日本の戦いではなく、後述するように島嶼を舞台としたグローカルな「内戦」の様相を帯びるものとなる。

ホワイトが黒人紙『シカゴ・ディフェンダー』のために執筆した二つのコラム記事は、航空時代の島嶼ブラック・パシフィックの表象として特に注目に価する。その一つは、グアム島の「ロビンソン・クルーソー」こと、海軍中尉ジョージ・レイ・ツイードを主題にしたコラム(未発表、一九四六年十月頃)である。日本軍占領下のグアムのジャングルに三十一ヶ月間潜伏したのち米軍に救出された無線技士ツイードは、一九四四年七月に戦争特派員ロバート・シャーロッドとともに本土に帰国し、『ライフ』誌や海軍制作のプロパガンダ・ドキュメンタリー・フィルム『グアム奪還』(一九四四年)等のメディアを通して一躍時の人となる。(28)ツイードは、回想録『アメリカ海軍のロビンソン・クルーソー』（一九四五年）を出版し、グアムで唯一生き残ったアメリカ人である自分が、「アンクル・サム」（米国）はいつか島に戻ってきてくれるというチャモロ人たちの希望の象徴に昇華されていったこと、その希望を担保する彼の生存に彼らが献身的に貢献したことを明らかにした。なかには、日本軍の拷問に耐えかねてツイードの潜伏場所を漏らした者もいた。回想録によれば、日本兵に斬首されたチャモロのデュエナス神父がその人であった[29]。

ホワイトのコラム原稿は、デュエナスの死後、島で唯一のチャモロ人神父となったオスカー・カルボを語る主体に据える。カルボは、グアム奪還時に「米海軍戦艦からの十六インチ砲」による攻撃で島が荒廃し、そのなかで唯一崩れずに残った建物、海軍病院にホワイトを招待し、アメリカ海軍のツイードが語る戦争の物語と対位法をなすチャモロの物語を語る。彼はデュエナスが処刑されたのは、ツイードの居場所を明かすことを拒否し日本軍に無言の「抵抗」をしたからであったと告げる。さらにカルボは、島民たちが巻き込まれていった太平洋戦争を、航空機（airplane）とラジオ電波（airwave）が勝敗を決する空の時代の戦争として述懐する。彼によれば、日本軍占領下、「滑走路」建設のために、粗末な食べ物、米と魚を報酬に「男性、女性、子供が労働を強要された」。日本軍が無線技士ツイードの身柄拘束を島民に執拗に求めたのは、彼が「日本軍施設の情報をアメリカ軍に短波で送信している」と考えていたからだという[30]。

ホワイトは続けて、アメリカのグアム奪還という大きな国家間の戦争の物語の背後に不可視化されていった内戦をあぶりだす。カルボによれば、「白いアメリカ人」であるツイードは、「浅黒い肌のグアムの島民たち」の奉仕を当然のものとして受け取り、食料、電池、挙げ句の果てには「家庭向け新聞には言及することができないような種類の便宜」を図るよう要求したという。なぜ島民たちが日本軍に隠れ家を通報し、ツイードを始末してしまわなかったのかは、ホワイトと「カルボ神父の両方にとって不可解なことだった」。結局チャモロ人たちは日本軍の占領に対する無言の抵抗以外に、もう一つの内戦を戦っていたことになる。それは「グアムのアメリカ海兵隊、船員、兵士たちがもっている偏見」との戦いであった。その戦いのなかで、ツイードは「彼らには許し難いアメリカ人」となった。「彼がこの太平洋の島に敢えて戻ってくるようなことがあれば、グアムの島民たちが[彼]をどんなふうに思っているかがわかるだろう」とカルボは断言する。[31]

ホワイトのコラムは、ツイードのグアム帰還で終わる。一九四六年九月、ツイードは最も忠実な友人であったアントニオ・アルテオに、ゼネラルモーターズのシボレー・セダンを贈呈するために島を再訪するが、カルボ率いる島民グループは、回想録『アメリカ海軍のロビンソン・クルーソー』の「自称ヒーロー」、ツイードに対し抗議のピケを張る。[32]『ニューヨーク・タイムズ』紙はデュエナス神父に対するツイードの誹謗が原因であると報じた。[33]しかし『シカゴ・ディフェンダー』紙のホワイトの黒人読者たちは異なる解釈をしたことだろう。ホワイトが明言するように、島民たちのピケはツイードが、ひいてはアメリカ海軍が、島に「戻ってきた」ことそれ自体に対するものであった。この抗議の身振りは、島嶼ブラック・パシフィックの文脈のなかで多くのことを雄弁に物語る。島民みずからの意思と決定により起こしたわけではない国家間の戦争で島が破壊されただけではない。戦後、米国海軍による統治が戦前と同じように復活すると島民の農地が流用され、グアムはより大規模な軍事基地として再編されていった。[34]ツイード（米国海軍）のサバイバルを可能にしたのは島民たちのアメリカへの忠誠心であったが、それがアメリカの「市民権」を意味することはなかった。二級市民としての従属の対価としてのシボレー・セダンのような贈り物など、カルボら島民グループは欲していなかった。

一九四五年八月には、グアムはもはや太平洋に孤立した小さな前哨基地の島ではなくなった。アメリカの防衛戦略計画の青写真は、ハワイ、グアム、日本の旧委任統治領ミクロネシアの三つの諸島、マーシャル、カロリン、マリアナ、そしてフィリピンを一続きの群島として繋いだ(35)。これらの島は航空時代のネットワークを形成し、東半球と西半球にまたがる太平洋のアメリカ覇権を構築していった。

ホワイトのもう一つのコラム「ジム・クロウ日本に行く」は、航空時代の米軍アイランド・ホッピングにより書き換えられていった人種関係を描くものである。記事はツイードとともに本国に戻った白人従軍記者ロバート・シャーロッドが報じたサイパンの戦いを参照することから始まる。シャーロッドは、一九四四年六月に米軍が侵攻したサイパンでの「日本人の自殺に対する奇妙な執着」、つまり「兵士たちが手榴弾で自決し」、民間人たちが「海に彼らの幼児を投げた後」崖から投身するという、あくまでも捕虜になることを拒む敵の狂信的行為を「アメリカ人には理解できない」ものとして描写する(36)。

ホワイトは、しかしながらアメリカ黒人従軍記者である自分にとっては「理解できないことではない」と反論する。彼は戦時中、戦線からそれほど離れていない島の収容所で、捕らえられたばかりの日本兵と面会する許可を軍から得たことを明かす。通訳を伴って入ると、捕虜の目には恐怖の色が広がった。その肌の色ゆえにホワイトがアメリカ白人兵士のように見えたからである。通訳に促されて捕虜がようやく口にした言葉は、なぜ拷問するのだ、なぜ一気に殺さないのか、という問いであった。ホワイトがアメリカは捕虜の待遇に関するジュネーブ条約を遵守していると答えると、納得できない様子で日本兵は「彼らは黒人をリンチにかけて殺している……そして私の肌も浅黒い。捕らえられた日本兵はみな残虐に殺され、日本の女たちはアメリカ兵によって息絶えるまで強姦されることはわかっている」と応答する。日本の反米プロパガンダと米国南部の黒人リンチの現実が奇妙に呼応した。戦時中、米軍の規制により封印されていた捕虜の言葉を敢えてこのように公けにしつつ、ホワイトは黒人読者たちに問う。「多くの日本人が自分自身と[その]家族のために死を選んだのは不思議なことだろうか」と。(37)

「ジム・クロウ日本へ行く」のコラムは、降伏により米軍占領下におかれ、事実上国民全体が捕虜となった戦後の日本列島で終わる。ホワイトが受け取った黒人GIの手紙には、白人兵士たちがレストランや娯楽施設の日本人経営者に自分たち以外の入店を拒否させ、さらに黒人兵士らを蹴散らしているところを見た日本人が「ますます困惑し不安になってきている」様子が述べられていた。かつて有刺鉄線のなかの日本人捕虜が語った白人兵への恐怖には「十分な根拠がある」ことを日本人はますます確信しているに違いないと、ホワイトは述べる。(38)

航空時代のグローバルな戦争の結末は、地球が分かち難い自由の惑星ではなかったというものであった。米軍のアイランド・ホッピングにより、戦前の自由/束縛の構造が転換され、その後には人種化された社会統制システムが移植された。占領下の日本では、公共交通機関、レストラン、カフェ、バー、ホテル、オフィスビルに、占領軍と日本人を分断するカラーラインが引かれた。そのカラーラインの障壁は婚外性的領域ではしばしば無効化され、ＧＩベビー（なかには黒人ＧＩを父とするブラウン・ベビー）が産み落とされ、人種混交を引き起こした。ホワイトは太平洋諸島の島民たちの肌の色が黒からライト・ブラウンに至るスペクトラムを構成していることを観察していた。(39) それは海洋時代の移動と人種混交の歴史の証左であったが、米軍占領はそのプロセスを予測不可能なかたちで加速していった。

三　核の時代のアイランド・イマジネーション

一九四九年、ホワイトは「アメリカのラジオ・タウン・ミーティング」（ATMA/America's Town Meeting of the Air）の一員として世界一周旅行に飛び立つ。空の時代の主要な二つの戦争テクノロジー、航空機とラジオ電波は戦後、アメリカによる「ひとつの世界、ひとつの平和」構築のための装置となった。ＡＴＭＡの一行は、マンハッタン島のアイドルワイルド空港（現在のジョン・Ｆ・ケネディ国際空港）から、B-29爆撃機を原型として開発されたパンアメリカン航空の大型旅客機ボーイング３７７ストラトクルーザーに搭乗しロンドンに向かった。その後、パリ、ベルリン、ウィーン、ローマ、アンカラ、テルアビブ、カイロ、カラチ、ニューデリー、マニラ、東京、ホノルルの主要都市を訪れ放送討論会を開催した。戦後、国際連合は二つの半球からなるメルカトル図法ではなく、北極点を中心とした正距方位図法で描かれた世界地図をそのエンブレムの図柄として制定したが、ホワイトたち一行のフライトが描く正距方位図法による「ひとつの世界」の旅程からはソ連と中国が消えていた。[40]

旅の途上、ホワイトは遂にインドに降り立つ。英領インドからはパキスタンとインドが分離独立していた。パキスタンの首都カラチでの放送討論会の演壇に登ったホワイトは、ヒロシマとナガサキで幕を開けた戦後の核の時代の惑星のヴィジョンを次のように語る。「東は東、西は西、両者がまみえることは決してない」というキプリングの詩（"The Ballad of East and West"）の言葉は越えられねばならぬ。それは核の時代にあっての二者択一は東か西かではなく、ひとつの世界かゼロかであるからである。不可分を意味する「原子」核の分裂は世界を矮小化し、たとえ、ひとつの世界を埃に、不可分の自由を隷属に変えたとしても、「分裂した原子核が再び結合することはない」とホワイトは述べる。であれば、「私たちはひとつの世界を達成しなければならない、そうでなければ世界はなくなってしまう」と訴えた。[41]

ソ連が最初の核実験を中央アジアのカザフスタンで行ったのは、奇しくもホワイトがアメリカ占領下の日本に滞在していた一九四九年八月二九日のことであった。ちょうど一行は、インドを離陸後、太平洋の島々―フィリピン、香港、沖縄、日本、ハワイをアイランド・ホッピングしながら、米国本土の西海岸サンフランシスコに至る旅程をこなしている最中であった。一行の空路は、中国とソ連からなる大陸から太平洋を分断する冷戦期の東西の境界線を描いているようにも見えた。

ホワイトハウス報道官がソ連の核実験についての政府の公式見解を発表すると、『ワシントン・ポスト』紙（九月二四日付け）はハーブロックの風刺漫画を掲載し、アメリカの核独占の終焉の衝撃を表現した（図5）。星条旗のついた粗末な傘（核の傘）を手にしたミスター・アトムが、無人島の浜辺に人の

（図5）“Mr. Atom—Island Footprint.” Courtesy of the Prints and Photographs Division of the Library of Congress, Washington DC.

足跡を発見し驚いている。ダニエル・デフォーの『ロビンソン・クルーソー』にある有名な場面を下敷きとしたこの政治漫画は、戦後アメリカの覇権意識の中核にあったのが、もはや(西)半球ではなく、島、とりわけ軍事基地化されていった太平洋の島であったことを暗示する。一九四六年七月マーシャル諸島のビキニ環礁での、B-29からの原爆投下による核実験を手始めに、アメリカは太平洋の島々を核爆弾実験場としていく。これらの島々は「無人島」であるとされたが、それは住民を強制的に退去、移住させたことで人工的に作り出されたものであった。アメリカ海軍のロビンソン・クルーソーことツイードの島、グアムでは戦後フェナ地区が核弾頭の保管場所となった[42]。グアムの観光名所ラッテストーン公園の旧日本軍の防空壕に、アメリカの核シェルターのマークがつけられていることはあまりにも有名である。

ホワイトは、二つの半球からなるメルカトルの海洋世界から、航空時代のグローバリズムへの時空間パラダイムシフトを意識的に書き起こしたアフリカ系アメリカ作家として再評価されるだろう。彼は、第二次大戦中に構築されていくアメリカの圧倒的な航空力とそのグローバルな空路網を移動した。それは「自由」な空のアメリカ帝国の版図にほかならなかった。そしてそのなかにあって、あたかも孤立し点在する島のように、「囚人」や「捕虜」として隔離されている人々を、アイランド・ホッピングしながら連結し、カラーラインにより分断されることのない「ひとつの世界」を希求した。ホワイトは黒い大西洋の地理学を書き換えただけではない。メルカトルの平面世界から三次元の航空時代の座標系へと飛翔し、アフリカ系アメリカ文学の地平にトランスナショナリズムと惑星をめぐる新しい想像力の転回をもたらしたと言えるだろう。(43)

◉註

(1) Paul Gilroy, *The Black Atlantic: Modernity and Double Consciousness* (Cambridge, MA: Harvard University Press, 1993), 4; Bill Ashcroft and Pal Ahluwalia, *Edward Said*, 2nd ed. (London: Routledge, 2009), 92.

(2) ハリソンの革新的な地図作成については次の論文を参照。Susan Schulten, "Richard Edes Harrison and the Challenge to American Cartography," *Imago Mundi* 50 (1998): 174–88.

(3) Alan K. Henrikson, "The Map as an 'Idea': The Role of Cartographic Imagery during the Second World War," *American Cartographer* 2.1 (April 1975): 19–20.

(4) Richard Edes Harrison, *Look at the World: The FORTUNE Atlas for World Strategy* (New York: Alfred A. Knopf, 1944), 42–43.

(5) Ibid., 44–45; Schulten, "Richard Edes Harrison," 180.

（6）Walter White, diary, January 2, 1944, New York, box 24, folder 228, Walter Francis White and Poppy Cannon White Papers, Yale Collection of American Literature, Beinecke Rare Book and Manuscript Library, Yale University, New Haven, CT (hereafter cited as White Papers).

（7）Walter White, *A Rising Wind* (Garden City, NY: Doubleday, Doran, 1945), 13.

（8）Ibid.

（9）Viscount Halifax (Washington) to Foreign Office, telegram, November 20, 1943; R. J. Cruikshank (Ministry of Information) to Nevile Butler (Foreign Office), January 18, 1944, FO 371/38609, National Archives, Kew.

（10）Steve Neal, *Dark Horse: A Biography of Wendell Willkie* (Lawrence, KS: University Press of Kansas, 1984), 233.

（11）Wendell L. Willkie, *One World* (New York: Simon and Schuster, 1943), 188.

（12）Henry A. Wallace, *Soviet Asia Mission* (New York: Reynal and Hitchcock, 1946), 26n.

（13）Eleanor Roosevelt, *This I Remember* (New York: Harper and Brothers, 1949), 295–310.

（14）Halifax to Foreign Office, November 20, 1943.

（15）Thomas Hachey, "Walter White and the American Negro Soldier in World War II: A Diplomatic Dilemma for Britain," *Phylon* 39.3 (1978): 242.

（16）Willkie, *One World*, 111.

（17）Manu Bhagavan, *India and the Quest for One World: The Peacemakers* (Basingstoke, UK: Palgrave Macmillan, 2013), 13.

（18）「ガリバー」の飛行ルートの変更については以下を参照。M. S. Venkataramani and B. K. Shrivastava, *Quit India: The American Response to the 1942 Struggle* (New Delhi: Vikas, 1979), 317–18.

(19) "Foreign News: India," *Time*, March 8, 1943, 30.

(20) Foreign Office to Viscount Halifax, telegram, November 27, 1943, FO 371/38609.

(21) R. J. Cruikshank to Nevile Butler, February 10, 1944; R. J. Cruikshank to Angus Malcolm (Foreign Office), February 11, 1944, FO 371/38609.

(22) Secretary of State for India to Government of India, telegram, December 13, 1944, FO 371/38609.

(23) Ibid.; Foreign Office to Supreme Allied Command, South East Asia, January 1, 1945, FO 371/38609.

(24) Commander in Chief, US Pacific Fleet and Pacific Ocean Areas, to Walter White, travel authority, December 22, 1944, box 24, folder 222, White Papers.

(25) "Statement by the President Announcing the Use of the A-Bomb at Hiroshima, August 6, 1945," in *Public Papers of the Presidents of the United States: Harry S. Truman, Containing the Public Messages, Speeches, and Statements of the President, April 12 to December 31, 1945* (Washington, DC: Government Printing Office, 1961), 199.

(26) Press Policy for Forthcoming Operations, August 30, 1944, box 24, folder 222, White Papers.

(27) ブラック・パシフィックを論じた研究には以下のものがある。George Lipsitz, "'Frantic to Join . . . the Japanese Army': Black Soldiers and Civilians Confront the Asia-Pacific War," in *Perilous Memories: The Asia-Pacific War(s)*, ed. T. Fujitani, Geoffrey M. White, and Lisa Yoneyama (Durham, NC: Duke University Press, 2001), 347–77; Andrew F. Jones and Nikhil Pal Singh, eds., "The Afro-Asian Century," special issue, *positions* 11.1 (spring 2003); Gerald Horne, *Race War: White Supremacy and the Japanese Attack on the British Empire* (New York: New York University Press, 2004); Bill V. Mullen, *Afro-Orientalism* (Minneapolis: University of Minnesota Press, 2004); and Etsuko Taketani, *The Black Pacific Narrative: Geographic Imaginings of Race and Empire between the World Wars*

(Hanover, NH: Dartmouth College Press, 2014).

（28）Robert Sherrod, "Two Years Alone on Jap-Held Guam: Hunted by the Enemy, George Tweed Lived in Caves until Navy Returned," *Life*, August 21, 1944, 41–47; United States Navy, *Return to Guam*, film, 1944.

（29）George R. Tweed, *Robinson Crusoe, USN* (1945; Yardley, PA: Westholme, 2010), 259.

（30）Walter White, ["Navy Lt. George Ray Tweed, 'Hero' of the Japanese Occupation"], group II, box A74, folder 2, Records of the National Association for the Advancement of Colored People, Manuscript Division, Library of Congress, Washington, DC.

（31）Ibid.

（32）Ibid.

（33）"Guam Hero Is Picketed for Accusing Priest of Telling Japanese Where He Hid for Years," *New York Times*, September 17, 1946, 9.

（34）Roy E. James, "Military Government: Guam," *Far Eastern Survey* 15.18 (September 11, 1946): 273–77.

（35）Earl S. Pomeroy, *Pacific Outpost: American Strategy in Guam and Micronesia* (1951; New York: Russell and Russell, 1970), 174.

（36）Walter White, "People, Politics and Places: Jim Crow Goes to Japan," *Chicago Defender*, January 19, 1946, 16; and Robert Sherrod, *On to Westward: War in the Central Pacific* (New York: Duell, Sloan and Pearce, 1945), 144–50.

（37）White, "People, Politics and Places: Jim Crow Goes to Japan," 16. 米軍によるサイパン島での日本の民間人調査はホワイトの捕虜に関する記述を裏付けている。調査書は、"the greatest deterrent to surrender appeared to be the belief that they would be tortured or killed" と報告している。(Navy Department, Military Government Field

Report No. 52, "Japanese Civilian Attitudes on Saipan," March 31, 1945, 2, Records of Office of War Information, RG 208, entry 378, box 444, National Archives and Records Administration, College Park, MD).

(38) White, "People, Politics and Places: Jim Crow Goes to Japan," 16.

(39) Walter White, draft article for the *New York Post*, February 2, 1945, 1, Leyte, box 24, folder 228, White Papers.

(40) Town Hall, Inc., "*Good Evening Neighbors*"; *The Story of an American Institution; Fifteen Years of America's Town Meeting of the Air, with a Glance Ahead* (New York: Town Hall, Inc., 1950), 69.

(41) *Town Meeting: Bulletin of America's Town Meeting of the Air* 15.19 (September 6, 1949): 12, 19.

(42) Robert F. Rogers, *Destiny's Landfall: A History of Guam* (Honolulu: University of Hawai'i Press, 1995), 215.

(43) 本論は *Archipelagic American Studies: Decontinentalizing the Study of American Culture*, ed. Michelle Ann Stephens and Brian Russell Roberts (Durham, NC: Duke University Press, forthcoming) 収録の Etsuko Taketani, "The Archipelagic Black Global Imaginary: Walter White's Pacific Island Hopping" の一部に加筆・修正を加えたものである。

第四部　アメリカの中のモンロー・ドクトリン

第八章

南部の西漸と南進

ゾラ・ニール・ハーストンのクラッカー表象

新田啓子

一　西半球とハーストン式コロラリー

本稿は、ゾラ・ニール・ハーストン（一八九一～一九六〇）の散文と小説を手掛かりに、この人物が明敏に知覚し、客観化した二十世紀前半の米国の姿を、そこに透かし見える批判的洞察力とともに浮き彫りにしようとするものである。その像とはつまり、本来英国が協同で採択すべく米国に慫慂してきたものの、米国が当の英国を出し抜いて単独で宣言した大陸間相互の不干渉主義が、時を経てラテンアメリカ領有の方便となり、やがては太平洋地域を中心に「普遍化」されていった一世紀と少しの間の、ダイナミックな一幕として捉えられた物語風景である。ワシントン告別演説に起源する伝統の孤立主義を、膨張主義・帝国主義の方向へ転回させるロジックを孕んだその構想、モンロー・ドクトリンは、ほかならぬ「共和国の生い立ち」により性格づけられた「アメリカ外交の原型」だという（西崎三一）。君主なき自由の領域となることの目論まれた南北アメリカ、すなわち西半球に導入されてしまった矛盾——ハーストンはこれを、いかに看破したのだろうか。作家による政治批評の数編と一編の小説を紐解きながら、つまびらかにしてみたい。

ハーストンの存在は、アメリカ黒人文学史に記された驚異の一つと呼んでおそらく過言ではないだろう。彼女は一九一〇年代から四〇年代まで三世代にわたって展開し、中心人物たちの晩年やその影響関係を含めるならば六〇年代初頭まで余波を残した所謂ハーレム・ルネサンスを代表する作家・思想家・文化人類学者である。(1) ハーレム・ルネサンスとは、奴隷解放から半世紀を経て、北部のニューヨーク、ハーレム地区やシカゴに大量に移住した黒人たちが中・上流の知識階層を形成し、文学・芸術創作や大衆音楽制作をもって、アメリカ文化の中枢にインパクトを及ぼすに至った現象のことである。

ルネサンスを代表する存在でありながら、政治的には非常な異端児であったことから、黒人集団の利害を第一義とした人種政治の圧力により、作家としての道半ばで事実上葬り去られたのが、ハーストンという人物であった。黒人のモダニズムが到達し得た一つの頂点を体現しつつ、他の作家との共通性では考えられない傑出した世界観が物議を醸したその足跡は、彼女をもって黒人キャノンを画定しようとする批評家たちを、困惑させることにもなった。その作家論・作品論には、彼女が純粋な黒人の利害からものを書いていないことを残念がったり、頼まれもしないのにその弁解をしたりする論調が頻出するという傾向が、今日いまだに続いている。(2)

しかし、ハーストンの思想は本当にそれほど両義的であったのか。この導入部では総論として、確かに一元的に読み解くことは難しく、黒人思想のステレオタイプには当て嵌まらないそのロジックの整合性を見極めることから始めたい。小説『彼らの目は神を見ていた』（一九三七年）がブラック・フェミニストに再発掘されて以来、ハーストンの重要性は劇的に見直され、いまでは主要なモダニストたる地位も揺るぎないものになっている。だが、彼女が生前評判を落とした端的な理由は、リチャード・ライトの登場以降、黒人文学至高の目的としてイデオロギー化されていた、白人への「抗議」が不足しているというものであった。その作品や散文では、白人が黒人に対して振るう暴力が中心化されることがほとんどない。それを白人読者への迎合のしるしと判断する傾向が、ながらく続いてきたのである。

けれども実際、彼女の思想は、おのおの可能なやり方で社会に根を張り生きる人間個人の実存と、彼らが受け継ぐ文化や習俗、歴史を見据える不動の姿勢に貫かれている。さらにそれは、そうした個人の生を犠牲にしかねないデモクラシーの機能不全や、集団主義の欺瞞性を容赦なく指摘する彼女独自の論調を作った。「白人に迎合的」という烙印は、まさに一国家の政策にとどまらず、黒人民族運動の政治的脆弱性をも厳しく暴いた論争のスタイルに、不用意に押されたものではなかったか。しかし「私たち」ではなく「私」として語ろうとする黒人を拒絶したいなら、なぜことさらに、ハーストンをキャノンに入れようとするのだろうか。

その知的活動において、集団の利害を前提としたことが決してなかったハーストンは、黒人文学史の主流に加えて奉るより、その異端性から学ぶことで真価を発揮する作家である。彼女の見識の正当性は、直截なあまり時に検閲を余儀なくされたデモクラシー論の精査によって、まず確かめることができるであろう。果たして彼女は、人種問題に向き合わなかったどころではなく、ジムクロウ制度を糺せぬままにラテンアメリカへの介入を図った「善隣」外交の欺瞞について、明瞭な指摘を行ってい た。つまり、より正確を期すならば、ハーストンは人種問題に触れなかったわけではない。モンロー主義を拠り所とし、「自由の帝国」として膨張する米国を批判した論調は、いわば彼女なりのコロラリー(論理的帰結)を形成していた。人種主義は、太平洋を跋扈する帝国主義とのつながりのうちに、痛烈に弾劾されていたのである。

ちなみにいえば、明示的に帝国主義を批判した最初のアメリカ作家といえば、おそらくマーク・トウェインであった。そのキャリア後期に出版された世界一周旅行記『赤道を辿って』(一八九七年)は、ヨーロッパ列強が進出したアジア・アフリカ・オセアニア地域で彼が見出した残虐性を証している。極めて単独的な倫理意識に基づくこの書で、トウェインは、ヨーロッパの植民地主義批判のみならず、米国の、しかもみずからの家系が係わった奴隷制への反省的な自己批判をも展開していた。(4) かつて丸山眞男が「〝言葉〟による自慰への衝動」と批判した「党派性」に陥ることのない(三六)、こうしたトウェインの見識は、果たしてハーストンの世界観にも共有されていた。周知のとおり、バーナード大学でフランツ・ボアズに師事した彼女は、一九二七年以降、フォークロアの実地調査で、米国深南部や中米・カリブ海地域を少なくとも八回以上訪れている。そこでの見聞は、近代化を背景に進んだ有色人種の政治的主体化と米国の軍事化の様態に対する、彼女独自の問題意識を先鋭化したに違いない。

後年論争に付された自伝『砂にまみれた路上の轍』(一九四二年)も、そもそもが植民地争奪戦の様相を帯びた第二次大戦への批判をもって、締めくくられたものであった。だがその章は、パールハーバー攻撃を経た米国が参戦を決めた時節柄、ながらく削除されてきた。ハーストンはいう。「私の周囲では」ナチスに侵されたヨーロッパの「運命をめぐり苦い涙が流されている。だが告白しよう、私の目はむしろ乾いていると。ドイツがオランダで徴税する光景を思い浮かべて身震いする人がいるけれど、アジアの植民地で貧民の賃金から十二分の一を徴税しているオランダを責める声はまったく聞こえてこない」(*Dust* 251)。果たして、時の大統領フランクリン・ローズヴェルトが植民地の解放という大義を謳い、その争いへの参入を決めると、彼女はその論調をより直説的に、臆さず強めていくのであった。「ローズヴェルト大統領は、彼の自由の四原則をはるか海外に広めるよりは、ここアメリカの人民に施した方がよいのではないか」(*Dust* 251)。

つまりハーストンは、自由という標語を使って軍事大国化を推進しつつ、その実、国内の人種問題——マイノリティをめぐる自由の蹉跌——を放置する政策を一貫して譴責した。ローズヴェルト死後の四五年十二月には満を侍し、「このデモクラシーに夢中」と題する論説を発表する。ここで彼女は、かつて米国を「デモクラシーの兵器廠(arsenal)」と称した故大統領の言葉を取り上げ、揶揄したのであった。「多分私が聞き違えただけかも知れない。このたわいもないアメリカの単語がイギリス風に発音されたものだから。グロートンとハーヴァードを出たFDRは、イギリスの言葉でデモクラシーの『けつの穴みたいなやつ(arse-and-all)』とでもいったのかしら」(*I Love* 165)。アメリカの大義に潜む嘘に厳しいハーストンのレトリックでは、たとえ日本の軍国主義を非難する文脈にあってさえ、あくまで米国を直接の標的に据えていた。彼女によれば、日本版帝国主義は、「日本人がアジアのいたる所で我々の唄を歌おうとする」倒錯から、惹き起こされているのであった(*Dust* 250)。すると、「大東亜共栄圏」とは汎アメリカ主義の亜流であり、日本の敵性の本質には、ほかならぬアメリカニズムがあるのだと、彼女は主張したことになる。ハーストンの筋書きは、このように迂遠ながらも、ジムクロウを抱える米国の政治に常に射程を合わせていた。

ラテンアメリカは、アメリカ流「共和国」を目指しているとの物語で「西半球」を覆い尽くし、「有色世界の全土を統べる重荷をみずから背負おう」とする米国の理念は、しばしば非難を受けてきた。だがハーストンは、その理想は「受け入れたいし、そのための実験にも諸手を挙げて賛成する」と記している(*I Love* 166)。しかし彼女にとっての実験とは、「現在この国に残るすべてのジムクロウ法の、いまここにおける撤廃」に尽きるのであり、「嬉しげに戦争に加担して、何十億ドルもの金や何百万もの命を差し出す」ことではあり得なかった(*I Love* 167)。

さらに一筋縄でいかないのは、当のラテンアメリカに対しても緩まないハーストンの批判である。とりわけ現地の統治者たちは、決して米国の「被害者」ではなく、各国にみられる政治的汚点は、少なからず有色世界それ自体の問題であると、彼女は喝破したのであった。例えば、「英国の白人と黒人の間より、ムラートと黒人の間にこそより鮮明なジャマイカのカラーライン」には、肌の濃淡でカーストを作って「黒」を蔑む、平等主義とは程遠い同国民の心性が露わになっているという(*Tell* 6)。他方で「上流ハイチ人の自己欺瞞」は、「都合の悪いあらゆることへの責任を否認する、明白な傾向」に見出されている。「彼らによれば、ハイチのあらゆる病弊の責任は、外からの影響、大抵は米国かサント・ドミンゴにあるらしい」(*Tell* 84)。(5)

ハーストンにとっての西半球、それは、一元的な支配=従属の枠組みでは、読み解き得ない領域であった。しばしば誤読されてきたように、その論調は、帝国主義を容認しているわけではなく、むしろモンロー・ドクトリンの矛盾を正しく指摘さえしている。同時に彼女は、貧困や政治的混乱の責任を植民地主義に転嫁しがちな、もしくは民衆を切り捨てたがる有色系の上流層にも容赦ない。実際ポスト植民地状況とは、暴力の主客を、あるいは支配の原因と結果を容易に峻別することができない、このような様態を指したものではなかったか。ハーストンは少なくともその多元的な視軸から、「自由」や「平和」、「繁栄」の意味をプリズムのように屈折させ、植民者のものであれ、被植民者のものであれ、夥しい自己正当化の瞬間を作った西半球という空間を、描いていたといえるのである。以下では『スワニー河の天使』（一九四八年）に立ち入り、膨張するアメリカを捉えたこの作品の非凡な意匠を、明らかにしてみたいと思う。

二　病理的存在から新興経済階層へ――南部再建とクラッカー

『スワニー河』はいくつかの点で、ハーストンの作品群でも際立った特徴をもっている。彼女はこの小説で、「真の南部」を物語化することを志し、かつ、あえて白人を主人公に据えた。これは彼女のキャリアでもただ一度限りのことであり、また意識的な賭けであった。早くも四二年には、支援者にして友人であったカール・ヴァンヴェクテンに宛て、その意気込みを語っている。「ハリウッドからも少しだけど資金を得て、ニグロは白人を描かないという古い馬鹿げたルールを壊すべく望みをかけているところです」(6)。果たしてこの構想は、南北戦争後のアメリカ史の明暗を映し出す卓越した南部像へと具体化されるわけであるが、この時代、黒人作家にとっての南部は、それほど馴染みの舞台ではなかった。ヘメンウェイが述べるとおり、「ことルネサンス期に文壇に加わった作家の中には、南部の僻地を身近に知る者はほとんどな」く、ハーストンだけが例外的に、その地における黒人の暮らしを知悉していた("Zora" np.)。近代化するアメリカから取り残された黒人庶民の生活を、民俗学的知識を駆使して描いた彼女の位置づけが、ここにも窺えるであろう。

だがヘメンウェイは、彼女がそれゆえ、「当時の知識界最大の難題、つまりエキゾティックな原始趣味」に加担したという指摘を行う("Zora" np.)。これはある意味で正しいが、ある意味では紋切り型の批判を導く見方といえる。ここで確認しておくべきは、彼女は基本、白人の支配とは無縁であるかに感じられる、黒人の自律的なコミュニティを描くことに拘っていたという点である。『彼らの目』をはじめとした作品群、所謂「イートンヴィルもの」がそれにあたるが、ここには黒人の生き様を粉飾せず、ただ知らしめることに心血を注いだ彼女の立場が表れている。『スワニー河』は、これと同じ手法から、当時はほとんどその実像がわからなかった南部白人社会に斬り込み、そこに働く力学を物語化したといえるだろう。この作家が試みた周縁社会の脱神話化とも呼ぶべき手法は、特に底辺層に照準を絞り、南部の僻地が、その実いかに米国の覇権化を担うことになったかを、映し出しているのである。

この小説でハーストンが主題化したのは、スワニー河流域のソウリーという架空の町に住むクラッカーである。「白い屑」という蔑称でも知られるこの集団は、多くは農業が成り立たない山間部で、林業や製材業、松脂採取に携わる白人貧困層であった。彼らは南北戦争後、解放された黒人とならび、文学の新たな素材として注目されるようになった。みずからを米国民と見なすよりは、むしろ英国に親近感を抱きながら「貴族」を自称したプランテーション経営者たち。彼らを主人公とした旧南部は、まさに「固有の体制」として、ながらくロマンス化され続けてきた。敗戦によるその体制の崩壊後も、なお騎士道と奴隷たちの献身が彩る「パストラルなエデン」像へのノスタルジアが残存していた。だが、その象徴の循環を断ち切り、南部を初めてまともなリアリズムで描くための切り札の一つが、クラッカーとされたのである。(Tourgée 533-35)。

ハーストンは、再建期からやや降った時代において、そのような南部小説の創作を実践したということになる。奇しくも当時、クラッカーへの関心が、また新たに別の根拠から高まっていた。ちなみに現在、クラッカーへの社会的興味に、優生学の影響を跡づけた研究成果が散見されるが、その関係が作られたのが、ちょうどこの時代であったようだ(7)。例えば、小説の出版とほぼ時を同じくして出た文化人類学の論文に、以下のような記述が見られる。

> 地理的孤立と、それに伴い発生した集団の隔離で近親交配関係が進み、それがまた同族集団を拡張した。(中略)さらに信教の面においては、原理主義的プロテスタント信仰が、その地域を支配した。(中略)「クラッカー文化」は、「プランテーションに依拠した南部」の対比的存在といえるだろう。後者において白人は、生物学的、より最近では文化的優越性を根拠とし、おのれの優位を想定する。それに対して「クラッカー」は、反抗的な子供のような不肖さを根拠に、ニグロをおのれの劣位と見なす。(Hill and McCall 226)

この一節は、『スワニー河』執筆当時のクラッカー理解を知る手がかりとなるだろう。二人の著者は、この社会集団を「文化的地勢」という語で概念化しているが、彼らが挙げる最も顕著な特徴は、同族婚である。異人種混交とともに、南部の暗黒をセクシュアルに、扇情的に伝えてきたその習俗は、遺伝的な問題性を示唆しつつ、グロテスクな性実践のイメージを強化している。原理主義的信仰の伝播も、閉鎖性に起因する彼らの無知を印象づけるに違いない。

また、さらにここでは、クラッカーはプランテーションに依拠する南部と、対比的な存在であると位置づけられる。奴隷制を土台とした農本主義下の白人が、みずからの優越性を前提とした世界観をもっていた反面、クラッカーは、おのれの優位を、誰かを蔑むことによって作りだす必要があったのである。つまり彼らは、子、あるいは目下であるにも拘らず、礼節をわきまえないという理由から、黒人をことさら劣位と見なし、かろうじて体面を保っていた。だが、両者を「親子」となぞらえた比喩は、クラッカーと黒人は、本質的には大差ない存在であることを、暗示するものにほかならない。

彼らにまつわる淫靡な性と遺伝的障害、また、ことさらに強い人種偏見と白人優位の信条は、ハーストンの主人公にもすべて反映されている。エスノグラファーであった彼女が、この特徴への知識を有し、人物造形に活かしたとしても、まったく不思議はないであろう。事実彼女は、連邦作家計画が企画したフロリダに住むクラッカーの調査にも、直接関与していたという(Jackson 643)。つまり彼女は、その集団の実態にも、彼らに対する優生学的見解にも、同時に通暁していたのであった。

では、ハーストンの描いたクラッカーの町、ソウリーとはどのような地域なのであろうか。それは歌曲作家のフォスターが感傷を込めて美しく描いたスワニーとは、著しく異なる場所であった。

フロリダの西部、有名なスワニー河のほとりにソウリーという町がある。町は曲がりくねった流れに沿って、南寄りに位置している。それはスティーヴン・フォスターが、原始林を縫う急流やその深み、さらには飲み水を取る水源に吸い寄せられる化学物質で赤く染まったその水面を、一度も眺めず有名にした河であった。（中略）ソウリーの暮らしは、製材所と松脂の蒸留所からほとばしり出ていた。さらにそこは、無知と貧困、退治しきれぬ寄生虫のすみかであった。

（*Seraph* 1）

物語冒頭のこのくだりは、この町に生きる人々が晒される水質汚染や寄生虫の害悪とならび、はびこる無知に起因する劣悪な環境を印象づける。それゆえ、戦後、南部に押し寄せた北部人も「ソウリー周辺には住む理由を見いだせず」、「再建期はすでに一世代も前のことである」というのに、地元の男たちの多くはいまだに「グレーの南部連合の軍服を着続けている」（*Seraph* 2-3）。そのような、進歩から取り残された集団に属するブロック・ヘンソンは、この小説のヒロイン、アーヴェイの父親であり、松脂採取の親方であるが、「彼がこれまで稼ぎ出したことのある金は、多くても月に百ドルを超えたことはなく」、「築十年になる羽目板造りの粗末な家は、手入れもされず醜く古び」る一方であったと記される（*Seraph* 9）。

果たして主人公のアーヴェイは、この町においてすら、群を抜いたみそっかすとして成長する。

共同体は、ほどなくアーヴェイ・ヘンソンを「気違い」ではないにしてもかなりおかしいと踏むようになった。姉のロレインとは似ても似つかない。血の気が多いとまではいわないが、あの逞しく、田舎者が好む意味でのいい女。(中略)ロレインは、一家のうちでも父方の性質を受け継いだのだ。対してアーヴェイは、母方の一族によく似ており、それは彼らもある程度、そのとおりだと認めていた。マライア・ヘンソンは度を越した信心の持ち主で、あまり笑わず、おとなしく柔和な人間として通っていた。年寄りたちは、マライア・ヘンソンが幼い頃、ちょうどいまアーヴェイを襲うのと同じような引きつけやけいれんを起こしたことを覚えていた。

(*Seraph 6*)

ほっそりとしたアーヴェイは、相応にチャーミングだと読めるように描かれているが、この町の基準では、魅力のない少女として疎まれている。粗野な面があるにも拘らず、逆に人気者の姉と比べられては、常に馬鹿にされている。そのうえ母マライアの血筋からきたらしい癲癇のような体質が噂され、自尊感情を失っている。彼女は常に自信がなく、ただ狂信的な信仰のみを支えとした引きこもりとして描かれるのだ。ここには確かに、クラッカーと劣生遺伝を結びつける言説に則った設定が見て取れる。しかし、アーヴェイの人生はやがて大きく転換する。この貧乏白人の閲歴は、ハーストンが看破していた南部の版図と連動し、その「栄達」がメインプロットを動かしているのだ。

その展開の概略をまずは確認しておこう。ひときわ卑しまれたクラッカー中のクラッカーであるアーヴェイは、二一歳の時、戦前はプランターであった家の出だと自称する流れ者、ジム・ミザーヴに求愛されるが、ほどなくデートレイプを受け、それを契機に加害者の彼と結婚する。このエピソードに集約されているように、ジムの不遜ぶりは物語全編で強調される。だが同時に、彼は確かにソウリーでは前例のない才知ある人間としても描かれる。(8) 彼は見る間に松脂採取で頭角を現し、仕事仲間の黒人たちをうまく使って、やがて密造酒のビジネスを始める。それで財をなす一方で、その後も果樹収穫労働者としてフロリダ南部に移住するが、今度はその現場監督を経て、みずから広大な果樹農場の経営者にまで駆け上がる。さらにその事業が軌道に乗ると、今度はメキシコ湾のエビ漁業に進出し、最終的には何隻もの船を所有する実業家として成功する。それに伴い、妻アーヴェイの社会的地位が向上するのはいうまでもない。

しかし、そもそもレイプから始まったこの夫婦の関係がスムーズなものであるはずはなく、社会的上昇の筋書きにおいても、アーヴェイは幸福そうには描かれない。彼女は常に、夫と自分の落差を意識し、劣等感を抱えている。それを物理的に表しているのが、結婚後間もなく彼女が産んだ長男のアールが、奇形児だというエピソードである。

アーヴェイは自分の赤ん坊を見て、ことの次第を理解した。ジムに似たところはひとつもなかった。髪の毛とまつ毛は真っ白だった。金髪ということもできるだろうから、がっかりはしたが深刻には取らなかった。だがそのほかの点は、アーヴェイに恐怖の叫びをあげさせた。(中略)こんな子をジムが気にいるはずがない。この子を見て思い当たる人物がいるが、それは誰？

ついにわかった。息子はチェスター叔父にそっくりだった。母親の末の弟のことである。(*Seraph 67-68*)

腕から指、さらに頭の形を始めとし、多数の欠損を抱えたアールは、ジムと似たところはないとされ、結局彼は、再びアーヴェイの母方の血の産物とされる。この子に名前さえつけようとしない夫の態度とみずからの血統への負い目から、アーヴェイはしばしば彼に怒りをぶつけるが、その度に繰り返すのは、白人＝クラッカー＝黒人という南部社会の三階層中、一番下はクラッカーという理解であった。「あんたはどっかのご大層な身分の出だけど、あたしは松林育ちのクラッカー、どうせ貧乏な白い屑です。あんたたちにいわせれば、黒んぼの方がこっちよりまだマシなんだ」(*Seraph* 126)。彼女はこのように言い切りながら、自分の主張など、夫にとっては黒人使用人の言葉にさえ劣るものに違いないと嘆くのであった。

とはいうものの、白人と黒人の狭間において翻弄されるクラッカーも、裏を返せば「新興経済階層」としての伸びしろを具現した存在である――ハーストンはそう捉えていたからこそ、この物語を着想したに違いない。白い顔をしていながらも、境遇的には黒人と同等のクラッカーは、黒人を蔑むことを止め、逆に彼らと協働するという才知さえあれば、これまでにない経済的な成功を掴むことができるのである。ジムはまさに、そのようにしてのし上がった人物であった。自己疑念への反動から、ひときわ激しい人種意識を囲い始めるアーヴェイとは反対に、ジムは黒人をみずからの「クルー」として対等に遇し、彼らからも「完璧な紳士」と慕われる。黒人の忠誠と惜しみない助力を勝ち得たジムは、果ては「黒人居住区の地下構造」まで手に入れることに成功し、首尾よく彼らの支配者となるのだ(*Seraph* 82)。ハーストンは、この経過をドラマ化し得たことにより、クラッカーを優生学の枠組みから外した。彼らの動静を、経済的覇権主義の論理のうちに見据えたのである。こうして『スワニー河』は、クラッカーという題材から戦後南部社会を捉えた、リアリズム小説となったのである。

三　クラッカーの上昇＋他者の抑圧＝アメリカの膨張

ジムとアーヴェイの経済的成功が究極的に浮き彫りにするのは、ながらく停滞した戦後南部が新南部として再生し、ひいては米国の繁栄を共有するに至った道のりと見ることができようか。しかしハーストンは、決してその上昇を言祝いでいるのではない。表面上はクラッカーの成功物語と見えるこの話は、数々の皮肉がちりばめられた複雑な含蓄を仄めかしている。ジムの経済的快進撃を追う限りでは見失いかねない暴力に満ちた裏面や細部を、作家は念入りに書き込んでいるのだ。まずミザーヴ家のドラマには、その要所に様々な性暴力が記されていた。まず冒頭部には、アーヴェイがジムに犯されたくだりが生々しく置かれている。「糊の効いた布地が裂ける音とともに、衣服は情け容赦なく足のほうに引き摺り下ろされた。(中略)長く彼女を苛んだ敗北感と非力なことへの無念さが、一斉に蘇ってきた」(*Seraph* 51)。自己嫌悪に苦悩するアーヴェイの心理を介したこの描写のみならず、その後交わされた二人の会話もまたおぞましいものである。「あたしレイプされたのね」というアーヴェイに対し、ジムは、「ああそうさ、しかも徹底的にやられた」、「でも一度っきりで終わると思うな」、

「お父なんか呼べないところで、これから毎日生きてる限りずっとやられ続けるんだよ、お前は」と答えている（*Seraph* 56-57）。

そのような「結婚」が成立したのちも、この家では、今度は成長した障害児アールが、ポルトガル系の使用人、コレッジオの美しい娘に付きまとって襲い、ブラッドハウンドを連れた自警団に射殺される事件が起きる。コレッジオとは、ジムが果樹園経営に乗り出す際に雇った、いわば事業上のパートナーである。しかしアーヴェイは、独自の排他的論理から、その一家には悪感情をもっていた。「[ポルトガル人ということであれば]奴らは外人だ。アーヴェイにいわせれば、外人は何であれ本物の白人ではない。本物の白人は英語を話し、おかしな訛りなどあってはならない」（*Seraph* 120）。

この主張には、他者を排斥することにより、白人性を自己確認するクラッカー流の論理がある。自警団によるアールの射殺は、無論問題のある所業であろう。レイプ嫌疑で黒人男性を惨殺した南部特有のテロリズムは、折しも同時期、ピークを迎えていたはずだ。しかしこの場面でアーヴェイは、差別意識のあからさまな言い分で息子を庇うことしかしない。「アールは別に悪くない。あの子は、わかる？ あんた[ジム]があの狂った外人を引き込むまではおかしくなかった。あの他所者たちは、普通の人間と違った臭気を発してるに違いないんだ。だからアールはおかしくなってしまったのよ」（*Seraph* 125）。

おそらくは障害をもつことにより軽んじられた息子の命を奪われるという、通常ならば「悲劇」というべきこの事件は、もっぱらアーヴェイの歪んだ人種意識によって、加害と被害の線引きができない、（こういってよければ）救いようのない生存構造を露わにする。物語終盤には、果樹農場のあるシトラベルの豪邸で午睡中のアーヴェイが、ソウリー時代から一家に仕える忠実な黒人使用人、ジョーの息子が、網戸越しに自分を睨んでいることに気づくという場面がある。彼に気づいた「アーヴェイは、慣例に従い、即座にレイプと殺人のことを考えた」(*Seraph* 269)。黒人に強姦され、殺される自分を夢想する彼女であるが、実際、この小説におけるレイピストとは、常に白人、しかも彼女自身の夫と息子であったはずではなかったか。この人物の判断力が正反対に狂っているのは、偏見のなせる技なのであろうか。

ミザーヴ家に蔓延する性暴力には、これ以外にももう一つ、その性格を明白に徴づける例がある。ジムとアーヴェイの間には、アールのほかにも、ともにジム似の男子と女子が一人ずついる。この子供たち——ケニーとアンジェリン——は、おそらく幸福といってよい育ち方をしていくのだが、それだけになおきわどい形で、暴力の関係を体現している。二人は幼い頃、前出の使用人、ジョーの娘ベリンダを遊び仲間としていたが、ケニーが彼女に、線路の脇で逆立ちさせ、プルマンの乗客から投げ銭を集めるというエピソードが折り込まれるのだ。「ベリンダは下着をつけていなかった。逆立ちをすると、スカートは顔に覆いかぶさり、艶やかで小さな黒い臀部が、太陽の光を浴びて輝いた」(*Seraph* 110)。つまり、「無邪気な」ケニーは、「彼の生徒の好きにまかせる」という体裁で、その身体を見世物にしていたのである。

こう見ると、ジムもアーヴェイもその子供たちも等分に、共感し難い人物として造形されていることがわかる。前段で見たように、少なくともジムが巧みに惹きつけた彼の有色「クルー」たちは、彼に感謝し、献身を惜しまない。しかし、性と人種が必然的に係わった暴力の循環に鑑みれば、黒人やブラジル人との協働の末、繁栄を手中にしたミザーヴ像には、かなりのアイロニーが込められているのを見抜く必要があるといえる。アーヴェイとの関係が端的に示しているように、彼が協調を求める者は、その実、彼に仕えることを求められた非対称的主体なのだ。そう考えると、ミザーヴ（Meserve）という名前にも、「私に仕えよ」（serve me）というメッセージが、仕込まれていると見えてくる。

このいきさつを象徴的に示すのが、ジムが、大型開発プロジェクトを進めようとする場面である。彼はある時、ミザーヴ地所の西側に広がる湿地帯を埋め立てて、おのれの支配の及ぶ範囲をさらに拡大しようと図る。

> あの群れをなした黒人たちは何か不思議なことを見たり聞いたりしたのだろうか。あるいは何か奇妙なものの存在を感じでもしていたのだろうか。（中略）それ相応の人々は、新しい開発地に地所を購入し、もう富を享受していた。ハウランド開発はシトラベルと周辺地域に多大な恩恵をもたらした。それは進展し、町には階層が出来上がった。もとあった沼地の境界線は、鉄道線路のような起伏を形成した。この勢いに参画できた者たちは西へ移動して行った。（*Seraph* 196-97）

沼を埋め立ててしまうなど、彼ら自身は想像もできない途方もない工事のために、黒人の群れが集められる。その一方で、選ばれた人々は、開発予定地をいち早く買うことを許されて、利権を求めて西へ西へと移動して行く。ちなみにこの時点において、娘のアンジェリンは、大学で知り合った北部の実業家、ハウランドの息子と結婚している。無論「ヤンキー」に対しても嫌悪感をもつアーヴェイは、はじめこそ当惑を隠さなかったが、果たしてその姻戚は、結果的に、土地開発をより有利に進めるための、強力な原動力となったのである。

しかし、この展開の意味は、無論字義どおりに取るべきものであるはずがない。ハーストンにとり、西とは常に、先住民の征服や駆逐の記憶とともにあった。アーヴェイの故郷ソウリーは、もはや多くの者の記憶から薄れてはいるが、もともと「頑固に抵抗を続けたインディアン」の土地であった（*Seraph 2*）。結局は彼らを殺し、または追い出すことで作られたというこの町の前史は、ハーストンの自伝における出身地の記憶と重なっている。ミザーヴ家第二の拠点シトラベルは、ソウリーより南に下った地域にあるが、南フロリダといえば、まさに作家の故郷イートンヴィルが位置した地方でもあった。

そこ［イートンヴィル］は、そもそもブラジル行きの船に乗った三人の白人から始まった。彼らは北軍の将校であった。激しい戦争が自分たちの側の勝利で終結すると、三人は南米に向かって出発した。戦後の苦難が彼らの故郷を困窮させていたからだろうか。（中略）彼らもまた、無数の若者の例に漏れず、新しいフロンティアを求めて旅に出た。

だが、彼らはブラジルに降り立つことはなかった。三人は船中で話し合い、合衆国に舞い戻り、南フロリダのまだ開拓されていない土地の上に、自分たちのフロンティアを見つけようと決めたのであった。（中略）

南フロリダは一七〇〇年代中盤以降、血で血を洗うような暗黒の土地となっていた。スペイン人、フランス人、イギリス人、インディアン、アメリカ人の血が惜しむことなく流された。

(*Dust* 1-2)

ハーストンが自伝冒頭に明記したこの故郷の由来は、入植以来のアメリカに関する彼女の理解を伝えていよう。西半球の自由を謳ったモンロー・ドクトリンは実質的に、中南米を、米国の主権範囲として再定義するというニュアンスをもった。それと似て、イートンヴィル建設の父祖たちにとっては、南フロリダとブラジルは、代替可能な地であった。元来もっぱら西を意味した「フロンティア」は、奇しくもここではむしろ南を前景化している。

またその父祖たちが、本来「ヤンキー」の側、つまり南北戦争を機に覇権を手にした北部側、言い換えれば「合衆国」の側にいたことをはっきり示すハーストンは、米国南部の地政学的位置づけに対する、おのれの知見を表明しながらこれを綴ったということになる。つまり再建期における南部は、アメリカ国家の一地方というよりは、占領された地域であった。そこはつまり、ただ方角的に南米と結びつけられているのではなく、被支配者の地位に甘んじるという境遇から、南米と運命をともにしていたのであった。

けれども、敗戦を経て合衆国に再編されている以上、南部は被支配から支配の側へ、転向しうる地域であった。つまり、おのれよりさらに南を獲得し、さらには西に進出する、覇者の進路に合流すればよいのである。南部クラッカーの松脂採取労働から出発し、いまや北部資本とともに繁栄する実業一家、ミザーヴの辿ったヴェクトルは、あからさまにそのモデルに則ったものである。さらに彼らの栄達は、西や南で折々に出会ったマイノリティの奉仕なしには果たされ得ないものであった。小説は、日が昇ったメキシコ湾を航行するミザーヴ家の船「アーヴェイ・ヘンソン」号によって閉じられる。

彼女[アーヴェイ]は、昇りつつある太陽を見つけた。それはあたかも、東の地平線に固定されたベッドから、大きな光の球体が飛び出し、赤い布団を背中に引き摺り、上空に登ったかのように見えた。アーヴェイは、自分とジムの乗る「アーヴェイ・ヘンソン」号を、太陽が見つめる光景を、また波紋の広がる水面にできるバラ色の航路をまっすぐに照らす光景を想像した。与えられた仕事をしっかりやり遂げているか確かめるために、太陽が自分を照らしているという図を思い描いてみたのである。（*Seraph* 352）

繰り返すなら、ミザーヴは、シトラベルでの成功の後、メキシコ湾のエビ漁事業に進出している。ここに航行する船の名は、クラッカー時代のアーヴェイのメイデンネームを戴くものに相違ないが、そのことがなお一層、プランターの退いた後の、新しい南部の方向性を印象づけているだろう。

夫との確執や別居を経て、ここに戻って来たアーヴェイは、いまやこの華々しい大団円の中心にある。この意匠には、西と南に膨張を遂げた米国の覇権主義的トレンドに、ついに乗ることのできた主体を念入りに選んだハーストンの皮肉を込めた批判的意図が、示されているのではなかろうか。凡百の成功者なのではなく、支配者と被支配者を媒介し、征服とも、保護とも、共存共栄ともつかない、多義的な関係を築くための合理的な足場をもつ者。それこそクラッカーだったのである。かつて「白い屑」として蔑まれたこの集団は、最低限、「白人」という利点から、西漸と南進に参画し得るライセンスをもっていた。彼らがそれを成しうる時、戦後南部は、合衆国南部(the US South)として、発展的に解消する。それはまたクラッカーが、米国市民として立ち上がる瞬間のことでもあったのである。

◉註

(1)黒人の知的・芸術的活動が一つの潮流として認知されたきっかけは、アラン・ロック編『サーヴェイ・グラフィック』誌特別号『ハーレム――ニューニグロのメッカ』(一九二五年)の発刊であった。ハーレム・ルネサンス公式の始点は、ゆえに、ここに求められるべきであろうが、同アンソロジーで紹介された作家たちの創作活動は、すでに一九一〇年前後から始まっていた。

(2)ハーストンの著作で最も頻繁に問題視されてきたのは、彼女の論調が、前提的あるいは自動的に黒人や被植民者などの立場に加担するものではなく、いきおい表面的に、白人主流文化に同調していると見えかねないという点である。とりわけ多くの評者に「不可解」と形容され、否定的に受け取られてきた作品が、自伝『砂にまみれた路上の轍』である。彼女の評伝作家であるロバート・ヘメンウェイは、同書を「ハーストンの名声に傷をつける」ものと断じ(276)、アリス・ウォーカーは「ゾラが書いてしまった最も不幸な本」と嘆き(xi)、ネリー・マッケイは「最も問題性のある黒人女性の自伝」(179)であると論じた。こうした批評家の取り上げ方の問題性については、過去に詳しく論じたことがある。拙著「マイノリティー集団の自画像とアメリカ像の変容」(二〇〇六年)を参照されたい。

(3)ライトは一九三七年の『ニュー・マッセズ』誌上で『彼らの目は神を見ていた』を書評し、同作が、「思想もテーマもなく、解釈に耐える作品ではない」と酷評した。この小説が、たとえ巧みな心理描写や黒人詩学に伝統的な「官能性」を備えていたとはしても、「白人を笑わせるミンストレル的技法」に依拠しただけの駄作であると断じたのである(Wright 22)。

(4)例えばトウェインは、寄港地の一つであるボンベイで、ある現地労働者がドイツ人に理不尽な体罰を受けている光景を目の当たりにし、体罰を施す側の破廉恥さとともに、殴られて痛みに耐える人の屈辱を問題化している。さらに彼は、この時に覚えた嫌悪感を、暴力の主への非難に変えるだけでなく、かつて奴隷制の下に支配者として身を置いた父親が、なんのためらいもなく同様の行動を取っていたことを明記して、再帰的な批判を展開している(Twain 255-56)。

(5)このような批判が、黒人批評家の不興を買ったことは間違いない。けれども彼女の真意は、当時より盛んに提唱されていた「人種意識」の向上や「人種的団結」の美辞麗句が、実際には機能していない現実を示すことにあったのだろう。こうしたスローガンを弄しつつ「人種の指導者」を自認するのは、決まって「上品なニグロ」や「思索的ニグロ」である(*Dust* 161)。しかし彼らの実像は、低階層化された黒人たちを民族の恥として蔑視する人々であった。ブードゥーのエスノグラフィである『わが馬よ語れ』の相当な紙幅がこの種の批判に割かれているのは、ブードゥーが往々に、黒人エリート層からは奇習として蔑まれ、

「外国人の悪意ある嘘」とされている状況に対する、ハーストンの強い批判の顕れである（*Tell* 83）。

（6）ハーストンがヴァンヴェクテンに宛てた一九四二年十一月二日付書簡より。ここに記されている通り、ハーストンの構想にはハリウッドのＲＫＯピクチャーズが興味を示し、結局頓挫するものの、しばらくは映画化の計画も進んでいた。

（7）犯罪学分野における重要書としてはNicole Hahn Rafter, *White Trash: The Eugenic Family Studies, 1877-1919* (Northeastern UP, Lebanon, NH, 1988); ジョージアの一地域に特化した歴史研究としてはMegan Kate Nelson, *Trembling Earth: A Cultural History of the Okefenokee Swamp* (Athens: U of Georgia P, 2005); 概念的な面においても読み応えのある社会学的研究としてはMatt Wray, *Not Quite White: The Boundaries of Whiteness* (Durham: Duke UP, 2006) を参照。

（8）とはいえジムも、同じクラッカー階層であることには変わりない。この男の遣り手ぶりに感心したソウリーの住人が、彼の吹聴する出自（戦前はアラバマ川付近にプランテーションを保有していた家系の出）を信じることは自然ながら、むしろここに、本質上は大差ない人間を位階化する（ちょうどクラッカーがみずからと黒人の間に行ったような）言説の作用が強調されているとも読める。語り手は、精悍な外見から、ジムをブラック・アイリッシュだろうとしているが（*Seraph* 7）、この想定も、むしろ混血性や、出自が特定できないことを認めるものに等しいであろう。

◉引用文献

Hemenway, Robert. *Zora Neale Hurston: A Literary Biography.* Urbana: U of Illinois P, 1977. Print.

———. "Zora Neale Hurston and the Eatonville Anthropology." Zora Neale Hurston Collection (JWJ MSS9). Box 1. Beinecke Rare Book and Manuscript Library. Yale University. 25 July 2014. TS.

Hill, Mozell C. and Bevode C. McCall. "'Cracker Culture': A Preliminary Definition." *Phylon (1940-1956)*, 1-3 (3rd Qtr., 1950): 223-31. *JSTOR*. PDF file.

Hurston, Zora Neale. *Dust Tracks on a Road*. 1942. Ed. Henry Louis Gates, Jr. New York: Harper Perennial, 1991. Print.

———. *I Love Myself When I Am Laughing…And Then Again When I Am Looking Mean and Impressive: A Zora Neale Hurston Reader*. Ed. Alice Walker. New York: Feminist Press, 1979. Print.

———. Letter to Carl Van Vechten. 2 November 1942. Carl Van Vechten Papers (JWJ Van Vechten). Box 28. Yale Collection of American Literature, Beinecke Rare Book and Manuscript Libary. Yale University. 28 September 2002. TS.

———. *Seraph on the Suwanee*. 1948. Ed. Henry Louis Gates, Jr. New York: Harper Perennial, 1991. Print.

———. *Tell My Horse: Voodoo and Life in Haiti and Jamaica*. 1938. New York: Harper Perenial, 1990. Print.

Jackson, Chuck. "Waste and Whiteness: Zora Neale Hurston and the Politics of Eugenics." *African American Review* 34-4 (Winter 2000): 639-60. *JSTOR*. PDF file.

McKay, Nellie Y. "Race, Gender, and Cultural Context in Zora Neale Hurston's *Dust Tracks on a Road.*" *Life/Lines: Theorizing Women's Autobiography*. Ed. Bella Brodzki and Celeste Schenck. Ithaca: Cornell UP, 1988. 175-88. Print.

Nelson, Megan Kate. *Trembling Earth: A Cultural History of the Okefenokee Swamp*. Athens: U of Georgia P, 2005.

Print.

Rafter, Nicole Hahn. *White Trash: The Eugenic Family Studies, 1877-1919*. Lebanon, NH: Northeastern UP, 1988. Print.

Tourgée, Albion. "The South as a Field for Fiction." 1888. *The American Civil War: An Anthology of Essential Writings*. Ed. Ian Frederick Finseth. New York: Routledge, 2006. 533-38. Print.

Twain, Mark. *Following the Equator*. 1897. Oxford: Beaufoy Books, 2010. Print.

Walker, Alice. "Forward: Zora Neale Hurston—A Cautionary Tale and a partisan View" in Hemenway, *Zora Neale Hurston*. xi-xviii. Print.

Washington, Mary Helen. "Zora Neale Hurston: A Woman Half in Shadow" in Hurston, *I Love Myself*. 7-25. Print.

Wray, Matt. *Not Quite White: The Boundaries of Whiteness*. Durham: Duke UP, 2006. Print.

Wright, Richard. "Between Laughter and Tears," *New Masses* (5 October 1937): 22-23. Print.

丸山眞男『自己内対話——3冊のノートから』みすず書房、一九九八年。

西崎文子『アメリカ外交とは何か——歴史の中の自画像』岩波書店、二〇〇四年。

新田啓子「マイノリティー集団の自画像とアメリカ像の変容」『アメリカの文明と自画像』上杉忍、巽孝之編。ミネルヴァ書房、二〇〇六年。二〇七—二二一。

第九章

近代化された情動
カルメン・ミランダとレヴューの終焉

日比野啓

あなた方の、そして私どものアメリカ性は、信頼によって築き上げられ、平等と友愛のみを認める共感によって固められた一つの建造物でなければいけません。この共感の淵源と存在は、人間の心に見出され、知性という神殿に住まうものなのです。

――フランクリン・D・ローズヴェルト(傍点引用者)

はじめに

本章では、一九四〇年代から五〇年代にかけてブロードウェイとハリウッドで活躍したポルトガル生まれのブラジル人歌手・女優のカルメン・ミランダ(Carmen Miranda, 1909-1955)が、一時は合衆国でもっとも収入の多い女優になる[1]ほどの圧倒的な人気を誇った理由を、当時の合衆国の社会情勢と絡

（図1）『仲間はみんなここにいる』*The Gang's All Here*（1943）の一場面。

めて考察する。

色とりどりの南国の果物をあしらった帽子[2]（図1）に代表されるような派手ないでたちや、いかにも「南米人らしい」大仰な身振りや誇張された感情表現を売り物にしていたミランダが、第二次世界大戦前後の合衆国でなぜあれほど広汎な支持を得たかについては、従来二つの見解が示されてきた。一つは、フランクリン・デラノ・ローズヴェルト政権（一九三三―一九四五年）の善隣政策（the policy of the good neighbor）に映画会社が協力し、ラテン・アメリカ諸国との文化的一体感を合衆国国民が感じるべく、そのイメージアップに努めたから、というもの。もう一つは、舞台や映画でのカルメン・ミランダの「暑苦しい」ほどの存在感、意味の過剰さとでもいうべきものが、人工的で誇張された「キッチュ」なものを愛でるキャンプ感覚にアピールした、というものである。

以下では、この二つの通説の当否を検討したうえで、ミランダが人気を得たのは、対象から距離を置きつつ鑑賞する態度が生み出す「近代化された情動」の醸成装置だったレヴューの枠組みにおいてであり、ミランダが人気を失っていったのは、一九四〇年代後半以降、観客の共感を基盤とする統合ミュージカルにレヴューが駆逐されていくからだ、とまず主張する。つぎに、ＦＤＲの大統領就任演説において表明された善隣政策のレトリック（一九三三年）が、この「近代化された情動」を発現させる点において一世紀近く前のモンロー・ドクトリンのレトリック（一八二三年）とよく似ており、時代的にはより近接しているセオドア・ローズヴェルトによる「ローズヴェルト補足」(the Roosevelt Corollary、一九〇四年）のレトリックが共感を基盤としているのと対照的であることを示す。そして、第二次世界大戦前後の合衆国社会がいわば「知」と「情」の程よいバランスの上に成り立っていたのに対し、保守化・画一化の進展という意味で悪名高い一九五〇年代の合衆国社会は、そのバランスが崩れ、社会連帯のための論理が共感のみになっていく、という見取り図を提示して結論としたい。

一　カルメン・ミランダと善隣政策

カルメン・ミランダは一九〇九年にポルトガルで生まれ、一歳になるかならぬかのうちに貧しい両親とともにブラジルに移住した。合衆国の興行主リー・シューバートに見出されて一九三九年にブロードウェイのレヴュー『パリの街並み』*The Streets of Paris* に出演する以前に、彼女はブラジルでレコード会社ＲＣＡとの契約で何枚もＬＰレコードを出している人気サンバ歌手であり、本国の映画にも数本出演していた。

カルメン・ミランダが合衆国で圧倒的な人気を誇るのは一九四〇年代で、ニューヨークでレヴューやナイトクラブに出演するほか、二〇世紀フォックスと契約して、『遥かなるアルゼンチン』*Down Argentine Way*（一九四〇）『ハバナの週末』*Week-End in Havana*（一九四一）『リオのあの夜』*That Night in Rio*

（図2）『遙かなるアルゼンチン』*Down Argentine Way*（1940）のポスター。

（一九四一）といったミュージカル映画で主役級の役を次々と演じた。[3] もっとも、ポスターにはカルメンの名前が大きく出されていたとはいえ、これらの「ラテン・アメリカもの」ミュージカル映画においては、ドン・アメチーやアリス・フェイといった俳優たちが演じる、アメリカ白人カップルの恋の成就が物語の焦点であり、カルメンはラテン・アメリカ諸国を舞台にしたこれらのミュージカル映画において、地方色を出すための添え物に過ぎなかった。

合衆国での映画デビュー作となった『遙かなるアルゼンチン』では、カルメンが多忙のためハリウッドに行けないという事情もあり、ブエノスアイレスのナイトクラブに出演する本人という役柄で三曲のナンバーを歌い、総出演時間も五分足らずだった。ニューヨークで別録りで撮影したため、ドン・アメチーとベティ・グレイブルという主役カップルと絡むこともないのに、カルメンの名前はこの二人とともにポスターに並んでいる。（図2）それは「ブラジルの爆弾娘」(Brazilian Bombshell)という綽名とともに急速に知名度を高めたカルメンの人気に映画会社があやかろうとしたからだった。

このようなカルメンの人気は、F・D・ローズヴェルト政権が推進したラテン・アメリカ諸国に対する善隣政策の結果であるとこれまで説明されてきた。[4] 一九三九年、ドイツがポーランドに侵攻して第二次世界大戦が勃発し、ヨーロッパ市場での活発な売り上げが望めなくなり、アジア情勢も剣呑になっていた折、ローズヴェルトはラテン・アメリカ諸国との関係改善を目指す。たんに通商上の理由だけではなく、アルゼンチンのように枢軸国よりの姿勢を見せる国もあったことから、合衆国はこれまで以上にラテン・アメリカへの自らの影響力を行使しようとしたのだ。

ネルソン・ロックフェラーの建言によって彼を長とする米州問題調整局（the Office of the Coordinator of Inter-American Affairs）が一九四〇年に設置され、ニュースや映画、ラジオなどの宣伝戦に従事してドイツやイタリアのプロパガンダに対抗することが目されたのも、そのような善隣政策の一環だった。その映画部門の長に着任した名門ホイットニー一族のジョン・H・ホイットニーは、国費でウォルト・ディズニーとそのスタッフを南アメリカに送り込み、長篇アニメ『ラテン・アメリカの旅』*Saludos Amigos*（一九四二）『三人の騎士』*The Three Caballeros*（一九四四）をブラジル・アルゼンチン・メキシコで合衆国に先駆けて公開させるなど、後世であればソフト・パワー（ジョセフ・ナイ）と言われるだろう文化戦略を次々と手がけていった。（図3）『リオのあの夜』（一九四一）の冒頭で「南アメリカの親族のみなさんに祝賀の意を述べます」とドン・アメチーが歌うのは、二〇世紀フォックスの名物プロデューサーであり、FDRの親しい友人でもあったダリル・F・ザナックが、露骨に政権

（図3）『ラテン・アメリカの旅』*Saludos Amigos*（1942）のポスター。

に迎合していることを示していると言われるが、善隣政策に協力し中南米を舞台にしたミュージカル映画を次々と製作したのは、二〇世紀フォックスにとっても利益があがるからだった。それまでの研究文献を整理検討した笹川は、「ヨーロッパの戦争によって海外市場を喪失したＦＯＸが、その収入源の穴埋めとして新たな市場を開拓する必要があったこと」「南米というトロピカルな設定がテクニカラー分野で主導権を狙うＦＯＸにとって鮮やかな色を使い機会を提供してくれること」「当時アメリカで流行っていたサンバやコンガといった南米音楽を取りいれた新しいタイプのミュージカル映画を打ち出せること」を挙げている。(5)

第二次世界大戦後、合衆国は善隣政策を放棄し、一時代前の棍棒外交（big stick policy）に戻ったかのように、ガテマラ、キューバ、ドミニカ共和国、チリの内政に干渉し、ラテン・アメリカ諸国における軍事的影響力を強めていく。ヨーロッパ列強が両アメリカ大陸を植民地とすることを防ぐことを主たる目的としたはずのモンロー・ドクトリンは、一九〇四年十二月六日、セオドア・ローズヴェルトが大統領就任演説において述べた「ローズヴェルト補足」によって、ラテン・アメリカ諸国に対する干渉主義の正当性の根拠として解釈されるようになっていた。一九三三年からのＦＤＲの善隣外交は棍棒外交の修正だったわけだが、戦後は再び強権的な姿勢に戻ったわけだ。

カルメンの人気が翳りを見せるのも戦後である。とはいえ、カルメンは一九四七年にした不幸な結婚の結果、鬱病となり、薬物依存にもなって心臓発作で四六歳の若さで一九五五年に死ぬので、その晩年まで本当の落ち目を見ることはなかった。二〇世紀フォックスが『ドール・フェイス』*Doll Face*（一九四五）『私がラッキーであれば』*If I am Lucky*（一九四六）をカラーではなくモノクロで撮影したのはカルメンへの関心が薄れた証拠だとショウは説くが、(6)これらの映画でも物語の中心はヴィヴィアン・ブレイン、ペニー・コモ、ハリー・ジェイムズといったアメリカ白人俳優のカップルだから説得力はあまりないように思える。

たしかに二〇世紀フォックスは、その後一九四六年一月に契約終了を迎えたカルメンと契約更改をしなかった。だがカルメンはユナイテッド・アーティスツでこれも往時の人気を失ったマークス兄弟の一人、グラウチョ・マークスと組んで『コパカバーナ』*Copacabana*（一九四七）を撮影したあと、プロデューサーのジョー・パスターナクの誘いに応じてMGMに移籍する。当時のMGMは、ミュージカル映画のMGMと呼ばれることになる時代を迎え、才能のあるミュージカル俳優を揃えているところだった。すでにジーン・ケリーは一九四一年にMGMと専属契約を結んでいたが、一九四六年にはRKOを離れフリーだったフレッド・アステアとも契約をする。プロデューサーのパスターナク自身も、一九四一年にMGMに移籍して以来、ユニヴァーサル時代の秘蔵っ子であり一九三〇年代のユニヴァーサルのドル箱であった歌姫ディアナ・ダービンに代わるスターを育てるべく、キャスリン・グレイスンを一九四一年に、そしてカルメンと共演することになるジェーン・パウエルを一九四四年に契約するなど準備を整えていた。つまり、MGMはカルメンをバイプレーヤーの貴重な戦力として迎え入れたのであり、二〇世紀フォックスの放出品として安く買い叩いたわけではなかったのだ。

だから善隣政策の導入とともにカルメンの人気が急上昇し、その放棄とともにカルメンの人気は衰退する、という従来の見方は単純すぎるだろう。以下では、カルメンが戦前戦中ほど支持されなくなったのは一九一〇年代から二〇年代のレヴュー全盛期を支えた感性が戦後衰えたからだと考えてみることを提案したい。

二　レヴューの衰退と統合ミュージカルの隆盛

まず、舞台および映画のレヴューについて概略を述べよう。(7) レヴューとは（一）歌やダンスといったナンバーと、間に挟まる寸劇（スケッチ／コント）によって成り立つ、ヴァラエティ・ショー形式の演劇の一つであり（ヴォードヴィルやバーレスクも同形式の演劇である）、（二）時事ネタを取り上げ巧みに諷刺し、（三）大劇場でのスペクタクルや美女を揃えたコーラス・ガールのような視覚的刺激を売り物にした、世紀の変わり目あたりから登場したジャンルである。英語綴りの review ではなく、仏語に由来する revue が使われることからわかるように、フォーリー・ベルジュールのようなフランスのレヴューの影響を受けているものの、全裸に近い格好のコーラス・ガールが登場して踊る本家のきわどさからは一線を画した合衆国のレヴューは、その洗練と諧謔を受け継ぎ、その華美さを大劇場でのスペクタクルというかたちで一層強調し

（図4）『1924年のジーグフェルド・フォーリーズ』の舞台写真（提供：ニューヨーク市立図書館デジタルライブラリ）

たものであった。代表的な舞台レヴューには興行主フロレンツ・ジーグフェルド・ジュニアによる『ジーグフェルド・フォーリーズ』*Ziegfeld Follies*（図4）や、リーとジェイコブ・Jのシューバート兄弟による『ザ・パッシング・ショー』*The Passing Show* などがあるが、一九〇七年から毎年演目と出演者を少しずつ変えて装いも新たに上演されていた『ジーグフェルド・フォーリーズ』が一九二五年でいったん打ち止めになり、一九一二年にはじまった『ザ・パッシング・ショー』が一九二四年で終わるように、一九三〇年代初頭までには大規模な舞台レヴューは衰えていった。

一方映画レヴューは一九四〇年代までかろうじて命脈を保った。ジーグフェルド・フォーリーズの内幕を描いた『美人劇場』*Ziegfeld Girl*（一九四一）や、フロレンツ・ジーグフェルドの伝記映画『ジーグフェルド・フォーリーズ』*Ziegfeld Follies*（一九四六）のような作品では、劇中劇としてレヴューが登場するし、同時期に二〇世紀フォックスやＲＫＯで製作されたミュージカル映画もまた、大半は物語としてはありきたりだったり、ご都合主義的展開が目に余るようなもので、むしろスターが次々と登場して歌ったりダンスをしたりする場面に主眼が置かれており、その意味ではレヴュー映画に近いものだった。だからカルメンがシューバート兄弟との専属契約を反故にして二〇世紀フォックスと契約しハリウッドに進出することにしたのは、舞台レヴューに見切りをつけ、映画であればまだ自分の得意とするレヴューの可能性があると考えたからかもしれない。事実、シューバート兄弟はミランダが出演した『ソン・オブ・ファン』*Son o' Fun*（一九四一年十二月）を最後に、レヴューから手を引くことになる。

およそ十年余りの遅れがあったとはいえ、映画でも舞台同様レヴューが衰退するのは、豪華な舞台装置や煌びやかな衣裳が作り出す華やかな雰囲気、美しいコーラス・ガール、それに情感に訴えかける歌を楽しんで帰る、形式だけの無意味な「ユルい」ものに観客が飽きたからだ。観客の嗜好の変化に応じて、レヴューも物語性が取り入れられ、もっと「中身のある」ものになっていくが、それは一九世紀末から同じぐらい盛んに上演されてきたミュージカル・コメディやオペレッタに、レヴューが再び近づいていくということでもあった。

そして一九四三年に初演された作曲家リチャード・ロジャースと作詞家オスカー・ハマースタイン二世のコンビによる『オクラホマ!』*Oklahoma!* によって統合ミュージカルの時代が本格的に始まると、レヴューの「ユルさ」は完全に時代遅れのものとなる。統合ミュージカルとは、理念としてはナンバー(ダンスと歌)が物語と一体となっているミュージカルのことであり、実態としては登場人物の感情が高まると台詞が「自然に」ナンバーへと移行し、ナンバーが物語を進めるものを言う(8)。それまでのミュージカル・コメディでは、登場人物の「地の」会話によって語られた物語や状況をナンバーが再度説明し直していた。いかに自分たちが愛し合っているかをカップルが台詞で説明したあと、その気持ちをナンバーで歌うのが旧来のミュージカル・コメディであるとしたら、統合ミュージカルでは、ナンバーが始まる前にすれ違っていた二人の気持ちが、ナンバーが終わった後は一つになっている。

このように、新しい形式の統合ミュージカルでは物語がスピーディに進むため、観客はそれまで以上の凝視や集中を余儀なくされる。しかも、当時の台詞劇で主流だったリアリズムの表現形式が採用されているので、登場人物の内面を想像しながら見ることが要求される。物語の展開についていくために舞台を真剣に見入る観客は、お手軽な愉悦や気晴らしを得ることが少なくなるのだが、より多くの感動が得られる、というわけだ。

　このような統合ミュージカルの潮流を作り出し、一九四〇～六〇年代を舞台および映画ミュージカルの黄金時代としたのはロジャースとハマースタインのコンビ（R&H）だった。『オクラホマ！』（一九五五）『王様と私』*King and I*（一九五六年）『南太平洋』*South Pacific*（一九五八）『ステート・フェア』*State Fair*（一九六二年）『サウンド・オブ・ミュージック』*Sound of Music*（一九六五年）といった、彼らの舞台ミュージカルを映画化した作品の大半は二〇世紀フォックスが製作・配給した。Todd―AO社が開発した七十ミリ・ワイドスクリーンにR&Hが惚れ込み、Todd―AOシステムを使用することを条件に二〇世紀フォックスに『オクラホマ！』の映画化を許可したことがそのきっかけだが、結果としてそれは二〇世紀フォックスのミュージカル映画の制作方法に大きな変化をもたらすこととなった。なぜなら、二〇世紀フォックスが一九四〇年代に製作した非統合ミュージカル映画は、レヴュー的な要素を取り入れた「ユル」いものだったからだ。

　ただし、その「ユル」さをたんに時代に合わないものと片付けるのは誤りだろう。シーン・グリフィンは、滑稽な寸劇、オペラのアリア、犬の芸、タップダンス、奇術と次々と出し物の種類が変わっていく「ヴォードヴィルの美学」（ここではレヴューの美学と言い換えてもよい）が見出される一九三〇年代から一九四〇年代の二〇世紀フォックスミュージカル映画の再評価を行った。彼によれば、リック・アルトマン、ジェーン・フューワー、リチャード・ダイヤーらミュージカル映画研究者は、ミュージカルは支配的イデオロギーを主体に再び刷り込もうとする、と説明してきたけれども、彼らが扱っている作品は主に一九四〇年代以降のMGMミュージカル映画、すなわち統合ミュージカルである。一方、二〇世紀フォックスのミュージカル映画は物語に統合されていないナンバーが物語構造に穴を穿つことによって、様々な社会規範が批判され転倒される。

グリフィンはさらに、トーキー初期時代のコメディ映画について論じたヘンリー・ジェンキンズを引用し、「ヴォードヴィルの美学」がブレヒト的な距離化と弁証法的統一のために用いられる可能性を示している。(9) そうした価値転倒的な志向がどこまで実効性を持ち得たかについてはひとまず措くとして、ここでは(一)統合ミュージカルと異なり、観客はレヴュー／ヴォードヴィルを真剣に見入る必要がなく、文字通り距離を置いて眺めていたことと、(二)グリフィンが指摘するような社会批判装置としての二〇世紀フォックス非統合ミュージカル映画のフォーマットが五〇年代には放擲されたこと、に焦点を絞りたい。なるほど、演者が物語の展開とは無関係にダンスや歌を披露するレヴューにおいても、観客は物語内容を忘れて演者の技術や「芸」に魅了される、ということはあった。だが統合ミュージカルにおいて物語に没入することで観客が得られる感動はたんなる魅了とは別ものであり、観客の全人格に働きかけるその強力な情動の作用は、批判的距離を失わせ、作品が体現するイデオロギーをそのまま受け入れることを容易にさせたのだ。

カルメン・ミランダが人気を得たのは、その「ユル」さゆえに、演目や演者のエスニシティの多様さを観客が距離を置いて鑑賞することのできるレヴューの枠組みにおいてだった。そのことを間接的に証明するのが、MGMにミランダが移籍して撮った二本の映画、『スイングの少女』*Date With Judy*（一九四八）と『ナンシーリオに行く』*Nancy Goes to Rio*（一九五〇）における彼女の影の薄さである。両作品とも、当時二十歳そこそこだったジェーン・パウエルを新たなMGMの歌姫として売り出すために作られた作品だが、物語とナンバーは統合されていない。劇中でパウエルをはじめとする俳優たちが歌い踊るのは、感情が高まった結果ではなく、物語上そうするのが当然であるような場が設定されるからである。たとえば『スイングの少女』で最初にパウエルがその美声を披露するのは開始早々、高校のダンスパーティでの演奏のために彼女が楽団とともに練習している場面であり、彼女が歌うことで物語が進むことはない。MGMミュージカル黄金期の立役者だったプロデューサー、アーサー・フリードが『若草の頃』*Meet Me in St. Louis*（一九四四）以降積極的に統合ミュージカルを導入していくのに対し、『スイングの少女』『ナンシーリオに行く』のプロデューサー、ジョー・パスターナクは、同じMGMにいながらもっと保守的で、「音楽入りの劇」でしかない旧来のミュージカル・コメディのフォーマットに拘っていた。

とはいえ、これらの作品は一九四〇年代に二〇世紀フォックスが製作したミュージカル映画とも異なり、レヴューやヴォードヴィルのようなヴァラエティ・ショー形式を大々的に取り入れることもしていない。二〇世紀フォックス非統合ミュージカル映画では、「スペシャリティ・アクト」すなわち演者の持ち芸を披露する時間が長く、物語の進行は妨げられるどころか、物語の進行に対する観客の関心を失わせるものだった。これに対して、MGMの二作品は物語が中心で、ミランダの持ち芸の披露は僅かにとどまる。どちらの作品でも、ハイティーンという設定のパウエルが同世代のボーイフレンドに物足りなさを感じ、年上の男に惹かれて積極的に求愛するが、体もなくあしらわれる、という幼い恋の物語が描かれ、観客は思いを寄せる相手の一挙手一投足に一喜一憂するパウエルに、（時として閉口しながらも）感情移入し、物語に没入することを期待されている。

カルメン・ミランダも演じる役から「はみ出す」ことは殆どない。『スイングの少女』でのカルメンは、ダンス教師で、パウエル演じるジュディの父親にルンバの個人レッスンをする。ルンバを一緒に踊りたいと永年願っていた妻の希望を叶えるため、父親は自分の経営する会社のオフィスでミランダからこっそりレッスンを受けるのだが、そこに訪ねてきたパウエルが父親との仲を疑う、という筋に沿ってミランダは演じる。物語後半で彼女は二曲のナンバーを歌い踊るが、二〇世紀フォックス時代と違いブラジル・バイーア地方の民俗衣装を身に纏っていないせいもあって、ミランダの個性が強烈に印象づけられることはない。『ナンシーリオに行く』でのカルメンは、若手女優役のパウエルが淡い恋心を抱く中年男のビジネス・パートナーという触れ込みでリオにむかう船中ではじめて登場し、やはり二曲のナンバーを歌い踊る。リオ・デジャネイロのナイトクラブで彼女が演じる「カルーン・パ・パ」はブラジルの民俗舞曲バイヨン（バイアォン）の英語版で、小さな傘を組み合わせたターバンを頭に被り、バイーア地方の民俗衣装を身に着けたカルメンは、例外的に二〇世紀フォックス時代と同様にその存在感を示すのだが、その一曲が終わると観客の関心は再びパウエルの恋の行方という物語に向かうことになる。

MGMの二作品においてカルメン・ミランダが以前ほどの魅力を発揮できないのは、彼女が物語の登場人物を演じているにもかかわらず、その役に観客が感情移入できないからである。じつは二〇世紀フォックス時代の作品においても、同様のことは起きていた。たとえば同名の舞台ミュージカルの映画化である『やつらへの贈り物』*Something for the Boys*（一九四四）では、カルメンはヴィヴィアン・ブレインそしてフィル・シルヴァーズといとこ同士で、今は人が住まなくなって荒れ果てたジョージア州の荘園を相続するという設定になっている。カルメンが演じるチキータ・ハートは、頭の中にラジオ放送が聞こえるという奇妙な現象を経験していたが、歯の詰め物が電波を受信しているのだと分かり、この通信傍受能力を使って活躍する。じつは原作の舞台ではこの能力はエセル・マーマンが演じたブロッサム・ハートが持っていることになっていた。つまり、原作舞台では主役のエセルだけが目立つことになっている設定を映画版では変更して、カルメンの役をふくらませているのだが、カルメンの演じるチキータはその分魅力的な人物になっているわけではない。それは、観客が登場人物の内面を想像し我がことのように感じるための手がかりとなるはずの台詞が、英語を母国語としないカルメンには他の登場人物たちほど与えられていないからでもあるし、何よりもカルメンの強烈な個性がチキータという登場人物を覆い隠してしまい、観客は物語の登場人物としてのカルメンよりも、演者としてのカルメンを意識するからでもある。

三　カルメン・ミランダの受容と近代化された情動

カルメンの強烈な個性や魅力は、他者がつい物真似したくなるような「過剰さ」から生じる。世間に広まっている有名人のペルソナが、その「実態」と乖離し過ぎていると人々が感じるとき――誰もその「実態」なるものを知りはしないのに――、それは戯画化され、パロディにされる。カルメンの言動が過剰な女性性と過剰な人種性を帯びているがゆえに、「本物」の女性やラティーノに見えず、まるで仮装しているかのように思える、というシャーリー・ロバーツやメリッサ・フィッチが指摘するカルメンの「二重の仮装性」はもはや定説となった感がある。(10) 一九九〇年前後からカルメン・ミランダの研究文献が急激に増えたのは、マーサ・ギルモンテロによる英語で初めて書かれた初の本格的な評伝『ブラジルの爆弾娘』(一九八八)や、これに依拠しながらも未公開映像などを引用し独自の世界を切り開いたヘレナ・ソルバーグのドキュメンタリー映画『バナナが私の仕事』(一九九五)が相次いで世に出たこともたしかに大きいだろう。(11) だがもっと重要なのは、アイデンティティ・ポリティクスを社会構成主義の立場から語り直す時代の動向のなかで、過剰な意味を担うがゆえに空虚な記号として自らを提示するミランダのペルソナが、アイデンティティの反本質主義的属性の例として分析しやすい、ということだった。

理論的裏付けは後年やってきたし、当時の人々はカルメンが典型的なラティーナを意識的に演じていることをさほど理解していなかっただろうが、パロディの多さは当時からその「偽物性」が印象深かったことを示している。一九三九年、ブロードウェイでのデビュー作『パリの街並み』で爆発的な人気を呼んだミランダを最初にパロディにしたのは、同時期に並行して上演されていたシューバート兄弟のレヴュー『ストロー・ハット・レヴュー』*The Straw Hat Revue* に出演していた、コメディエンヌのイモージン・コカだった。その後もカルメンの類型的イメージは、『ブロードウェイ』*Babes on Broadway*(一九四一)におけるミッキー・ルーニーや、アニメ『トムとジェリー』の粗暴なネコのトム(エピソード「赤ちゃんはいいな」*Baby Puss*[一九四三])など、多くの俳優やアニメのキャラクター——それも男性の——によって複製され、戯画化されるとともに、チキータバナナのコマーシャルをはじめとして商品のブランドとして用いられることによって、文化的アイコンとして流通していった。

それでもなお、ミランダの人気を一般の人々が「キャンプ感覚」を持っていたからだと説明することは難しい。なるほど、ゲイたちが人工的なものに対する偏愛ゆえにカルメン・ミランダを愛してきたのは確かだが、当時の多くの人々がカルメンを支持した背景に、キャンプのようにごく限られた層にアピールした美学を想定するのは無理があるだろう。(12) むしろ、カルメン人気の基盤にはレヴューを愛でるときのような「近代化された情動」があったと考えるとわかりやすい。我を忘れて対象にのめり込むのではなく、距離を置いて鑑賞するが、白けているわけでも冷静になっているわけでもない状態の主体が発する情動のことを、ここでは「近代化された情動」と名づけることにする。舞台上のパフォーマンスに魅了されてはいるものの、自らやその周囲の人間の身体性への意識が邪魔をして、舞台への注視がしばしば途切れる状態――たとえばお気に入りの演者に惜しみない拍手を送りながら、自分の睡眠不足を意識したり、前の座席に座っている男の座高の高さが気になったりする状態――の主体は、凝視し集中しないと「分からない」ような「深い」内容のものよりも、断続的関心でも十分に「分かりやすい」、「表層的な」ものを好む。このような情動のあり方を「近代的」と呼ぶのは、ベンヤミンが一九三〇年代に書いた『パサージュ論』などで、近代《モデルネ》の特徴として非連続性や「瞬間」の特権性を見ていたことを踏まえている。(13) 無論言うまでもなく、一貫性や連続性、体系や統一といったものを称揚するかわりに、断片や脈絡のなさの美学を提唱したのはどちらであるか、モダニティとポストモダニティをそれぞれ支持する者たちは争ってきた。だがここではベンヤミンの同時代性をとりたい。第二次世界大戦前後の合衆国におけるカルメン・ミランダの人気は、ベンヤミンが滞在先の一九三〇年代のパリで見てとっていた近代《モデルネ》と地続きだったはずだ。ミランダの個性とその作品は、五〇年代以降の、統合ミュージカルを真の芸術的達成と考えるような感性からすれば、薄っぺらく、真正性に欠け、中身のないものだった。だがレヴューを愛でる感性がまだ残っていた当時、ミランダの出し物は、その過剰さを笑い飛ばし、過度に「アツく」ならずに見ることのできる洗練されたものだった。

四　モンロー・ドクトリンと二種類の「包摂」

最後に、このような「一定の距離を置きつつ、愛情をもって対象に接する」態度の淵源はモンロー・ドクトリンまでに遡ることができ、かつそれはカルメンが活躍した同時代の善隣政策のレトリックにも反映されていることを見ておこう。一九〇二〜三年にかけてのヴェネズエラ危機に際してセオドア・ローズヴェルトが発したモンロー・ドクトリンの「ローズヴェルト補足」は、ラテン・アメリカ諸国への合衆国の干渉を宣言するものだったが、F・D・ローズヴェルト（およびその前任者のクーリッジ）はこのような干渉主義を否定し善隣外交を行った。「ローズヴェルト補足」そのものがヨーロッパからの非干渉を訴えるモンロー・ドクトリンの変質なので、「ローズヴェルト補足」と善隣政策のどちらがモンロー・ドクトリンの精神に忠実なのか、ということを定めるのは難しい。だが少なくともそれらのレトリック分析が示すのは、一八二三年にモンローが訴えた時代精神は、一九三〇年代から四〇年代前半にかけてF・D・ローズヴェルトが国民に示した自己と他者を峻別する枠組みに近い、ということだ。

一八二三年十二月二日、モンロー大統領の第七回年次教書で表明されたモンロー・ドクトリンでは、同年四月にフランス軍がスペインの内乱に介入したこと、同年五月にポルトガルでミゲル王子らが反革命を起こしたことについて、「両国民の状況を改善するために多大な努力が払われ」たが「その努力の成果がこれまでのところ大きく期待外れに終わっている」と述べたあとに、「地球上のその地域で起こっている出来事に関して、我々は常に懸念と関心を抱く見物人(anxious and interested spectators)であり続けてきた」と続ける。[14]「距離」をおき、直接の関わりを持たないけれども、観察しているという含みがこの文脈における spectators にあることは言うまでもない。一七一一年にジョゼフ・アディソンとリチャード・スティールが刊行した日刊紙『ザ・スペクテイター』はコーヒーハウスで六万人のロンドン市民に読まれ、十八世紀英国における公共圏の創出に一役買ったことはハーバーマスが指摘するところだ。『オックスフォード英語辞典』は「廃語」「稀」としながら spectator の定義として「科学的観察者」(A scientific observer)を載せ、一六四六年と一七八七年の用例を載せている。[15]「傍観者」「芝居などの見物人」という当初の意味が含意していたたんなる物見高さに、観察することの社会的意義が十七世紀から十八世紀にかけて与えられていくことがわかる。

もっとも十九世紀のモンローの「見物人」はこうした「知」だけではなく「情」も持ち合わせているようだ。年次教書でのモンローは続けて「合衆国市民は、大西洋の反対側に住む同胞の自由と幸福を好感する、最も友好的な感情を心に抱いている(cherish sentiments the most friendly)」と述べる。一八二〇年に勃発した立憲革命を皮切りとして起きたスペインの内乱にフランスが介入したこと、この立憲革命に影響を受けてポルトガルではじまった自由主義革命が絶対王政の支持派によって切り崩されていくことを見守るのは、大西洋の反対側の共和国としては決して愉快ではなかったろう。ましてやこれら両国の趨勢が、すでにシモン・ボリバルらの活躍によって独立を宣言していたイスパノ・アメリカ数カ国をはじめとするラテン・アメリカ諸国の運命を大きく変えるであろうことは予想がついたから、もっと激しく強い感情を表現してもおかしくはない。それでも「最も友好的な感情」を抱いているとだけ語るのは、外交上の配慮もあったろうし、海軍力の十分ではなかった当時の合衆国がこれ以上のことを表現するのは蟷螂の斧のようなものだった、ということもある。しかしこのような表現にそれ以上に伺えるのは、対象との適切な距離感覚であり、冷静でいつつも、相手への配慮も忘れない「賢明で厳正な観察者」(enlightened and impartial observers)の態度である。

「知」と「情」のバランスのとれたモンローの観察者としての物言いとは対照的に、T・ローズヴェルトはもっと押しつけがましく、「情」がまさっている。T・ローズヴェルトの八年間の在任期間中の年次教書は、第三回(一九〇三年)のものをのぞき、すべて「共感」(sympathy)が複数回用いられているという点で特徴的だが、[16]ここでは「ローズヴェルト補足」が言及された一九〇四年十二月六日の第四回年次教書の一節を見てみよう。

実際、私たちは南の隣国諸国と利害を一にします(identical)。彼らには素晴らしい天然資源があるのですから、国内で法と支配の正義が得られるのであれば、必ずや繁栄が訪れるでしょう。かくして、彼らが文明社会の基本法に従えば、私たちが彼らを心からの有益な共感の精神(in a spirit of cordial and helpful sympathy)で扱うだろうと確信してよいでしょう。私たちは彼らに干渉するのは、最後の手段としてのみであり、彼らが国内外で正義をなすことができない、あるいは正義をなす意志がないゆえに、合衆国の諸権利を侵す、ないしはアメリカ大陸諸国全体にとっての損失になるような外国の侵略を招く、というようなことが起きれば、の話です。どんな国も、アメリカであろうが他のどこであろうが、自由と独立を維持したいのであれば、そうした独立の権利が、それを善用する責任と切り離すことができないと結局認識しなければならないというのは自明の理です。

南北アメリカの利害が同一であると述べたあとに、ラテン・アメリカ諸国への合衆国への干渉の可能性を示す、というT・ローズヴェルトの論理は自己と他者との境界を越える「共感」にもとづくものだ。自己と他者の絶対的区別を前提とするような「観察者」の立場からはそのような物言いは出てこない。

モンロー・ドクトリンはセオドア・ローズヴェルトの「ローズヴェルト補足」によって変質するが、F・D・ローズヴェルトの善隣政策はその「ローズヴェルト補足」を否定するものだった。本章冒頭に掲げたFDRの言葉は、一九三三年四月十二日ワシントン、汎米連合理事会特別会合に先立って行った演説からとったものだ。(17)「あなた方の、そして私どものアメリカ性」(Your Americanism and mine)という言葉遣いから、両者に「アメリカ性」なるものがあることを前提としつつ、それらは異なるものであることを認めていることがわかる。これらのアメリカ性は「一つの建造物」(a structure)でなければならない。両者は一体のものにならなくてはならないが、それはまだ完成していないことは、築き上げ(built)、固める(cement)という物言いで明らかだ。一八九〇年に発足した汎米連合(Pan American Union)は第二次世界大戦後の一九四八年に反共主義同盟としての米州機構(Organization of American States)へと発展解消を遂げるが、この当時はまだ発足当時の加盟諸国間の通商協力を促すというゆるい結びつきのものを、なんとか実効性のあるものに変えていこうとする努力のただ中にあった。クーリッジ政権時代の一九二八年一月から二月にかけて、前回から五年ぶりに開催された第六回汎米会議はハヴァナで国際私法についての取り決めなどいくつか重要なことを決め、さらに五年後の一九三三年十二月に第七回汎米会議をモンテヴィデオで開催するにあたって予備的会合として行った一つが、この汎米連合理事会特別会合だった。

そしてＦＤＲの言葉でもっとも興味深いのは、「平等と友愛のみを認める共感」(a sympathy which recognizes only equality and fraternity)という表現だろう。[18] Ｔ・ローズヴェルト同様、ＦＤＲも共感が自己と他者を一体化するものであると考えている。だがその共感は合衆国という自己にラテン・アメリカ諸国という他者を包摂するために用いられるものではない。両者は対等な関係において一体化するのだ。このような共感の「淵源と存在」(its source and being)は「人間の心」(the hearts of men)に見出されるだけでなく、このような共感は「知性という神殿」(the temple of the intellect)に住まう。モンロー・ドクトリンに伺える「知」と「情」のバランスはＦＤＲにも反映されている。

おわりに

現在の合衆国の干渉主義は、T・ローズヴェルトのような自己と他者の境界を「共感」によって越えていく論理に支えられている。ヴェトナム、ニカラグアやパナマといった中央アメリカ、そして湾岸戦争において、合衆国はある時は被侵攻国の民衆との「一体感」を訴え、またある時は「敵」との埋めることのできない溝を強調して、都合よいように自己と他者の区別をしてきた。だから一九三〇年代から四〇年代においてF・D・ローズヴェルトがモンローと同様、距離を置きつつ相手との一体感を忘れない態度を取っていたのを知るのは少なからず驚きがある。五〇年代を境として、合衆国は再びT・ローズヴェルトの論理に戻ったのだ。(19)

合衆国においてレヴューが衰退し、カルメン・ミランダの人気が下り坂になっていくのと、FDRのような一定の距離を置きつつ、愛情をもって対象に接する態度が見られなくなっていくことがほぼ同時期に起きていることは偶然ではない。それは合衆国の人々にとって「近代化された情動」の「浅さ」に気づくという体験だった。第二次世界大戦後の合衆国社会は、対象との一体感を通じて得られるもっと「深い」情動を欲するようになる。統合ミュージカルのように、物語に没入し、対象との距離がゼロになるかのような錯覚を得られる作品を見ることで「感動」を求めるようになる。「近代化された情動」が要求する社交的洗練を嫌って、もっと「本音」でつきあえるような、自己と他者の区別が曖昧な社会を再び作ろうとする。

合衆国の歴史において、どちらの感性が「例外的」なものなのか、ということは判断が難しい。だが共感に訴えて、他者を一方的に包摂する仕組みを生み出す合衆国社会だけではなく、一九四〇年代の合衆国社会のように、「近代化された情動」を通じて、他者との対等な関係を構築することで一体化をめざす方向もあったこと、そしてその淵源はモンロー・ドクトリンにあったことを思い出すことは、合衆国社会に対する私たちの一面的な見方を変える可能性を孕んでいる。

◉註

(1)「映画スターの高収入：カルメン・ミランダが女性では給与トップ」という見出しの、オーストラリアの新聞『時代』(The Age)紙一九四六年六月十七日付の記事には、一九四四年および一九四五年財務年度に七万五千ドル以上の収入を得た五九三人の名前を米財務省が発表したうち、カルメン・ミランダは三十五位で、二十万一四五八ドルを得たことが報じられている。

(2)刻んだ砂糖漬け果物入りアイスクリームのことを、イタリア語で「すべての果物」という意味の「トゥッティ・フルッティ」と合衆国では呼ぶことがあるが、一九四三年に公開された二〇世紀フォックス映画『仲間はみんなここにいる』*The Gang's All Here* のナンバー「ザ・レディ・イン・ザ・トゥッティ・フルッティ・ハット」で、カルメンは頭にバナナの房をつけ、その上から巨大なベリーを繋ぎ合わせたものが垂れ下がって首に巻きついた奇抜な格好で登場し、以降（バナナに限らず）南国の果物をあしらった帽子は彼女のトレードマークとなった。

（3）映画の題名からわかるように、ブラジル・ポルトガル語を母語とするカルメンは、スペイン語圏のアルゼンチンやキューバを舞台とした映画にも出演し、「ママ・ヨ・ケーロ」（Mamá Yo Quiero）のようなスペイン語の歌を歌っている。当時の合衆国民にとって、ラテン・アメリカ諸国の文化や言語の相違は関心になく、ミランダが「一般的な」ラテン・アメリカの戯画化された他者を表象していたことに対して、当時から母国ブラジルを中心に批判があった。

（4）FDRの善隣政策に応じ、自国のコーヒー豆輸入増を目論んだブラジルの大統領ジェトゥリオ・ヴァルガスがカルメンを親善大使に命じたことは当時広く知られていたし、また後述のように『リオのあの夜』をはじめとする主演映画の中で露骨な政治的メッセージを織り込んでいたので、カルメンの人気と善隣政策を結びつける見方は当時からごく普通に見られた。とはいえ、リナ・ロメイ（MGM）、マーゴ（RKO）、マリア・モンテス（ユニヴァーサル）のような、カルメンの人気を見て大手映画会社が次々とデビューさせたラテン系女優たちがそれほど支持を得なかったことを考えれば、善隣政策だけでカルメンの人気を説明することは無理がある。むしろ、カルメンが二〇世紀フォックスの映画に出演したことにその人気の秘密はありそうだという推測が成り立つ。

（5）笹川慶子「カルメン・ミランダとFOX『バナナ・ムーヴィー』」、『映画学』第十三号、一九九九年、六〇頁。

（6）Show, Lisa. *Carmen Miranda*. London: Palgrave Macmillan, 2013, p. 64.

（7）レヴューについてまとまった日本語の文献としては、日比野啓「合衆国のレヴュー」中野正昭編『ステージ・ショウの時代』（森話社、二〇一五年、三三三―三五八頁）を参照のこと。本章では拙稿の一部を流用している。

（8）統合ミュージカルの「定義」は論者の数だけあるといってもいいが、本章では相対的に広く受け入れられているミュラーの分類に従い、「その内容によって物語を進めるナンバー」（Numbers which advance the plot by their content）を理想的な統合ミュージカルだと考えることにする。John Mueller, "Fred Astaire and the Integrated Musical," *Cinema Journal*, 24:1 (Autumn 1984), pp.28-30 を参照のこと。

（9）Griffin, Sean, 'The Gang's All Here: Generic versus Racial Integration in the 1940s Musical,' Cinema Jounal vol. 42 no. 1, Autumn 2002, pp. 21-45. グリフィンが引用するミュージカル研究書は以下の通り。

Feuer, Jane, *The Hollywood Musical*, London: Macmillan, 1982.

Altman, Rick, *The American Film Musical*, Bloomington: Indiana UP, 1989.

Dyer, Richard, *Only Entertainment*, London: Routledge, 1992.

Jenkins, Henry, *What Made Pistachio Nuts?: Early Sound Cinema and the Vaudevill Aesthetic*, New York: Colombia UP, 1992. なお、ジェンキンズの著書題名からわかるとおり、「ヴォードヴィルの美学」というグリフィンの用語はジェンキンズに負っている。

（10）Roberts, Shari, "The Lady in the Tutti-frutti Hat: Carmen Miranda, a Spectacle of Ethnicity," *Cinema Journal* vol. 32 no. 3, 1993, pp. 3-23.

Fitch, Melissa A, "Carmen, Kitsch, Camp and My Quest for Coordinated Dinnerware," *Chasqui* vol. 40, no. 2, 2011 November, pp. 55-64.

（11）Gil-Montero, Martha, Brazilian Bombshell: *The Biography of Carmen Miranda*, New York : D.I. Fine, 1989.

Solberg, Helena, *Carmen Miranda: Banana is My Business*, 1995.

(12)たとえばマンドレルは「ミランダのペルソナは第二次世界大戦後の何十年かにわたる合衆国文化の全体的なクイアさ(a general quieeness in UA culture)の本質的な部分であり、この時期には一九五〇年代のテレビの普及を通じてミランダのペルソナがキャンプの権化(a camp apotheosis)に達した」と述べる(James Mandrell, "Carmen Miranda Betwixt and Between, or, Neither Here Nor There," *Latin American Literary Review* 29: 57 (Jan.-Jun., 2011), p. 26)。しかし「クイア」「クイアさ」「キャンプの権化」に不定冠詞が伴っていることから分かるように、マンドレルの議論は「クイア」「キャンプ」の概念を拡大して適用するものであって、キャンプの感性そのものが合衆国社会に普及した、と言うものではない。

(13)ヴァルター・ベンヤミン『パサージュ論』第一巻(岩波現代文庫、二〇〇三年)。原著はWalter Banjamin, *Das Passagen-Werk* (1928–1929, 1934–1940), hrsg. von Rolf Tiedemann, 2 Bände, Suhrkamp Frankfurt am Main, 1983.

(14)以下、モンロー、T・ローズヴェルト、FDRの年次教書その他の演説はすべてThe American Presidency Project (http://www.presidency.ucsb.edu/index.php)から引用し、その正確性を他の資料と照合して確認した。また、モンロー・ドクトリンの日本語訳はアメリカン・センター・ジャパン(http://americancenterjapan.com/aboutusa/translations/)が提供しているものを一部参考にしたが、適宜改訳した。T・ローズヴェルトとFDRについては拙訳である。

(15)ハーバーマス、ユルゲン、細谷貞雄、山田正行訳、『公共性の構造転換——市民社会の一カテゴリーについての探究』東京・未来社、一九九四年。原著はJürgen Habermas, *Strukturwandel der Öffentlichkeit. Untersuchungen zu einer Kategorie der bürgerlichen Gesellschaft.*

(16) The American Presidency Project でキーワード検索を行った結果。他方、モンローが "sympathy" を用いたのは第三回年次教書(一八一九年)および第六回年次教書(一八二二年)の二回で、十二年の長きにわたる任期中にＦＤＲが年次教書で "sympathy" を用いたのは一九三六年のみである。

(17) "Address on the Occasion of the Celebration of Pan-American Day, Washington," from The American Presidency Project (http://www.presidency.ucsb.edu/ws/?pid=14615).

(18) 以下の引用はすべて同演説による。参考までに引用原文を掲げておく。"Your Americanism and mine must be a structure built of confidence, cemented by a sympathy which recognizes only equality and fraternity. It finds its source and being in the hearts of men and dwells in the temple of the intellect."

(19) 紙面の関係で、一九五〇年代合衆国において「共感」が社会編成のもっとも重要な論理になっていくことについては詳述できないが、近年の情動理論の盛り上がりと連動してこの方面の研究は進展している。たとえば Timothy A. DeJong がカナダ・ウェストオンタリオロンドン大学に提出した学位請求論文 *Feeling With Imagination: Sympathy and Postwar American Poetry* (2013) では五〇年代から六〇年代半ばにかけての合衆国の戦後詩が共感を軸にしていることを論じている。

第十章

モンローは誘惑する
アメリカ最後の一線

巽 孝之

一 モンロー・ドクトリンの二十世紀

一九五〇年代のアメリカは史上未曾有の好景気に湧いたパクス・アメリカーナの最盛期にして、米ソ冷戦に伴うマッカーシイズム、通称「赤狩り」の絶頂期だった。時の覇権を握ったのは、広島、長崎に原爆投下の命令を下し、実質的に第二次世界大戦の幕を下ろした第三十三代アメリカ合衆国大統領ハリー・トルーマン。圧倒的な国民的信頼を得て四期全十二年間にわたり君臨した第三十二代大統領のフランクリン・デラノ・ローズヴェルト大統領が一九四五年四月に急逝したため、同政権副大統領だったトルーマンが自動的に後釜に座ったかたちであるが、前任者はすでに原爆製造を実現する「マンハッタン計画」も用意済みだったので、終戦へ向けての政策としてはそのシナリオをなぞることしか残されておらず、国際的には超弩級の貧乏籤を引いたことになるかもしれない。だが、一九四七年三月一二日には、ほかならぬトルーマンが、モンロー・ドクトリンの汎米化をいっそう促進させて世界を素朴な東半球対西半球の地理学的図式ではなく、自由主義対共産主義、または民主主義対全体主義なる政治的生活様式上の図式で割り切る「トルーマン・ドクトリン」を発表した。

一八二三年にジェイムズ・モンロー第五代大統領が発布した西半球の独立宣言ともいうべきモンロー・ドクトリンは、おおむね四段階を経て書き換えられた。第一段階は一九〇四年、シオドア・ローズヴェルト第二六代大統領が西半球へのヨーロッパ列強の干渉阻止とともに、ヨーロッパ列強に干渉されながら抵抗し得ない西半球国家があれば支配し再構築するという、事実上の干渉権を主張したときであった。第二段階は一九一二年、ヘンリー・キャボット・ロッジ上院議員が日本人実業家によるメキシコのバハ・カリフォルニア買収計画を聞きつけ、外国勢力が西半球に進出し政治力をもつことを真っ向から否定したときであった。第三段階は一九五〇年、封じ込め政策で著名な外交官ジョージ・ケナンが南米における共産主義の進出に警戒心を抱き、いかなるかたちによっても南米の共産主義活動を根絶することを宣言したときであった。そして第四段階は二〇〇五年、ジョージ・W・ブッシュ第四三代大統領が再選されたさいの就任演説で「我が国における自由がいかに生き延びるかは、諸外国における自由がいかに成功を収めるかということに、ますます左右されるようになっている」と言明し実質的な「ブッシュ・ドクトリン」へ変容したときであった（拙著『モダニズムの惑星』序文）。もちろん、これはあくまで簡便な図式にすぎず、細かく言えば、十九世紀中葉にはモンロー・ドクトリンが一八四五年のジョン・オサリヴァン提唱になる「明白なる運命」において帝国主義的戦略へと転じた事情も含むべきであろう。本来、当初は半球思考で単純に割り切られていた地政学がイデオロギー的対立を基礎に再構築されて行くプロセスは、こうした四段階にほぼあてはまる。これに従うならば、トルーマン・ドクトリンは第二次世界大戦後の米ソ冷戦に代表される世界体制を反映しつつ、第三段階のケナンによるモンロー・ドクトリンの本質的改稿を準備したものと見ることができる。それは十八世紀末、初代大統領ジョージ・ワシントンの告別演説に見られる半球思考以降、世界初の民主主義の実験場、転じてはポスト植民地主義の実験場であるはずだったアメリカ合衆国が徐々に帝国主義の完成型を目指し始めたという絶大なアイロニーを孕む。

歴史的に正確を期すならば、トルーマン大統領が自身のドクトリンを発表した背後には、一九四七年二月、イギリスが長くギリシャやトルコに対して行なって来た経済的・軍事的援助を打ち切ると発表した事情がひそんでいる。戦後のギリシャでは一九四六年から四九年にかけて、ナチス・ドイツ占領下におけるレジスタンス組織の共産主義ゲリラであるギリシャ人民解放軍が中道右派政府を相手取り、体制転覆を図る内戦が勃発していた。そして戦後のトルコでは、ソ連が黒海から地中海へつながるダーダネルス海峡への支配権を強めようと画策していた。ともに共産主義の脅威にさらされ危機に瀕した国家であるからには、自由主義を標榜するアメリカ合衆国はとうてい見過ごすことはできない。だからこそケナン理論を強化するかたちで、世界を共産主義的全体主義と自由主義的民主主義の両極に分割する発想がエスカレートして、以後四十年余も続くソ連との二項対立をもたらし、米ソ冷戦宣言として受け止められるようになったのである。その翌年一九四八年にイギリス作家ジョージ・オーウェルが全体主義国家をめぐる未来小説『１９８４年』を完成するのは、決して偶然ではない。

二　トルーマン・ショウの瞬間──『ナイアガラ』と戦争神経症

したがって、その時代の証言としては、決まってアーサー・ミラーが十七世紀末マサチューセッツ州セイラムで起こった魔女狩りを素材に赤狩りを風刺した『るつぼ《クルーシブル》』が挙げられたものだった。植民地時代最大の神学者コットン・マザーも登場する同作品は、神と悪魔という二項対立こそが西欧近代以降のさまざまな戦争をめぐる最大の大義名分を成してきた経緯を実感させる。ミラーほどに単刀直入でなくとも、一般に同時代の「明るく陽気で楽しいアメリカ」の模範を体現するかのようなオードリー・ヘプバーン主演のハリウッド名画『ローマの休日』（一九五三年）の中にすら、赤狩り時代の札付き人物ゆえ当初は名前を伏せられていた脚本家ダルトン・トランボや、そうした暗い世相に不満を感じていたウィリアム・ワイラー監督が一見したところ「明るくさわやかなコメディ」に仕立てるべく決意した経緯、そしてもともとベルギー生まれのオードリー自身がファシズム思想をもつ父親に捨てられ、反ファシズム思想を貫徹する母親と密着して暮らしてきたという経歴が刷り込まれている。この映画が日本で初公開される一九五四年といえば、造船疑獄が発覚し、自衛隊が発足し、マグロ漁船第五福竜丸がビキニ沖でアメリカの水爆実験に遭遇するという暗澹たる事件が相次いだため、『ローマの休日』のアン王女が手にしたほんの一日の自由、いわば「ほどほどの自由」は進歩と保守双方を満足させる絶妙のバランス感覚を表象し、アメリカ人以上に日本人観客を惹きつけたのである（詳細は吉村英夫『麗しのオードリー』〔講談社、一九九四年〕、拙著『日本変流文学』〔新潮社、一九九八年〕）。

けれども、こうした作品群の蔭に隠れる傾向にあるのが、まったく同じ一九五三年に公開されたもうひとつの映像作品、すなわち、ヘプバーンの好敵手にしてアメリカ最大のセックス・シンボル、マリリン・モンロー（一九二六年―六二年）が初主演しヘンリー・ハザウェイが監督したサスペンス映画『ナイアガラ』だ。日本では、豊満で頭が弱そうだがエロティックなマリリン・モンロー以上に、まったく対照的に華奢で知的でファッショナブルな魅力をもつオードリー・ヘプバーンのほうを贔屓する傾向があるが、それはモンローの代表作『紳士は金髪がお好き』（一九五三年）、『七年目の浮気』（五四年）、『お熱いのがお好き』（一九五九年）といった作品群が過剰に強調したマーケティング戦略に負うところが大きいだろう。その結果、記念すべき初主演映画『ナイアガラ』のモンローが高度に知的で官能的な悪女、文学史的伝統をもつ「宿命の女《ファム・ファタール》」を演じていたことが忘却されているのである。

それにしても、いったいなぜナイアガラだったのか。アメリカ西海岸では、ラスヴェガスから足を伸ばせるグランド・キャニオンの大峡谷が国家の誇る自然の驚異として、あたかも異星の風景であるかのような迫力を醸し出すが、東海岸では、アメリカ合衆国とカナダの国境にまたがるナイアガラの滝こそはそれに匹敵するばかりか、何よりも崇高な光景として横たわる。その奇観に魅惑されたアメリカ文学者も決して少なくない。アメリカ建国の父祖のひとりベンジャミン・フランクリンも、のちにハーマン・メルヴィルの傑作長篇『白鯨』（一八五一年）を挑発したのではないかと思われるナイアガラ関連の法螺話《ホークス》を残している。そのエッセンスを、以下にお目にかけよう。

> ものを知らない連中は、北米北部の湖は淡水であり、鱈や鯨は海水の中で暮らしているのだから、

そんなところに存在するわけがないという。ところがどっこい、どうか広く知らしめていただきたいのだが、たとえ鱈といえども、ほかの魚と同様、いったん敵に追われる身となると、自分にとって安全そうならどんな水のところにでも逃げ込んでいくものだ。そして鯨も鯨で、いったん鱈を食べてやろうと腹を決めると、鱈がどんなところへ逃げ込もうが追いかけていくものだ。だからこそ、まさしくこの鱈と鯨の追いかけっこのあげく、鯨はかのナイアガラの滝を大跳躍し、いわば鯨の滝のぼりを見せつけることになったのであり、それを目にした人々はみな、これこそはアメリカにおける自然のうちで何よりも壮麗なるスペクタクルだと賞賛を惜しむことがない。

（ベンジャミン・フランクリン「鯨の滝のぼり」、一七六五年、ライブラリー・オヴ・アメリカ版五六一頁）

とりわけカナダ側のうちでもホースシュー滝といわれる部分は、かつて命知らずの冒険者たちが綱渡りをしたり蒸気船が転落したり、時には美しい虹がかかったりと、さまざまなエピソードに事欠かない。そのかたわらにたたずんでいると、カトリックの修道女たちやユダヤ教徒たち、ヒンズー教徒やイスラム教徒たちが、いわば超宗教的に、このホースシュー滝の真横、すなわちナイアガラのなかでもまさに瀑布というにふさわしく怒濤の水流が直角に落下している部分を凝視して瞑想していることに気づく。

かてて加えて一八八二年、ブダペスト滞在中に回転磁界の原理を発見した発明王トマス・エジソンの好敵手ニコラ・テスラは最初の実用的な交流モーター（二相誘導モーター）を設計、このモーターを三相以上に発展させ、発電機などの関連技術とあわせて体系化して、いわゆる多相交流システムとして完成した。起業家ジョージ・ウェスティングハウスはまっさきにその業績を認め、テスラの特許を高額で購入、ここから交流配電網の拡大をめざす二人の同盟関係が始まり、その権利をめぐるエジソンとの闘争が「電流戦争」を引き起こすも、けっきょくのところ、テスラの交流配電網システムが有名なナイアガラ瀑布発電所に採用されたことで、最終的に闘いはテスラ陣営の勝利に帰する。この時使われたナイアガラ瀑布発電所の建物は、いまもアメリカ合衆国側のバッファロー市に位置する滝壺付近に確認することができる。ホースシュー滝に集う人々にとって、そこはいかなる宗派にも宗教的畏怖をかきたてる自然の神殿であったが、世紀転換期以後の展開を考えるならば、いまでは廃屋同然のナイアガラ瀑布発電所こそは、自然と文明の橋渡しを実現した新たなる神殿であるかのように映る。その意味で、ナイアガラが表象しているのは国境のみならず自然と文明の境界線そのものを横断する中間領域にほかならない。

こうした視点から映画『ナイアガラ』を見直すと、何が判明するだろうか。本作品は大ヒットしたものの、概して「男を破滅させる悪女」を演じたマリリン・モンロー自身の独特な歩き方を後ろからロングショットで撮影した「モンロー・ウォーク」を広めた作品としてのみ、記憶されることが多い。だが、ほんとうにそうか。

物語を忠実に辿り直してみよう。視点人物を務めるレイ&ポリー・カトラー夫妻（マックス・ショウォーター&ジーン・ピーターズ）は時期遅れの新婚旅行でナイアガラのロッジを予約していた。ところが、到着してみると、その部屋には前客のジョージ&ローズ・ルーミス夫妻（ジョゼフ・コットン&マリリン・モンロー)がまだ居座っているではないか。どうやらルーミス夫妻は結婚生活上のシリアスな問題を抱えているらしい。そこでカトラー夫妻はしかたなく、いささか品質は落ちるものの、別のロッジに宿泊することになった。ところがある日、買い物に出たカトラー夫人は、ルーミス夫人が美青年パトリック(リチャード・アラン)とナイアガラの滝のところで密会しているのを目撃してしまう。結婚生活の破綻に絶望したルーミス夫人は愛人パトリックと語らい自身の夫ジョージの殺害計画を立てていたのである。そして、パトリックがみごと殺害を成し遂げた暁には、ナイアガラの名所でもあるレインボー・タワーの組み鐘を鳴らし、ルーミス夫人の好きな歌「キッス」のメロディを奏でて合図する段取りになっていた。ところが計画はとんでもない大逆転となり、殺されるべきジョージのほうがパトリックを正当防衛で殺し、妻ローズへの復讐を誓い、その恨みを晴らす。以後のジョージはカトラー夫人ポリーの乗るモーターボートを奪って逃走するも、最後はポリーを逃し、自身はボートごとナイアガラの瀑布へと、まっさかさまに転落していく……。

こうまとめただけでもわかるように、じつは『ナイアガラ』において悪女ルーミス夫人を演じるマリリン・モンローは中盤で死んでしまうという設定であり、最初から最後まで物語を統御しているのは夫ジョージのほうなのだ。彼は妻がビアホール一の人気女給だった時代に見初めて結婚したが、自身が経営する羊牧場の羊がつぎつぎと死んで、妻のほうも経営に興味をなくし、牧場を人に貸したところ、皮肉にも持ち直す。そのほかにもいくつか仕事を転々としたがうまくいかず、朝鮮戦争へ行くも、戦争神経症《バトル・ファティーグ》と診断されて強制送還される。この不運な人生をすべて妻ローズと結婚したせいだと思い込んでいるのだが、しかしいっぽうでは彼女の一挙手一投足が気になってしかたがないほど嫉妬深く、妻が派手な格好をして人前に出るのを嫌う。じっさい彼女が夫をロッジの中にひとり残したまま、ピンクのドレスで着飾りロッジ村のパーティに出席し、お気に入りの曲「キッス」をかけてもらったところ、夫ジョージがいきなりロッジから飛び出してはターンテーブルの上の「キッス」のレコードを掴み取り、バリバリと叩き割ったこともある。げんに「キッス」にはこんな歌詞が連なる。「これこそが快感の瞬間なの／どうか私を震えさせて／あなたの腕の中にしっかりと抱き寄せて／そして私を最高に満足させて／抱いてダーリン／私の愛を受け入れて／キッスして強く抱きしめて」。

この時、ローズを演じるマリリン・モンロー自身が二七歳。まだまだ若くて美しく自身の性的成熟を誇示したくてたまらない年齢である。結婚生活がうまくいかなければ欲求不満を覚えて当然という性格設定なのだ。だからこそ、そんなコケットリーにあふれ人々の気を惹いてやまぬ妻に怒りすら覚える夫を設定した監督は正しい。じっさい本作品の翌年五四年にはモンロー本人が野球選手ジョー・ディマジオと結婚するも、彼女の代表作のひとつ『七年目の浮気』で有名なスカートがまくれるシーンを撮影したがゆえに、嫉妬にかられた夫に暴力をふるわれたというエピソードが残っている。そしてこの物語においては、夫ジョージの与り知らぬところで、この妻ローズは浮気に精を出し、癇癪ばかりを起こす邪魔な夫を始末しようとすらもくろむ。

ここで注目すべきは、もともとうまくいかない人生を辿っていたとはいえ、夫ジョージが、まさにトルーマン大統領政権下における朝鮮戦争の復員兵であり、しかも戦争後遺症を克服できずに挙動不審の限りを尽くしていたという設定だろう。朝鮮戦争は、まさしくトルーマン・ドクトリンを体現するかのように、一九四八年に成立した朝鮮半島の分断国家、すなわち大韓民国（韓国）と朝鮮民主主義人民共和国(北朝鮮)のあいだで緊張が高まった結果、一九五〇年六月二十五日に北朝鮮が国境線である三十八度線を超えて軍事侵攻してきたことで勃発、そこへアメリカを筆頭とする西側自由主義諸国から成る国連軍と中国人民義勇軍が介入し解決を試みるも、一九五三年七月二十七日をもって休戦を余儀なくされた冷戦の一環である。第二次世界大戦がアメリカに確実に勝利をもたらしたいっぽう、朝鮮戦争は最終的に占領期日本を統括していたダグラス・マッカーサー将軍が、難航する戦局を打開するため、軍隊の論理を暴走させ核爆弾の使用をも厭わないほどの決断を下そうとしていたがためにトルーマン大統領自身からストップをかけられ、占領国責任者から解任されてしまい、休戦という曖昧な妥協に終わってしまった。二十一世紀現在においても休戦は終戦ではなく戦争継続中を意味するため、明白なる勝敗によって正義と悪を規定してきたアメリカ合衆国にとっては、いまなお不完全燃焼に終わった戦争であり、時に「忘れられた戦争」とすら呼ばれることもある。「勝てなかった戦争」は「正しくない戦争」なのだ。それは、翌年五四年から始まったヴェトナム戦争が明らかにアメリカ軍が苦渋を嘗めざるをえない「負けた戦争」として終わったがゆえに、広く「間違った戦争」と片付けられていることからも、容易に推察できよう。

こうした文脈をふまえるなら、折しも朝鮮戦争が休戦へ入る直前、一九五三年一月に全米公開された『ナイアガラ』は、美しき悪女によるサスペンスの物語どころか、朝鮮戦争復員兵がその苦悩ゆえに引き起こしてしまったトラウマの物語として再定義できる。アメリカの夢を体現するマリリン・モンロー演じるローズが、ジョージの心の傷を癒してくれるかと思いきや、いつしかアメリカの悪夢をも兼任しているのが判明するという皮肉な展開こそ、同作品最大の成功の秘訣だろう。ナイアガラの滝がアメリカとカナダの国境に位置しており、ほかならぬ国境を渡る地点で妻の悲劇が起こる点に注目するなら、これはまさにさまざまな境界線の危うさをめぐる物語なのだ。それは自然と文明の境界線、両国の境界線のみならず、東半球と西半球の境界線、自由主義圏と共産主義圏の境界線がとてつもない危機を招来していることを表現してやまない。同作品主役の名演が光っていた背後には、そうした政治的危機の脈絡とともに、マリリンが当時つきあい始めていた元ニューヨーク・ヤンキースの大打者ジョー・ディマジオ自身、『ナイアガラ』の夫ジョージ・ルーミスよろしく、彼女と言葉を交わす親しい人々のすべてに嫉妬し、たとえ仕事とはいっても彼女が肉体を露出することを呪っていたという私生活も関与していたかもしれない。

かてて加えて興味深いのは、本作品発表の翌年、一九五四年一月十四日にサンフランシスコで結婚したマリリン・モンローとジョー・ディマジオが新婚旅行先に日本を選び、二月十六日から二十日にかけての来日時には両者とも大歓迎されるも、そこへ朝鮮戦争末期を迎えた韓国駐在のアメリカ兵を慰問するコンサートの話が舞い込み、新婦は新郎をひとり日本へ残して韓国出張したという事実である。すでに前年には休戦が決まっていたものの、依然政情不安定なため残留していた多くのアメリカ軍兵士を慰問するために、彼女は最前線の基地へ赴き、三日間というもの兵士たちと同じ食堂で食事し、作業服で過ごした。大歓声で迎えられたのは当然で、彼女は四回ものコンサートを開き、「ダイヤモンドは女のベスト・フレンド」「バイ・バイ・ベイビー」などを熱唱し、その華麗な姿は『プレイボーイ』誌の「今月の恋人」に選ばれた（山口路子『マリリン・モンローという生き方』〔新人物往来社、二〇一二年〕、九六―一〇一頁）。この直後には高熱を出し軽い肺炎まで起こすのだが、にもかかわらずマリリンは「あの慰問コンサートのときくらい、自分がスターなんだって思ったことはなかった」と回想し、それが人生最高の甘美な思い出になっているのを明かしている。この意味で、韓国慰問のステージは、トルーマン・ドクトリンへと変容を遂げたモンロー・ドクトリンの最新更新版が、マリリン・モンローという名前と身体によってみごとに演じられた瞬間だった。アメリカを支える軍事力のハードパワーが、稀代のセックス・シンボルというソフトパワーによって甘く美しく蠱惑的な演出を施されたのである。

三　百年以上の孤独――『悪の法則』と神聖恐怖症

二十一世紀第二の十年間前半は南北戦争一五〇周年記念にあたっていた。とりわけリンカーン大統領の奴隷解放令一五〇周年にあたる二〇一三年は、ジョン・F・ケネディ第三十五代大統領の暗殺五〇周年。ふたりの大統領は一世紀を隔てながらも、片や南北戦争の、片や米ソ冷戦の渦中で暗殺されたという共通点をもつ。前者がジョン・オサリヴァン提唱になる「明白な運命」のイデオロギーを担い、後者が「トルーマン・ドクトリン」のイデオロギーを継いでいたことも、モンロー・ドクトリンの発展史において見逃せない。ケネディ最大の業績は、ひとつボタンを掛け違えれば全面核戦争のボタンが押されかねなかった一九六二年十月のキューバ・ミサイル危機を、ソ連書記長ニキータ・フルシチョフとの粘り強い交渉の結果、みごと回避したことにあった。その前哨戦は、アメリカ政府はＣＩＡの秘密工作により、一九五四年五月にソ連圏から武器を購入していたグアテマラ革命を挫折させたことであり、一九五九年にフィデル・カストロが独裁的バティスタ政権を打倒して首相の座に就きソ連との関係を深化させたことであり、そして何よりも、一九六一年四月にグアテマラとニカラグアの亡命キューバ人を使ったCIA主導のキューバ侵攻が失敗したことだった。その途上、一九六〇年七月十二日にソ連書記長フルシチョフは「モンロー・ドクトリンは自らの時代を生きて寿命を終え、いわば自然死したと考える」と述べるも、その二日後の七月十四日にはアメリカ国務省が「モンロー・ドクトリンは今日も有効である」と反撃した（中嶋啓雄『モンロー・ドクトリンとアメリカ外交の基盤』［ミネルヴァ書房、二〇〇二年］、一八二頁）。ただし時の大統領ケネディ本人はモンロー・ドクトリンに対する南米側の猛反発を予期していたので、そうした議論へ誘い込まれるのを巧妙に回避していたふしがある。そこに、ケネディが左翼寄りではないかという批判勢力の論拠がひそむ。はたして、アメリカ軍部に同調する元国務省長官ディーン・アチソンは、それこそ朝鮮戦争のときのマッカーサー将軍よろしく、ソ連と密着しているキューバを武力制圧することを切望していたものの、ケネディは、それこそマッカーサーを抑えたトルーマンよろしく、地球最大の危機を断固阻止するのに成功する。もともとケナン＝トルーマン以後に改訂されたモンロー・ドクトリンが東半球に西半球の国家が支配されようとしているのを阻止する点に眼目があったとしたら、一九六二年十月に十三日間をかけて全面核戦争を避けるべくフルシチョフと討議し、ついに危機回避したケネディの策略は、あまりにも美しく優雅なかたちでモンロー・ドクトリンを批判的に発展させる解決法だったと観ることができる。だからこそ、当時のアメリカ内部の保守勢力が不満をくすぶらせたあげく、翌年のケネディ暗殺という帰結をもたらしたのだとする見解は、説得力がないわけではない。

ただしリンカーンの場合は暗殺犯ブースの動機も明確だが、ケネディの場合は暗殺犯オズワルドの動機が曖昧で、半世紀を経たいまに至るも、謎はますます深まるばかりだ。わたし自身、拙著『メタフィクションの謀略』(筑摩書房、一九九三年)において、ポストモダン小説の重要なモチーフがケネディ暗殺であること、その真相についてはいまも無数の学者や作家たちがさまざまな仮説を提出していることを指摘したが、最近では現代エンタテインメント界きっての手練れスティーヴン・キングによる分厚い『11/22/1963』(原著二〇一一年、白石朗訳、文藝春秋、二〇一三年九月)が驚くべき新解釈で話題を呼んだ。一九六三年十一月二二日、アメリカの夢の象徴のひとつである初の衛星放送として我が国の茶の間に届いた最初の画像がケネディ暗殺であったショックを、いまなお記憶している世代は健在のはずだが、なにしろ本書は万が一ケネディ暗殺が回避されていたらわたしたちはいったいどんな「もうひとつの21世紀」を生きていたかを六〇年代以降の視点より深く思弁した歴史改変小説だったのだから。

そんな折に、わが国を含む世界十二カ国で同時出版されたフィリップ・シノンの大著『ケネディ暗殺　ウォーレン委員会50年目の証言』(原著二〇一三年、村上和久訳、上下巻、文芸春秋、二〇一三年)は、〈ニューヨークタイムズ〉元記者が最新資料を元に暗殺調査委員会へ敢然と挑むノンフィクションとして注目に価する。もともとケネディ暗殺はオズワルドの個人計画というよりも巨大陰謀の一端と観られることが多かったが、本書の冒頭も、オズワルドが暗殺以前にメキシコで培った秘密から始まる。同時期にケネディ自身が抱えたもうひとつの危機がマリリン・モンローとの浮き名であったのはよく知られているだろう。皮肉にも、六〇年に大統領候補になった時からケネディとモンローの関係は深まり彼女のファースト・レディへの夢を育み、そのロマンスは一九六二年五月十九日のマディソン・スクエア・ガーデンにおける大統領誕生パーティでバースデイ・ソングを歌ったことで最高潮に達するが、それがケネディ家を憎むマフィアへ筒抜けになっていたがために格好の恐喝材料を提供し大統領をいささか辟易させ、パーティからまもない八月五日、彼女は謎の死を遂げている。ドラッグ過剰摂取による自殺とも政治がらみの他殺とも言われているが、この瞬間、結果論的にいえば、ケネディ大統領はジェイムズ・モンローからもマリリン・モンローからも巧妙に誘われつつも、双方のモンロー・ドクトリンから狡猾なまでに逃げ切ったのだ。

シノンの考察は、ほかならぬ暗殺犯オズワルドにも、キューバのカストロを擁護するメキシコ人女性シルヴィア・トゥラード・ドゥランという愛人がいたことから、彼女を一コマとする国際的陰謀こそがケネディ暗殺の真相だった可能性を示唆する。なにしろ、秘密を知った元外交官が失職し自殺にまで立ち至っているのだから、何らかの事情でアメリカ政府自体が暗殺の真相を抹消しなければならない事情がひそんでいたはずだ。ともあれ暗殺後数時間で解剖医が血染めのメモを消却せねばならなかったいきさつを考えると、恐るべき特定秘密が国家規模で保護されようとしていたことは、疑いない。ケネディ暗殺については、CIAの陰謀ではないか、マフィアの陰謀ではないか、はたまた彼が史上初のカトリック系大統領だったことへのプロテスタント系の陰謀ではないかと、さまざまにパラノイアックな珍説が開陳されてきたが、アメリカとメキシコの国境をめぐる百年以上もの因縁については、取沙汰されたことがない。本論はオズワルド犯人説の確証を求めるものではないが、ケネディ暗殺をめぐるメキシコという視角については高く評価したいと考える。

というのも、二〇一三年にリドリー・スコット監督が、アメリカとメキシコの国境地帯で暗躍する巨大麻薬カルテルの恐怖を素材にしたコーマック・マッカーシーによる書き下ろし脚本をもとに製作し、二十一世紀を代表する美人女優キャメロン・ディアスを主役に据えた『悪の法則』(*The Counselor*)には、どこかきっかり六十年前のマリリン・モンロー主演映画『ナイアガラ』を彷彿させるところを感じたからだ。ストーリーだけ取れば、何の変哲もない上出来のサスペンス・ドラマに映る。マイケル・ファスベンダー演じる純朴な弁護士がふとした出来心から手を出した儲け話が麻薬カルテルに関わるも、やがて深入りをためらうやいなや、依頼主である運び屋のバイク少年はおろか、事業仲間であるウェストリー(ブラッド・ピット)は首を切断され、弁護士の美しき妻ローラ(ペネロペ・クルス)に至っては惨殺のうえゴミ同然に捨てられていくというスリラーが訴えるところは、日本版DVDのキャッチコピーが要約している――「裏社会に足を踏み入れ、〝自分は無関係〟とは甘すぎる」。すべての希望が打ち砕かれたあとに判明するのは、すべてを操っていたのがキャメロン・ディアス演じる美しくも官能的な悪女マルキナであったことだ。はたして彼女がメキシコでもカナダでもなく、香港へ高飛びするところで映画は幕を下ろし、表面的にはスコット監督ならではの華麗にして残虐な映像描写を堪能することができる。

しかし、手に汗握るサスペンスと豪華絢爛なスペクタクルが織り成すハリウッド的ソフトパワーの蔭に、現実の悲劇が溶かし込まれていることを、決して忘れるわけにはいかない。というのも、本作品における巨大麻薬カルテルには、いまも未解決のメキシコ麻薬戦争と少女誘拐および連続殺人事件が反映しているからだ。二〇〇八年にグレゴリー・ナヴァ監督が一種のドキュメンタリーとして製作し、もうひとりの美人女優ジェニファー・ロペスを主役に据えた『ボーダータウン～報道されない殺人者』は、ずばりアメリカとの国境地帯に位置するメキシコのファアレスにて、一九九三年以来一五年間で五千件も起こった女性連続殺人事件を中心に展開する。ファアレスはおよそ百万の人口を抱えているが、二〇一〇年以後には年間三千件を超える殺人事件が、いまも継続中だ。さて、本作品でロペス演じるアメリカの新聞記者ローレンは、上司からの命令でその潜入調査をもとに記事を書くよう言いつけられ、ファアレスの新聞社で働く昔の仲間を頼り、事件唯一の生還者である少女エバと出会うも、謎はますます深まって行く。『悪の法則』におけるディアスがスペイン系キューバ移民とチェロキー族の血を引き、『ボーダータウン』のロペスがプエルトリコ系アメリカ人の両親のもとに生まれているというエキゾティシズムは、境界線上の危機を描くのにふさわしい。

この女性連続殺人事件のきっかけとして、一応の背景を成しているのは、アメリカ、カナダ、メキシコ間で一九九二年一二月十七日に署名され翌九四年一月一日に発効した北米自由貿易協定（NAFTA）である。ちょうど父ブッシュ大統領からビル・クリントン大統領へと政権移行する時期のことであり、そこにいわゆるグローバル化時代における新自由主義台頭の種子がひそむ。クリントンはNAFTAが給料のいいアメリカの雇用を生み出すことを信じて署名したが、しかし結果的には、メキシコ側の教育やインフラストラクチャーへの投資がじゅうぶんではなく、アメリカとのあいだの格差が拡大した。なにしろ、貿易が自由化されて米国産の安価なトウモロコシが大量に流れ込んだせいで、メキシコの移民たちは壊滅的な打撃を受け、国境を超えて密入国しようともくろむようになったほどなのだから。それは、新自由主義の拡大が階級格差や国際格差をも拡大していく時代の潮流を最も典型的に表す。かくして悲劇が起こった。

場所は、テキサス州側の国境の町エルパソとはリオグランデ川をはさんだ向こう岸にあるメキシコ側の国境の町シウダーフアレス。そこには、マキラドーラと呼ばれる保税加工工場地帯が存在する。まさにこの地を舞台に「不法移民を雇わずになおかつ人件費も抑えたいという〈北〉の思惑と、失業対策や外貨獲得という〈南〉の思惑が一致」し、日欧米の多国籍企業が支配するこの工場地帯では、中米諸国からやってきた貧しい少女たちが時給二百円ほどで働かされ、しかも、のきなみ連続レイプ殺人事件の被害者と化す（斉藤修三「ボーダーに消えた少女——米僕国境にて」、〈すばる〉二〇〇四年一二月号、二〇八—二〇九頁）。その背景にはメキシコ最大の麻薬カルテルが暗躍しており、麻薬密輸入や中毒者が暴虐の限りを尽くしている可能性が高い。しかもメキシコ文化には何らかのかたちでいわゆる女性虐待《ミソジニー》傾向が潜在していることも、事件の悲劇性に拍車をかけている。したがって、北米が南米を搾取しているというよりも、両者は相互に共犯関係を結んでおり、そこでは暴力団と警察の区分すら危ういのだ。こうした共犯の構図は、まったく同じメキシコ麻薬戦争を扱った新たなボーダーランド・ナラティヴであるキャスリン・ビグロー総指揮の二〇一五年映画『カルテル・ランド』やドゥニ・ヴィルヌーヴ監督の二〇一五年映画『ボーダーライン』でもさらに拡大して語られている。

こうした動きが世間的にも広く顕在化するようになった時、チリ出身で現代ラテンアメリカ文学最大の俊英と目されるロベルト・ボラーニョ（一九五三年—二〇〇三年）の遺作となった巨編『2666』（二〇〇四年、野谷文昭他訳、白水社、二〇一二年）は、五部構成のうちその第四部「犯罪の部」において、このシウダーフアレスにおける女性連続殺人事件を取り上げ、ノンフィクション・ノヴェルにも似たスリリングな筆致で展開した。メルヴィルやカフカ、プルーストに影響を受けたというボラーニョはもともと虚実のあわいを巧みに縫うことにかけては定評があったが、本書『2666』では、架空のドイツ作家ベンノ・フォン・アルチンボルディを愛読し研究する学者批評家たちの群像を活写する第一部から始まり、最終的にはナチス・ドイツの時代を生きたハンス・ライターがいかに作家アルチンボルディへと変容を遂げて行ったかを語る第五部で終わるという、凝りに凝った構成を採っている。その第四部でシウダーフアレスが取り上げられるのは、まちがいなく第四部で語られるホロコーストと連動する。ナチス・ドイツの行なったユダヤ人大虐殺の悲劇が、いまもなおメキシコ最大の麻薬カルテルのからむ女性大虐殺の悲劇として反復／増幅されていることを、これほど説得力豊かに表現しうる設定はあるまい。南米の辺境における小さな事件のように見えるものが、じつは巨大なグローバルな世界全体の病巣を成していること。第一世界に奉仕する「現代の奴隷制」の舞台であるマキラドーラやゴミ集積場で起こっている女性虐待／殺害事件は「小さな周縁が世界とつながっていることを証明するもの」にほかならない（越川芳明「世界へとつながる『周縁』――ロベルト・ポラーニョ『2666』」、〈すばる〉二〇一三年二月号、350-351頁）。

　本書で特筆すべきは、いまなお進行中で謎を深めるばかりの女性連続殺人の真相について、ポラーニョが驚くべき仮説を提出していることだ。彼はこの事件に連動する教会襲撃／破壊事件、司祭殺害事件に注目し、本質的にカトリシズムの強いメキシコ人の無意識には「神聖恐怖症《サクロファビア》」が根付いているのだと断言する。サクロフォビア、それは「神聖とされるもの、神聖なものに対する恐怖や嫌悪のことで、とくに自分が信じている宗教に対するもの」である。犯罪者がナイフを持つのも「生きている人間に危害を加えるためでは」なく「教会にある聖像を破壊するため」なのだ（邦訳三七二頁）。登場人物のひとりエルビス・カンボスは言っている。「神聖恐怖症はそれほど珍しいものではありません。(中略)ここはメキシコで、この国では宗教がいつの時代も大きな問題であったことを考えればなおさらです。実際、メキシコ人は誰もが皆、心の底に神聖恐怖症を抱えていると言ってもいいほどですよ」(邦訳三七五頁)。地球の反対側ではイスラム国を名乗るISが宗教的教義に準ずるとうそぶきつつ女性陵辱や虐殺をくりかえし、当のイスラム教側から異端視されている論理と、これは酷似してはいまいか。これをさらにエスカレートさせた作品としては、イスラエル生まれのシャウル・シュワルツ監督が二〇一三年にまったく同じファレスを中心にしたドキュメンタリー映画『皆殺しのバラッド──メキシコ麻薬戦争の光と闇』をも挙げておかねばなるまい。そこでは、何とこうした麻薬カルテルのボスたちを礼讃する新しい音楽ジャンル「ナルコ・コリード」が誕生し、それを担うロサンジェルス育ちのメキシコ系アメリカ人エドガー・キンテロらが十万枚を超すヒットを放ち、たちまちスターダムにのしあがっている。暴力に満ちた歌の内容がボスたちに気に入れば、さらなるチップが支払われるという勘定だ。ポップスターが現代の宗教的偶像だとすれば、この映画はまさに神聖恐怖症をテコにした倒錯的な聖人伝が生まれ落ちる可能性のうちに絶大なアイロニーを醸し出す。

四　ボーダータウン・ナラティヴの起源

さて、これほどにNAFTA以降のボーダータウン・ナラティヴ全盛を強調したのは、それもまた、モンロー・ドクトリンの遠い帰結であるからだ。それは必ずしも前述のケネディ政権と直結するものではない。むしろ、一八二三年時点でのモンロー・ドクトリン原典が一八四五年の「明白なる運命」へ発展解消していく歩みにおいて、すでにアメリカとメキシコの州境をめぐる紛糾が米墨戦争というかたちで闘われ、以後百年以上にもおよぶ因縁を結んで来たことを考え合わせることが不可欠である。ハーマン・メルヴィルは『白鯨』第一章において「アフガニスタンにおける血みどろの死闘」に言及し、二十一世紀の読者を驚かせるが、しかしじっさいイギリスがインドを求めて南下するさいに第一次アフガン戦争が起こるのは一八三八年から四二年にかけてのことであり、そのときのイギリス敗退のトラウマが百五十年以上のちの国際政治にも影響したにすぎない。目前の政治的紛糾が数世紀にも及ぶ因縁の帰結であることは、決して珍しくない。

米墨戦争のそもそものきっかけを作ったのは、第一一代大統領ジェイムズ・ノックス・ポーク（一七九五―一八四九年）であった。現在ではマイナーな名前に聞こえるかもしれないが、それもそのはず、彼は「アメリカ大統領史最初のダークホース」と囁かれるほどの番狂わせであり、大方の予想に反して、民主党自体の本命候補である第八代マーティン・ヴァン・ビューレンにも、ホイッグ党の対立候補ヘンリー・クレイにも勝ってしまった。それは敵対者たちがいずれもメキシコの潜在的脅威を恐れたためであったが、ポーク自身は「明白なる運命」すなわち領土拡張主義政策と矛盾するすべての圧力を敵とみなし、米墨戦争へ突入した。具体的には、一八四五年一二月二九日、テキサス共和国のアメリカ併合が成立してしまったことで、メキシコとの戦争が避けがたくなったのである。

かくして一八四六年から四八年まで続いた米墨戦争はアメリカ側の大勝利に終わり、アメリカは四八年二月二日、グアダルーペ・イダルゴ条約をメキシコと結び、一五〇〇万ドルで南西の領土（今日のカリフォルニア、アリゾナ、ネヴァダ、ニューメキシコ、ユタの諸州と、コロラドおよびワイオミングの一部を含む)を購入。これは、トマス・ジェファソンのルイジアナ購入に続く大規模な領土拡張となった。そして、まさにこのように巨大な領土を獲得したことが、そのまま奴隷制領土拡張を招きかねなかったがために、南北戦争への導火線になったのだが、それについては、本論では追及しない。肝心なのは、「明白なる運命」のスローガンがモンロー・ドクトリンを発展させるさいに西半球支配の傾向をいささか過剰なまでに強めたがために、メキシコが国民的トラウマを覚えるに至った帰結である。げんに、いまでもメキシコ側は毎年、米墨戦争で勇敢に闘った若き兵士たちを英雄として称え、アメリカへの移民を「再征服」とみなすいっぽう、テキサスやアリゾナなど国境近くの州に住むアメリカ人がメキシコから領土を盗んだ泥棒と言われて激怒するという光景が幾度となくくりかえされている(ヨアン・グリロ『メキシコ麻薬戦争――アメリカ大陸を引き裂く「犯罪者」たちの叛乱』〔原著二〇一一年、山本昭代訳、現代企画室、二〇一四年〕)。

　きわめつけは、米墨戦争後の内乱を収めたポルフィリオ・ディアスが一八七六年から一九一一年まで独裁者として君臨するあいだに、シナロアに来た中国人移民が太平洋の対岸からアヘンとケシの種子を持ち込み、一八八六年にはメキシコ政府がそれらの栽培を確認していることだ。もともと太平洋岸に面した長大な海岸線とマドレ山脈にはさまれたシナロアは、組織犯罪には絶好の地理的好条件に恵まれていたため、そこからメキシコ最大の麻薬組織シナロア・カルテルが急成長を遂げるのは宿命であった。そして、アメリカ政府による再三にわたる麻薬取締にもかかわらず密輸が横行し続けた理由としては、まず第二次世界大戦時の戦争負傷兵にとってメキシコ産麻薬が重宝されたこと、つぎに一九六〇年代の対抗文化時代にヒッピーたちが麻薬幻想を重視したこと、そして一九九四年にＮＡＦＴＡが発効し従来では考えられないほどの物流が往来するようになったことが挙げられる。

かくして、度重なる国境危機をめぐるボーダータウン・ナラティヴは、アメリカの金科玉条たるモンロー・ドクトリンを迎え撃つメキシコ最大の戦略を語ってやまない。かつて二十世紀中葉、米ソ冷戦の頂点でジョン・Ｆ・ケネディ大統領はマリリン・モンローとともにジェイムズ・モンローの誘惑に乗りつつも、最終的には逃げ切った。目下二十一世紀初頭、グローバリズムの頂点でアメリカ合衆国はメキシコとの国境でキャメロン・ディアスのごとき蠱惑を放つ麻薬を吸い込み、警察隊と暴力団すら共犯しかねない新自由主義の限界に突き当たり、モンロー・ドクトリン自体が境界線上の誘惑に撹乱されている。それは誘惑する者が誘惑される者へと最後の一線を超える瞬間である。

◉引用文献

The Counselor. Dir. Ridley Scott. Perf. Cameron Diaz, Michael Fassbender, Penelope Cruz, Javier Bardem and Brad Pitt. Screenplay by Cormac McCarthy. 20th Century Fox, 2013.

Badman, Keith. *Marilyn Monroe: The Final Years*. New York: St.Martin's, 2010.

Bordertown. Dir. Gregory Nava. Perf. Jennifer Lopez. THINKFilm, 2006.

Cartel Land. Dir. Mathew Heineman. Prod. Kathryn Bigelow. The Orchard, 2015.

Franklin, Benjamin. *Writings*. Ed. J. A. Leo Lemay. New York: Library of America, 1987.

MacArthur. Dir. Joseph Sargent. Perf. Gregory Peck. Universal Pictures, 1977.

Narco Cultura. Dir. Shaul Schwartz. Cinedigm, 2013.

Niagara.（邦題「ボーダーライン」）Dir. Henry Hathaway. Perf. Marilyn Monroe. 20th Century Fox, 1953.

Sicario. Dir. Denis Villeneuve. Perf. Emily Blunt. LIONSGATE, 2015.

亀井俊介『アメリカでいちばん美しい人〈マリリン・モンローの文化史〉』（岩波書店、二〇〇四年）。

スティーヴン・キング『11/22/1963』（原著二〇一一年、白石朗訳、文藝春秋、二〇一三年）。

ヨアン・グリロ『メキシコ麻薬戦争——アメリカ大陸を引き裂く「犯罪者」たちの叛乱』（原著二〇一一年、山本昭代訳、現代企画室、二〇一四年）。

ジョン・F・ケネディ『勇気ある人々』宮本喜一訳（英治出版、二〇〇八年）。

越川芳明「世界へとつながる『周縁』——ロベルト・ポラーニョ『2666』」、〈すばる〉二〇一三年二月号、350-351頁

斉藤修三「ボーダーに消えた少女——米墨国境にて」、〈すばる〉二〇〇四年一二月号、二〇八—二〇九頁。

フィリップ・シノン『ケネディ暗殺　ウォーレン委員会50年目の証言』村上和久訳（文藝春秋、二〇一三年）。

巽孝之『メタフィクションの謀略』（筑摩書房、一九九三年）。

——『日本変流文学』（新潮社、一九九八年）。

——『モダニズムの惑星』（岩波書店、二〇一三年）。

中嶋啓雄『モンロー・ドクトリンとアメリカ外交の基盤』（ミネルヴァ書房、二〇〇二年）。

ロベルト・ボラーニョ『2666』（二〇〇四年、野谷文昭他訳、白水社、二〇一二年）。

山口路子『マリリン・モンローという生き方』（新人物往来社、二〇一二年）。

吉村英夫『麗しのオードリー』（講談社、一九九四年）。

あとがき

本書のタイトル『モンロー・ドクトリンの半球分割』は、アメリカ外交史の用語（〝モンロー・ドクトリン〟）と地理学的概念（〝半球〟）を組み合わせたものである。二つの領域を無造作につなげただけと見られる可能性を承知した上で、二十一世紀の世界にむけてメッセージを送りたいと思って選んだタイトルである。十九世紀アメリカで発せられた言葉が、二十一世紀の今にいたるまで歴史を通して力を発揮し、人々の世界観の基盤となり、政治的思惑を載せるレトリックとして使われ続けている。二百年前にモンロー大統領の口から発せられた言葉たちが、地球《グローブ》上での位置取り《オリエンテーション》をさぐるのにどう使われてきたのか。グローバリゼーションという運動が世界を巻き込んでいく現在、あらためてそのことを問うてみたい。

本書に収録された十一編の論考は、モンロー・ドクトリンの政治的意味を理解した上で、その言葉の力が政治を動かし、文化を牽引したという共通認識の上で書かれたものである。執筆者全員が人文研究を専攻しており、扱われているジャンルは、小説・音楽・演劇・大衆文化などと多岐にわたっている。また、議論が展開される地球的空間を見てみると、アメリカ国内やキューバを始め、南北アメリカ大陸をはさむ二つの大海——大西洋、太平洋——のさまざまな地域に及んでいる。

本書は、科学研究費補助金・基盤研究(B)「モンロー・ドクトリンの行為遂行的効果と21世紀グローバル・コミュニティの未来」の成果刊行物である。研究代表者：下河辺美知子、研究分担者：巽孝之、舌津智之、日比野啓の四名が、二〇一〇年四月から二〇一四年三月の四年間に行ったプロジェクトである。今から思うと、開始の半年前、二〇〇九年秋に申請書を書いていた時点で「モンロー・ドクトリン」という用語が浮かんだのは、Gretchen Murphy, Hemispheric Imaginings : Monroe Doctrine and Narrative of U.S. Empire (2005) その他の研究に刺激を受けたことが大きかったことは確かである。とは言え、アメリカの研究者の論じるモンロー・ドクトリンに対し、日本の研究者としてそこにさらなる洞察を加えたいという思いは強く持っていた。申請書には以下のような文章を書いている。

近年、アメリカの批評界では、アメリカ研究という地域研究の枠を「半球思考」という大陸間的視野の中に設定し、さらには惑星規模にも広げようとする動きが始まっている。本研究はそうした流れの中にあって、アメリカ文化の諸相(文学、演劇、音楽他)の中で、モンロー・ドクトリン的言説効果がどのような形をとって表れているかをさぐり、十九世紀後半から二十一世紀までのアメリカ文学・文化を、大陸間的規模で読み直すことを目指している。

西半球に自国の位置を占めたアメリカを、太平洋のこちら側にいる日本人研究者として眺めつつ、その文脈の中でわれわれはモンローの言葉の効果を探ってきた。その結果、歴史の根底に流れる「半球分割」という意識を突き止めたとすれば、プロジェクトの出発点での予測は、一つの展開みせたと言えるであろう。

共同研究の成果は、研究分担者間の協力からもたらされることは言うまでもない。しかし、それに加えて、毎年三回～四回行った研究会で得られたものも大きい。講師として研究発表を行ってくださった方々、ワークショップの基調発表をしてくださった方々や課題テクスト読解にチャレンジした大学院生や若い研究者の方々、そして、研究会に参加してくださった多くの方々。こうした同僚《カリーグ》との関係の中からこの本は生まれた。研究の成果とは、研究者共同体の中に植え付けられた種が芽を出すのを待ち、時間をかけてそれを育て、その果実として共同体の名のもとに外の世界へ届けるものだ。そのことを今、強く感じている。

最後になったが、彩流社編集部の高梨治さんは、最初からこの企画の熱心な推進者であり、遅れていたスケジュールをとりもどすべく最終段階に入ると目をみはる手腕を発揮してくださった。執筆者一同より感謝の意を表したい。

二〇一六年五月十二日

下河辺美知子

常山菜穂子

（つねやま・なほこ）

アメリカ演劇文化／慶應義塾大学法学部教授／慶應義塾大学大学院博士課程修了／博士（文学）／単著に『アメリカン・シェイクスピア――初期アメリカ演劇の文化史』（国書刊行会、2003 年）、『アンクル・トムとメロドラマ―― 19 世紀アメリカの演劇・人種・社会』（慶應義塾大学出版会、2007 年）、翻訳に L・W・レヴィーン『ハイブラウ / ロウブラウ――アメリカにおける文化ヒエラルキーの出現』（慶應義塾大学出版会、2005 年）他。

竹谷悦子

（たけたに・えつこ）

アメリカ文学／筑波大学人文社会系教授／ジョージ・ワシントン大学大学院博士課程修了（Ph.D.）／単著に *The Black Pacific Narrative: Geographic Imaginings of Race and Empire between the World Wars* (Dartmouth College Press, 2014)、*U.S. Women Writers and the Discourses of Colonialism, 1825–1861* (University of Tennessee Press, 2003) 他。

新田啓子

（にった・けいこ）

アメリカ小説・文化理論／立教大学文学部教授／ウィスコンシン大学マディソン校大学院博士課程修了（Ph.D.）／単著に『アメリカ文学のカルトグラフィ――批評による認知地図の試み』（研究社、2012 年）、『ジェンダー研究の現在―― 性という多面体』（編著書、立教大学出版会、2013 年）、翻訳に、トリーシャ・ローズ著『ブラック・ノイズ』（みすず書房、2009 年）他。

日比野 啓

（ひびの・けい）

アメリカ演劇／成蹊大学文学部教授／「アメリカ合衆国のレヴュー」『ステージ・ショウの時代』（森話社、2015 年）、「『解つてたまるか！』を本当の意味で解る為に――福田恆存の「アメリカ」」『日本表象の地政学――海洋・原爆・冷戦・ポップカルチャー』（彩流社、2014 年）、「（小声で言ってみる）アメリカの新しい音楽劇について」『文学』第 15 巻第 2 号（2014 年）他。

巽 孝之

（たつみ・たかゆき）

アメリカ文学思想史／慶應義塾大学教授／コーネル大学大学院博士課程修了（Ph.D., 1987）／単著に『ニュー・アメリカニズム――米文学思想史の物語学』（青土社、1995 年度福沢賞）、『リンカーンの世紀――アメリカ大統領たちの文学思想史』（青土社、2002 年／増補新版、2013 年）、『モダニズムの惑星――英米文学思想史の修辞学』（岩波書店、2013 年）、『盗まれた廃墟――ポール・ド・マンのアメリカ』（彩流社、2016 年）、*Full Metal Apache*（Duke UP, 2006 年）。編訳にラリイ・マキャフリイ『アヴァン・ポップ』（筑摩書房、1995 年／北星堂、2007 年）他。

【執筆者一覧】※掲載順

古井義昭
（ふるい・よしあき）

19 世紀アメリカ文学／青山学院大学文学部英米文学科准教授／東京大学大学院人文社会系研究科修士課程修了。エモリー大学大学院博士課程修了（Ph.D. 2015）／論文に "'Secret Emotions': Disability in Public and Melville's *The Confidence-Man*." *Leviathan: A Journal of Melville Studies* 15.2 (2013)、"Networked Solitude: *Walden*, or Life in Modern Communications." *Texas Studies in Literature and Language* 58.3 (2016) 他。

髙尾直知
（たかお・なおちか）

アメリカ文学／中央大学教授／ニューヨーク州立大バッファロー校大学院博士課程修了（Ph.D.）／『ホーソーンの文学的遺産――ロマンスと歴史の変貌』（共編著、開文社出版、2016 年）、エリック・J・サンドクイスト著『死にたる民を呼び覚ませ――人種とアメリカ文学の生成』上巻（共訳、中央大学出版部、2015 年）、『抵抗することば――暴力と文学的想像力』（共編著、南雲堂、2014 年）他。

小椋道晃
（おぐら・みちあき）

アメリカ文学／ウィスコンシン大学ミルウォーキー校大学院博士課程在籍／論文に "Ambiguous Crows: Class Conflict, Slavery, and Disunion in Melville's 'Cock-A-Doodle-Doo!'" *The Journal of the American Literature Society of Japan* 10 (2012)、「イシュメイルの荒れる海――『白鯨』の海に現れる陸のイメージ」*Kanazawa English Studies* 27（2010 年）他。

大和田俊之
（おおわだ・としゆき）

アメリカ文学及びポピュラー音楽研究／慶應義塾大学法学部教授／慶應義塾大学大学院博士課程修了／博士（文学）／単著に『アメリカ音楽史――ミンストレル・ショウ、ブルースからヒップホップまで』（講談社、2011 年）、「ハリウッド・ゴシック――1930 年代のホラー映画に見る恐怖の構造」『アメリカン・テロル――内なる敵と恐怖の連鎖』（彩流社、2009 年）他。

舌津智之
（ぜっつ・ともゆき）

アメリカ文学、日米大衆文化／立教大学文学部教授／テキサス大学オースティン校大学院博士課程修了（Ph.D.）／著書に『どうにもとまらない歌謡曲――七〇年代のジェンダー』（晶文社、2002 年）、『抒情するアメリカ――モダニズム文学の明滅』（研究社、2009 年）、「情動の響き――「ブルックリンの渡しを渡る」にみるホイットマンの欲望」『身体と情動――アフェクトで読むアメリカン・ルネサンス』（彩流社、2016 年）他。

【編著者】

下河辺美知子
（しもこうべ・みちこ）

アメリカ文学・文化、精神分析批評／成蹊大学文学部教授／単著に『グローバリゼーションと惑星的想像力——恐怖と癒しの修辞学』(みすず書房、2015 年)、『トラウマの声を聞く——共同体の記憶と歴史の未来』（みすず書房、2006 年)、『歴史とトラウマ——記憶と忘却のメカニズム』（作品社、2000 年)。(共）編著に『アメリカン・ヴァイオレンス——見える暴力・見えない暴力』（彩流社、2013)、『アメリカン・テロル——内なる敵と恐怖の連鎖』（彩流社、2009 年)。編訳書に『トラウマへの探求—証言の不可能性と可能性』（作品社、2000 年)、『トラウマ・歴史・物語——持ち主なき出来事』（キャシー・カルース）（みすず書房、2005 年)、『女が読むとき女が書くとき——自伝的新フェミニズム批評』（ショシャナ・フェルマン）（勁草書房、1998 年）他。

Sairyusha

モンロー・ドクトリンの半球分割《はんきゅうぶんかつ》

トランスナショナル時代《じだい》の地政学《ちせいがく》

二〇一六年六月二〇日　初版第一刷

編著者——下河辺美知子
発行者——竹内淳夫
発行所——株式会社　彩流社
〒102-0071
東京都千代田区富士見2-2-2
電話：03-3234-5931
ファックス：03-3234-5932
E-mail：sairyusha@sairyusha.co.jp
印刷——モリモト印刷（株）
製本——（株）難波製本
装丁——渡辺将史

ISBN978-4-7791-2246-0 C0020
http://www.sairyusha.co.jp

アメリカン・ヴァイオレンス

978-4-7791-1894-4 C0098（13･05）

見える暴力、見えない暴力　　権田建二／下河辺美知子 編著

「物理的作用としての暴力の背後にあり、それに先立って人を拘束し支配し、知と情念に働きかけ暴力行為へと向かわせる作用こそが、暴力の本質である」。アメリカ社会における「暴力」の現在・過去・未来を読み解く。　四六判上製　2,500円＋税

アメリカン・テロル

978-4-7791-1436-6 C0098（09･06）

内なる敵と恐怖の連鎖　　下河辺美知子 編著

内なる敵と向かい合い、負の連鎖を回避する努力は誰がするのか…。ドン・デリーロの『リブラ 時の秤』（ケネディ暗殺）を論じた「テロリストの肖像」から、「エコ・テロリズムの物語学」まで気鋭の研究者12名が執筆する。　四六判上製 2,500円＋税

日本表象の地政学

978-4-7791-1989-7 C0020（14･03）

海洋・原爆・冷戦・ポップカルチャー　　遠藤不比人 編著

「環太平洋＝日米関係」という地政学的磁場を前景化することによって見える「日本的なもの」を、「海洋」「原爆」「冷戦」「ポップカルチャー」というキーワードによって解明する先鋭的な考察！　日本文化のなかのアメリカとは？　四六判上製　3,000円＋税

盗まれた廃墟

978-4-7791-7061-4 C0398（16･05）

ポール・ド・マンのアメリカ　　巽 孝之 著

旧大陸ヨーロッパにおいて政治的に挫折したド・マンは、新大陸アメリカで、いかにして独自の脱構築理論を練り上げたのか？　このアメリカ文学思想史最大の謎に、批評理論史を自在に融合して挑んだスリリングな論考。知の巨人を脱構築する！四六判並製　1,800円＋税

恐怖の表象

978-4-7791-7062-1 C0374（16･06）

映画／文学における〈竜殺し〉の文化史　　西山智則 著

人間を魅惑し、恐怖させる竜とは何か？　テロリズムが横行する戦慄の世紀に恐怖とどうつきあうのか？　ポーに魅了され、文学と映画を自在に横断して〈竜殺し〉の影を狩猟し、恐怖が君臨する世紀に向き合うための視座を示す文化研究！　四六判並製　1,800円＋税

アトミック・メロドラマ

978-4-7791-2218-7 C0022（16･04）

冷戦アメリカのドラマトゥルギー　　宮本陽一郎 著

冷戦のなかで築かれた「アメリカ」という蜃気楼を、1945年から64年に至る、冷戦初期の文化を論じて浮き彫りにする。形成された文化の論理とドラマトゥルギーが、いかに今日の「アメリカ」を規定し、国内外の新たな冷戦を再生しているのか！　A5判上製　3,600円＋税